예제가 가득한
파이썬 길라잡이

유연수 지음

예제가 가득한
파이썬 길라잡이

초판 1쇄 인쇄 | 2023년 5월 20일
초판 1쇄 발행 | 2023년 5월 25일

지 은 이 | 유연수
발 행 인 | 이상만
발 행 처 | 정보문화사

책임편집 | 노미라
교정·교열 | 안종군

주 소 | 서울시 종로구 동숭길 113 정보빌딩
전 화 | (02)3673-0037(편집부) / (02)3673-0114(代)
팩 스 | (02)3673-0260
등 록 | 1990년 2월 14일 제1-1013호
홈페이지 | www.infopub.co.kr

I S B N | 978-89-5674-925-9

머리말

이 책은 파이썬을 처음 배우는 분들을 위한 책입니다.
이 책의 제목 중 일부인 '길라잡이'라는 단어의 의미는 '**길을 안내해 주는 사람이나 사물**'입니다. 이는 자신의 경험을 남에게 알려 주는 것인데, 누군가의 길에 등대 역할을 한다는 의미도 담고 있습니다.

뭔가를 처음 시작할 때 먼저 시작한 사람의 경험을 미리 알 수 있다면 그 일을 훨씬 수월하게 할 수 있을 것입니다. 그래서 저는 이 책을 쓰는 동안 제가 처음 파이썬을 배울 때를 연상하며 저를 안내하는 길라잡이가 되어 보았습니다. 처음 배우는 사람의 마음이 되기 위해 과거의 저를 회상해 보았습니다. 그리고 과거의 저를 만나 보았습니다.

작은 노트북 모니터를 뚫어지게 바라보며 일을 하고 있는 20년 전의 제가 사무실에 앉아 있습니다. 불안한 표정으로 키보드를 누르고 있는 20년 전의 저를 현재의 제가 바라봅니다.
혼자 외롭게 애를 쓰고 있는 제가 보입니다.

힘든 직장 상사 밑에서 뭔가 불안해하던 20년 전의 저에게 "너무 걱정하지 않아도 된다고, 너무 불안해하지 말라고, 그렇게 하지 않아도 된다고, 좀 더 쉬운 방법이 있다고, 이제 내가 너의 길라잡이가 되어 줄 테니 걱정하지 말라"고 말해 주고 싶습니다.

이런 마음을 담아 신입이었던 저에게 하나하나 알려 주듯이 이 책을 집필하였습니다.
이 책을 보시는 독자들이 파이썬을 이해하는 데 도움이 되었으면 좋겠습니다.
아무쪼록 정보 문화사의 길라잡이 시리즈를 통해 선대의 경험이 후대에 계속 축적되기를 간절히 바랍니다.

각 챕터별 확인 문제는 유튜브에서 확인할 수 있습니다.

YouTube.com/@yucoding

유연수

저 높이 솟은 산이 되기보다
여기 오름직한 동산이 되길
내 가는 길만 비추기보다는
누군가의 길을 비춰준다면

'소원'의 가사 중에서

차례

PART 04

문자열

PART 05

리스트

PART 10 노동의 종말을 위한 자동화

01 PART

파이썬 환경 구성

01 파이썬 설치하기

1. 파이썬을 설치하기 위해 아나콘다 공식 홈페이지(https://www.anaconda.com/download/)에 접속합니다.

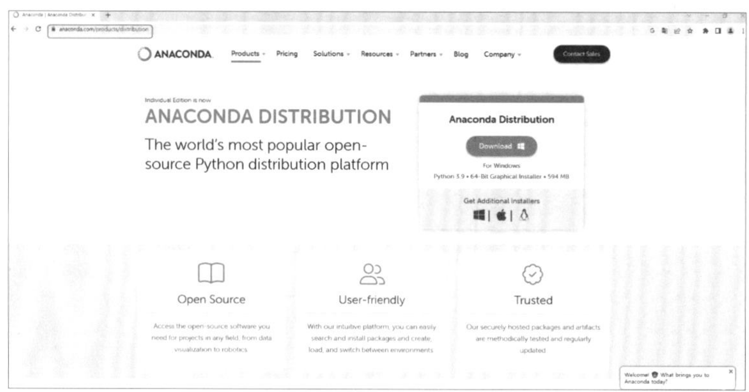

그림 1-1

2. 웹 페이지의 맨 아래로 내려가면 운영 체제별로 설치 파일을 선택할 수 있는 화면이 나타납니다. 윈도우 64비트용 설치 파일(맥북은 맥북용 설치 파일)을 다운로드합니다.

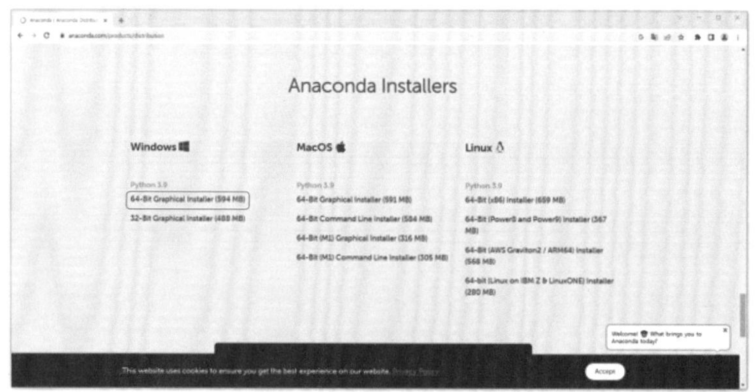

그림 1-2

3. 하단에 실행 파일이 다운로드됩니다.

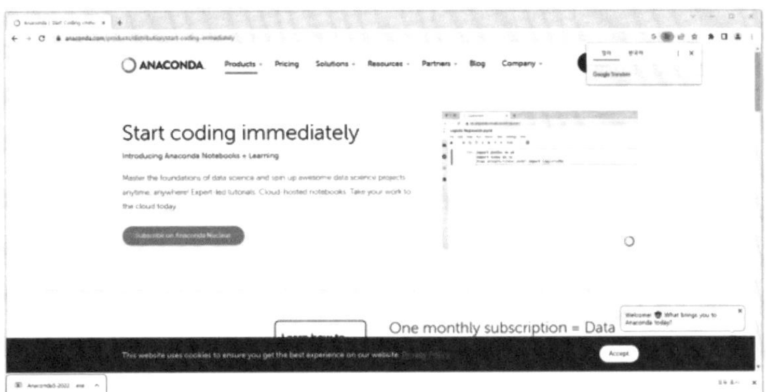

그림 1-3

4. 위쪽 화살표 모양을 클릭하면 나타나는 [폴더 열기]를 클릭합니다.

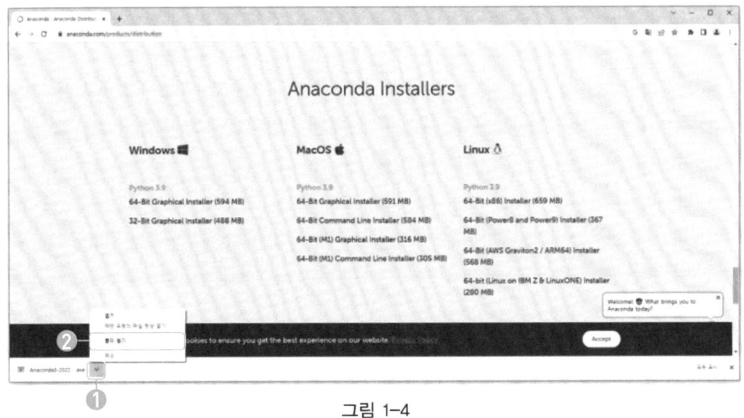

그림 1-4

5. 다운로드한 파일이 보입니다. 더블클릭해서 실행합니다.

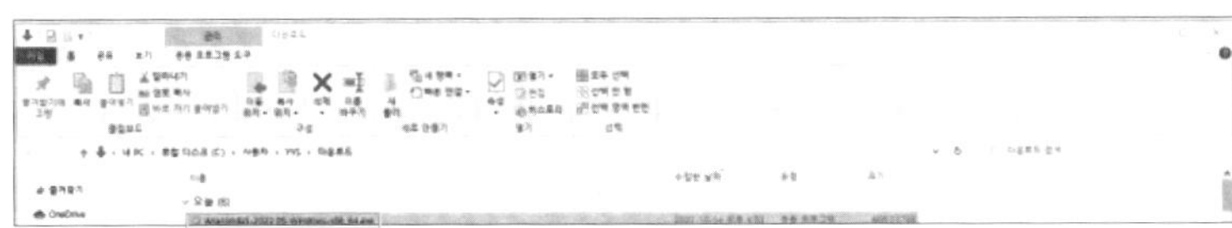

그림 1-5

6. 웰컴 페이지가 나타나면 [Next]를 클릭합니다.

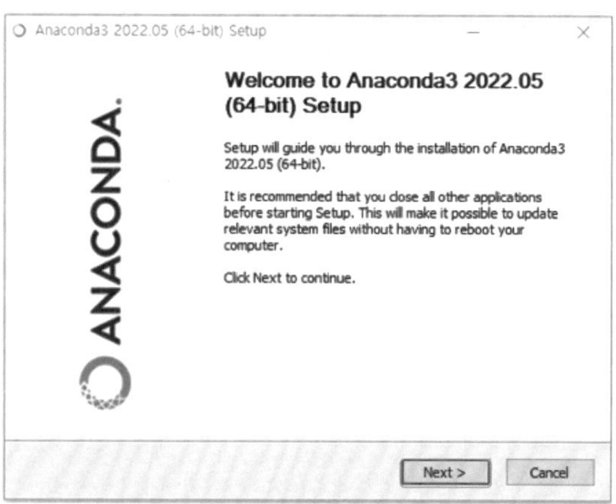

그림 1-6

7. [I Agree]를 클릭해 라이선스 사용에 동의합니다.

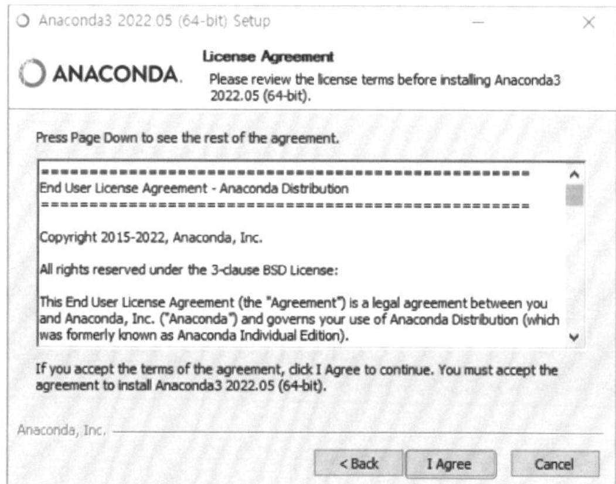

그림 1-7

8. [Just Me]가 선택돼 있는 상태로 [Next]를 클릭합니다.

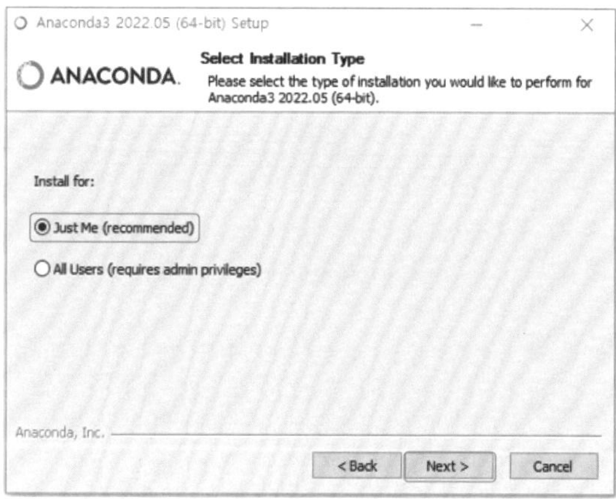

그림 1-8

9. 파이썬 아나콘다가 설치될 위치입니다. [Next]를 클릭합니다.

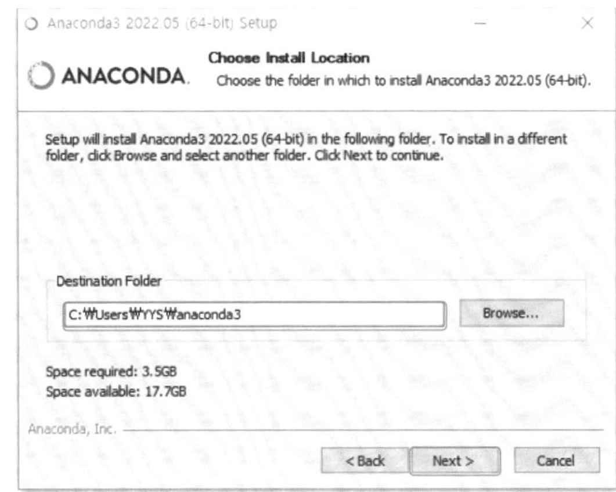

그림 1-9

10. [install]을 눌러 설치합니다.

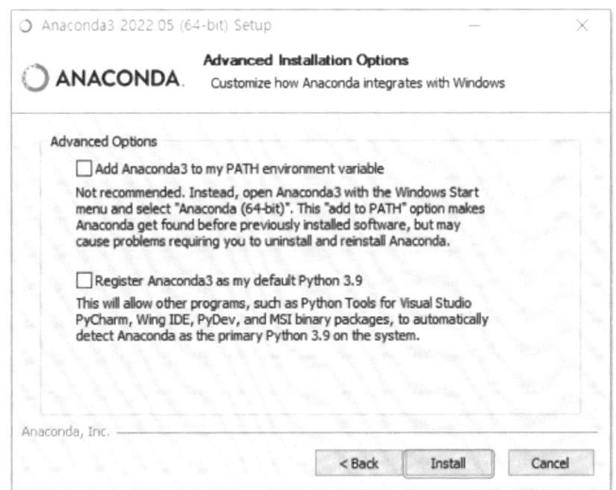

그림 1-10

11. 설치가 진행 중입니다.

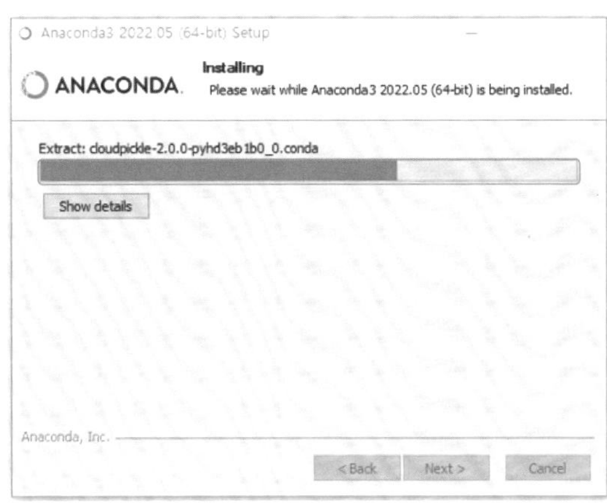

그림 1-11

12. [Next]를 클릭합니다.

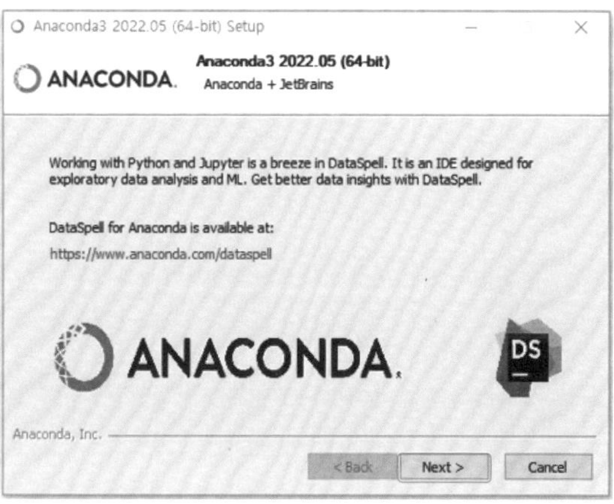

그림 1-12

13. [Finish]를 클릭하면 설치가 완료됩니다.

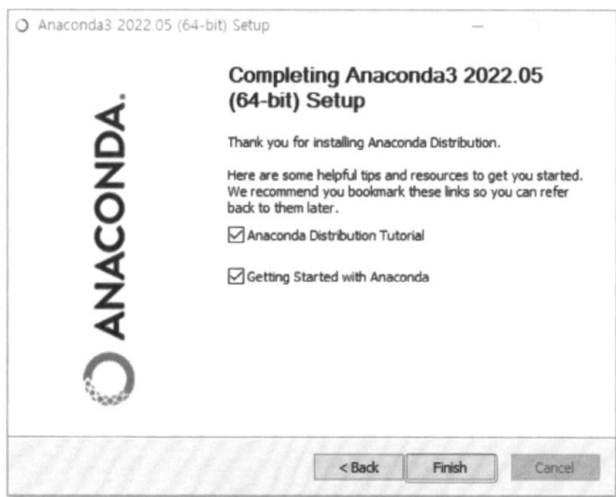

그림 1-13

14. 윈도우 시작 버튼을 클릭하면 나타나는 Anaconda3(64-bit) 폴더를 클릭해 확장합니다.

그림 1-14

15. 아래쪽에 나타나는 [Jupyter Notebook(anaconda3)]을 클릭합니다.

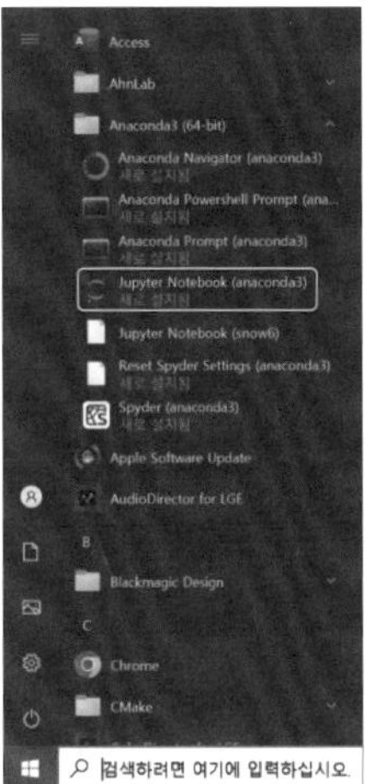

그림 1-15

16. 검은색 명령 프롬프트 창과 함께 다음과 같은 화면이 나타납니다. 검은색 명령 프롬프트 창은 절대 끄지 마세요.

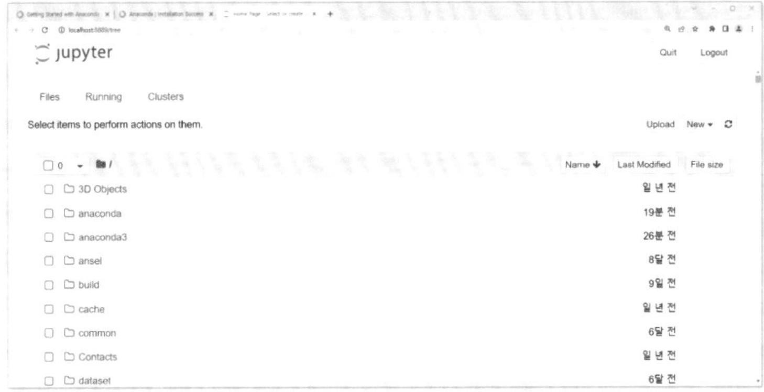

그림 1-16

17. [New]를 클릭한 후 [Python3(ipykernel)]를 클릭합니다.

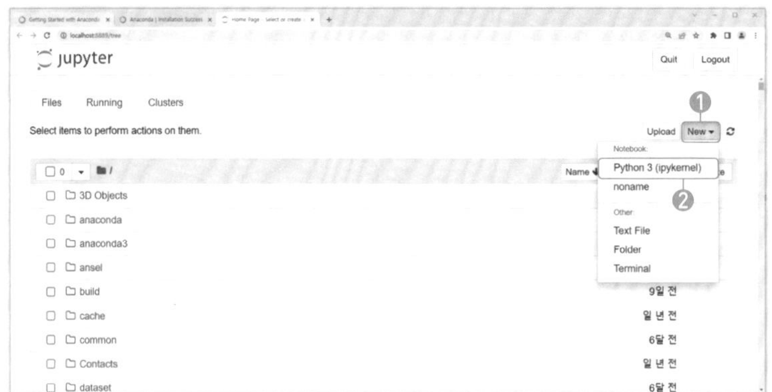

그림 1-17

18. 이제 다 됐습니다. 다음 화면이 파이썬 주피터 노트북(Jupyter Notebook) 실행 창입니다.

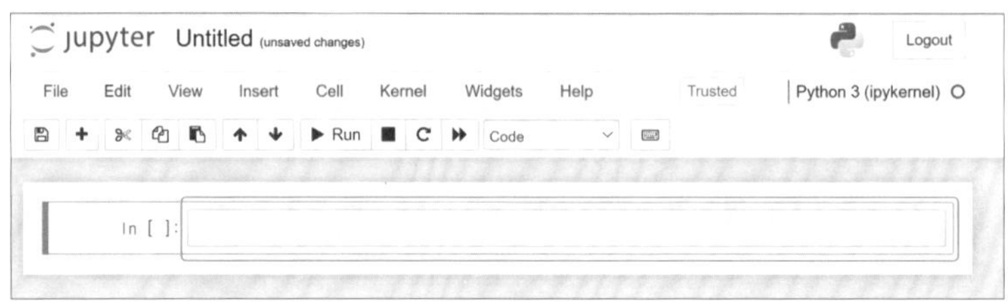

그림 1-18

19. 네모 박스 안에 **2+5**를 입력한 후 [Run]을 클릭해 실행해 보세요. 수행 결과로 7이 출력됩니다.

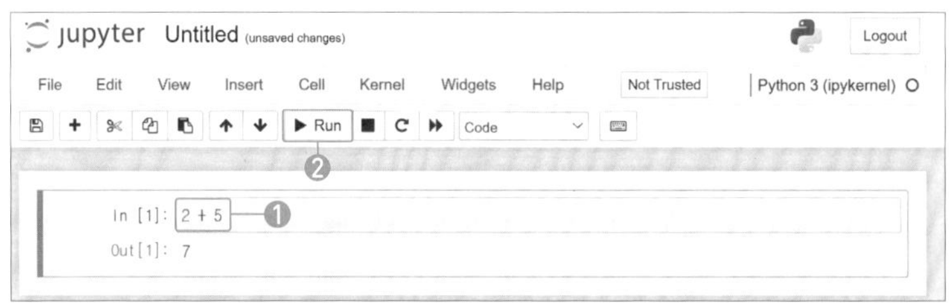

그림 1-19

20. [Run] 대신 단축키를 사용하면 편리합니다. **2+5**라고 입력한 셀의 아무곳에나 마우스 커서를 올려 놓고 클릭해 셀을 선택합니다. 그런 다음 Ctrl+Enter를 누르면 바로 실행됩니다. 지금 설치한 아나콘다는 파이썬 프로그램과 파이썬에서 여러 가지 작업을 편하게 할 수 있는 다양한 모듈(Module)이 내장돼 있는 프로그램입니다. 설치가 완료됐습니다.

파이썬의 세계로 오신 여러분을 환영합니다.

02 이 책의 예제를 주피터 노트북으로 불러오는 방법

이 책의 예제는 'PART 02 변수와 자료형'부터 'PART 10 노동의 종말을 위한 자동화'까지 구성돼 있습니다. 만약, 이 책을 빠르게 공부하고 싶다면 이 책의 예제를 주피터 노트북으로 불러와 실행하면 됩니다. 구체적인 방법은 다음과 같습니다.

1. 앞에서 2+5를 수행했던 주피터 노트북 창에서 +를 클릭하면 새로운 셀이 하나 생깁니다. 이곳에 **%pwd**라고 입력한 후 [Run]을 눌러 실행하면 어떤 위치가 출력됩니다. 이 위치가 주피터 노트북의 홈 디렉터리입니다.

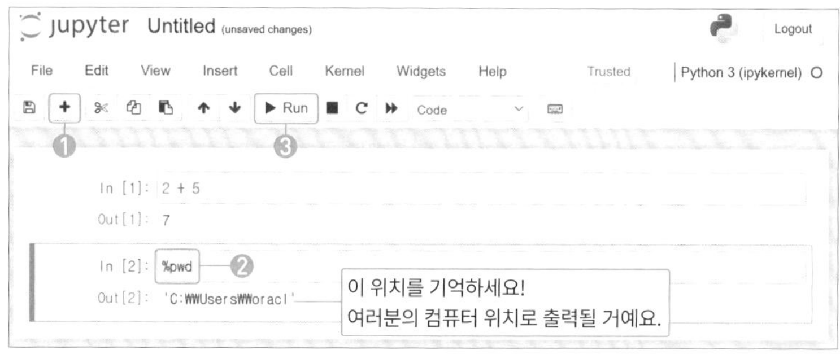

그림 1-20

2. 컴퓨터에 출력된 결과는 이 책에서 보여 주고 있는 위치와 다릅니다. 본인의 컴퓨터에 맞는 위치로 출력될 것입니다. 윈도우 탐색기를 연 후 다음과 같이 그 위치로 갑니다.

그림 1-21

3. 여기에 이 책의 실습 예제들을 가져다 놓겠습니다. 이 책의 예제 코드는 정보문화사 홈페이지(`infopub.co.kr`)의 자료실에서 다운로드할 수 있습니다. 예제 코드를 다운로드한 후 압축 파일을 풀면 다음과 같이 실습 예제가 보입니다. Ctrl+A를 눌러 전체 선택 후 Ctrl+C를 눌러 복사하세요.

그림 1-22

4. 이전에 확인했던 주피터 노트북 홈 디렉터리에 Ctrl+V를 눌러 붙여 넣습니다. 이 책의 경우에는 '`C:\\Users\\oracl`'였습니다.

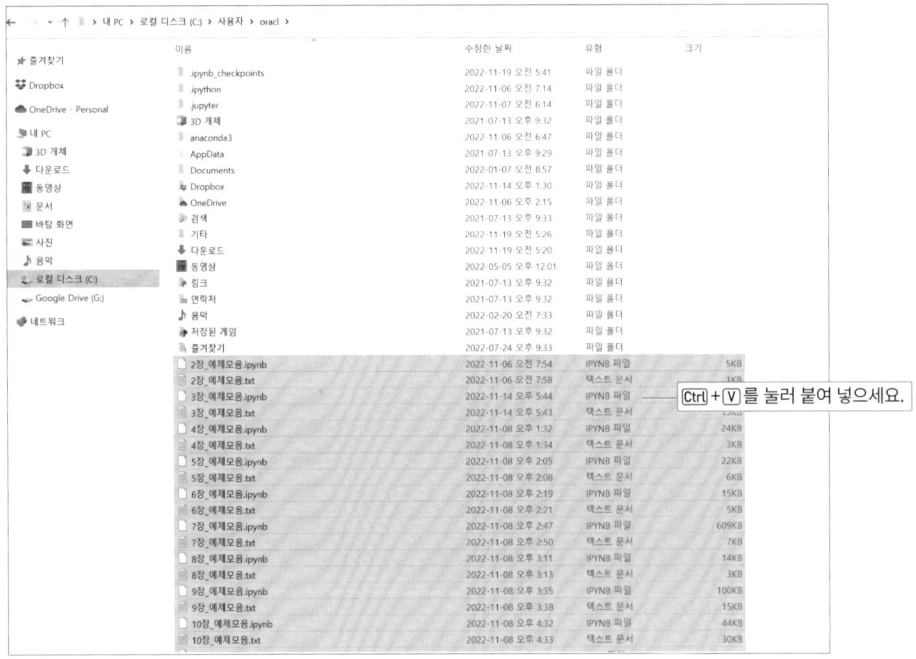

그림 1-23

5. 위 예제 중에서 **2장 예제모음.ipynb**를 열어 보겠습니다. 다음과 같이 주피터 노트북 홈페이지 탭을 클릭한 후 [Last Modified]를 클릭합니다.

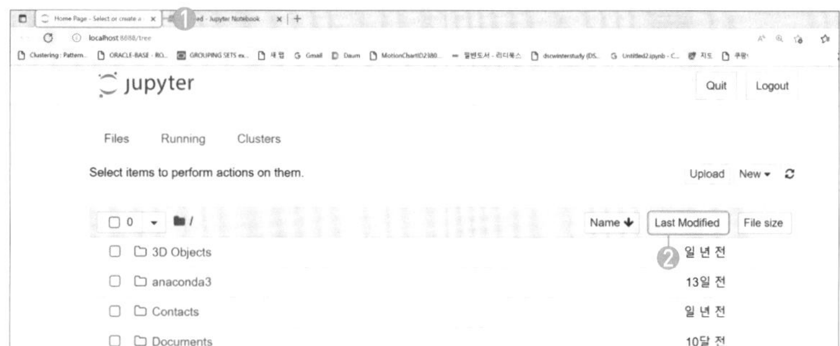

그림 1-24

6. 화면에 예제가 보이면 **2장_예제모음.ipynb**를 더블클릭합니다.

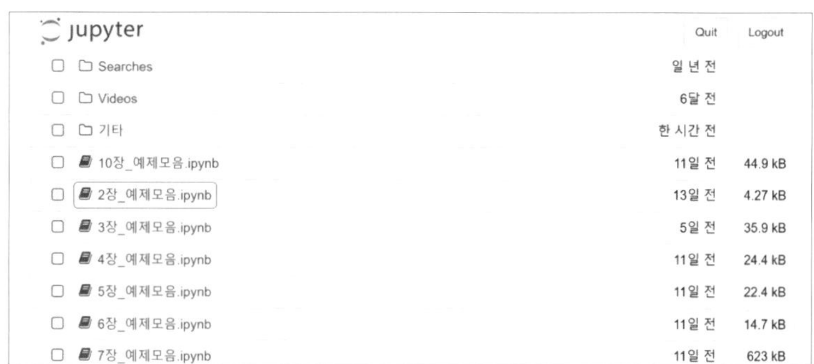

그림 1-25

7. 다음과 같이 2장의 예제가 열립니다. 이제 책을 보면서 예제 1번부터 하나씩 실행하면 됩니다. 해당 셀을 선택한 후 [Run]을 클릭하거나 Ctrl+Enter를 누르면 바로 실행됩니다.

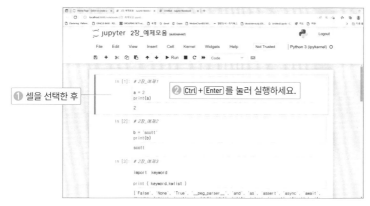

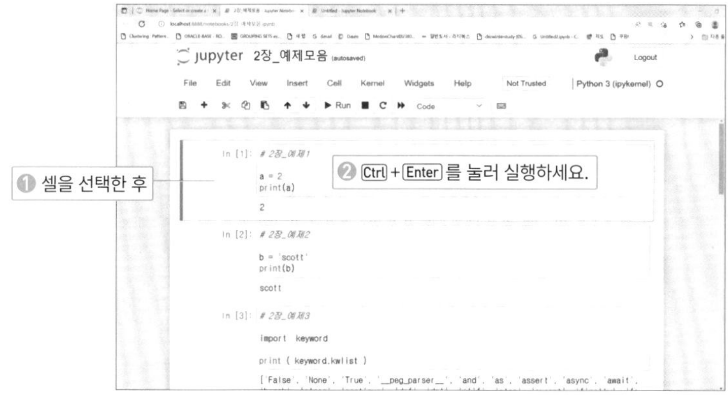

그림 1-26

03 이 책의 예제를 구글 코랩에서 수행하는 방법

이 책의 예제를 구글의 코랩(colab)에서 수행하는 방법을 설명하겠습니다. 코랩은 구글에서 제공하는 주피터 노트북입니다. 구글 클라우드 기반으로 만들어졌기 때문에 개인 컴퓨터보다 성능이 우수하고 개인 컴퓨터에 파이썬을 설치하지 않아도 인터넷이 되는 곳이면 어디서든 접근할 수 있다는 장점이 있습니다. 구글 코랩에 접속하는 방법은 다음과 같습니다.

1. 웹 브라우저를 연 후 구글 코랩(`https://colab.research.google.com/`)에 접속합니다. 구글 코랩에 접속하면 다음과 같은 화면이 나타납니다. [업로드]를 클릭한 후 [파일 선택]을 클릭합니다.

그림 1-27

2. 이 책의 예제가 있는 폴더로 가서 **2장_예제모음.ipynb**를 선택한 후 [열기]를 클릭합니다.

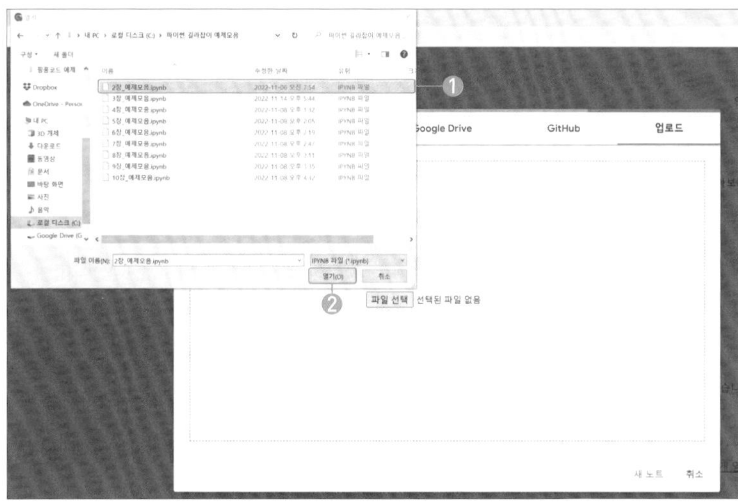

그림 1-28

3. 다음과 같이 **2장_예제모음.ipynb**가 나타나고 조금 지나면 코랩 서버에 연결되면서 녹색 화살표 체크 표시가 나타납니다. 이제 첫 번째 셀의 코드부터 실행하면 됩니다. 실행할 때는 실행하고자 하는 셀을 선택한 후 셀 왼쪽에 있는 화살표를 클릭해도 되고 Ctrl+Enter를 눌러도 됩니다. 이 책의 실습은 여러분의 컴퓨터에 설치한 주피터 노트북에서 연습해도 되고 구글 코랩에서 연습해도 됩니다. 여러분이 사용하기 편리한 곳을 선택해 공부하면 됩니다.

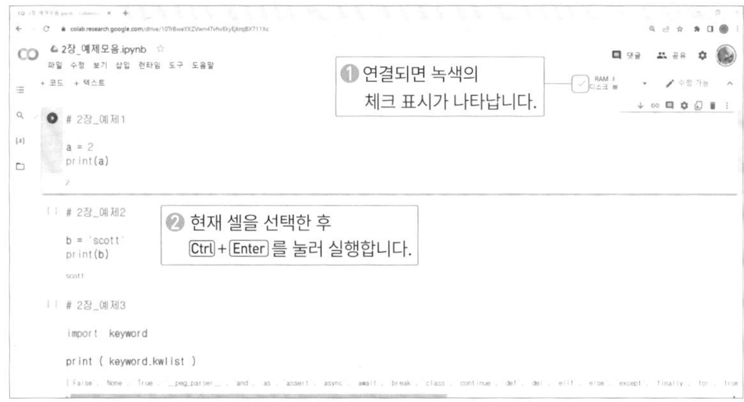

그림 1-29

02 PART

변수와 자료형

"이 세상에 변하지 않는 것은 없다. 변한다는 그 사실만 변하지 않을 뿐이다."

– 그리스 철학자

01 데이터를 담는 공간, 변수

사람이 음식을 먹어야 생존할 수 있듯이 컴퓨터 프로그램도 데이터를 먹어야 작동합니다. 음식물이 사람 몸의 여러 장기를 거쳐 소화되면서 흘러가는 것과 마찬가지로 데이터도 컴퓨터 프로그램 속으로 흘러갑니다. 그리고 그 프로그램을 살아 있게 합니다. 컴퓨터 프로그램 안에 데이터가 흘러가려면 데이터를 담을 수 있는 공간이 필요합니다. 이 공간을 프로그램 용어로 **변수**라고 합니다. 변수는 비어 있는 박스를 연상하면 됩니다. 이 박스에 데이터가 담깁니다.

그림 2-1

변수는 이름 그대로 '변할 수 있는 수'입니다. 박스에 어떤 값이 들어오면 저장되는 값에 따라 다른 모습을 지니게 됩니다. 비어 있는 변수에 데이터를 담아 보겠습니다.

그림 2-2

변수의 이름을 a라고 가정해 보겠습니다. 그리고 a 변수에 숫자 2를 담습니다. 여기서 등호(=)는 '같다'가 아니라 할당 연산자입니다. 등호 왼쪽의 값을 오른쪽에 할당하겠다는 것입니다. 숫자 2가 변수 a에 담겼습니다.

이 작업을 파이썬으로 수행해 보겠습니다. 앞의 환경 구성 단원에서 불러온 2장의 예제를 수행하세요.

예제 1

```
1  a = 2
2  print(a)
```

```
2
```

1 ········ 변수 a에 숫자 2를 할당합니다. 변수에 숫자 2를 넣었습니다.

2 ········ 변수 a의 내용을 출력합니다.

이번에는 문자를 변수에 할당해 보겠습니다.

그림 2-3

scott이라는 문자를 b라는 변수에 할당했습니다.

예제 2

```
1  b = 'scott'
2  print(b)
```

```
scott
```

1 ········ 변수 b에 문자 'scott'을 할당합니다.

2 ········ 변수 b의 내용을 출력합니다.

여기서는 변수명을 각각 a와 b로 정했습니다. 이 변수명은 나중에 알아보기 편리하도록 의미 있게 지을 필요가 있습니다. 만약, 커피를 주문하는 프로그램이라고 가정하면 주문한 커피의 개수를 담을 변수명은 coffee라고 하는 게 좋겠죠? 변수명은 영어이어야 하고 반드시 숫자가 아닌 문자로 시작해야 합니다.

변수명을 지을 때의 주의사항은 다음과 같습니다.

1. 변수명에는 다음 문자만 사용할 수 있습니다.

- 영어 소문자(a~z)
- 영어 대문자(A~Z)
- 숫자(0~9)
- 언더스코어(_)

2. 변수명은 숫자로 시작할 수 없습니다.

3. 변수명은 예약어를 사용할 수 없습니다.

파이썬에서 이미 사용하고 있는 키워드를 **예약어**라고 합니다. 파이선에는 어떤 예약어가 있는지 확인해 보겠습니다.

예제 3

```
1  import  keyword
2
3  print(keyword.kwlist )
```

```
['False', 'None', 'True', '__peg_parser__', 'and', 'as', 'assert', 'async',
'await', 'break', 'class', 'continue', 'def', 'del', 'elif', 'else', 'except',
'finally', 'for', 'from', 'global', 'if', 'import', 'in', 'is', 'lambda',
'nonlocal', 'not', 'or', 'pass', 'raise', 'return', 'try', 'while', 'with',
'yield']
```

1 'keyword'라는 모듈이 있습니다. 모듈은 특정 목적 아래 작성한 프로그램 코드의 모음입니다. keyword 모듈은 파이썬에 내장돼 있습니다. keyword 모듈은 파이썬에서 미리 예약해 사용하고 있는 단어들의 '이름'을 보여 줍니다. 이미 이 이름은 파이썬에서 사용하겠다고 이름을 붙여 정해 놓은 것입니다. 따라서 프로그래머는 이 이름을 사용해 프로그래밍할 수 없습니다.

3 'keyword'라는 모듈 안에 'kwlist'라는 변수에 들어 있는 값을 프린트합니다.

예약어 중 하나인 True를 변수명으로 사용해 보겠습니다.

예제 4

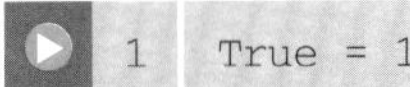

```
True = 1
```

```
File "<ipython-input-1-b6aa625d03c7>", line 1
    True = 1
    ^
SyntaxError: cannot assign to True
```

1 파이썬에서 미리 정해 놓은 예약어 중 하나인 True에 1을 할당했더니 바로 에러가 출력됐습니다. 그 이유는 예약어를 변수명으로 사용할 수 없기 때문입니다. 이 예약어들을 피해 변수명을 지어야 합니다. 그런데 이 키워드들은 몇 가지 되지 않으므로 변수명을 지을 때 크게 염려하지 않아도 됩니다.

02 데이터의 유형, 자료형

앞에서 변수가 무엇인지 배웠습니다. 이 변수의 용도는 어떤 값을 넣느냐에 따라 정해집니다. 빈 그릇에 밥을 담으면 밥그릇, 국을 담으면 국그릇이 되듯이 파이썬의 변수도 이와 마찬가지입니다. 문자를 담으면 문자형 변수, 숫자를 담으면 숫자형 변수가 됩니다. 이런 문자와 숫자를 **자료형**이라고 합니다. 파이썬에서 자주 다루는 자료형에는 다섯 가지가 있습니다.

종류	설명	예
문자형	문자를 표현하는 자료형	a = 'scott'
숫자형	숫자를 표현하는 자료형	b = 1
리스트형	대괄호([ ]) 안에 임의 객체를 순서 있게 나열한 자료형	c = [1, 2, 3]
튜플형	소괄호(( )) 안에 임의 객체를 순서 있게 나열한 자료형	d = (1, 2, 3)
사전형	중괄호({ }) 안에 키:값으로 이뤄진 쌍이 요소로 구성된 순서가 없는 자료형	e = { 'I' : '나는', 'am' : '입니다', 'boy' : '소년' }

\# 예제 5

```
1  a = 'scott'
2  print(a)
3  print(type(a))
```

```
scott
<class 'str'>
```

1 a라는 변수에 'scott'이라는 문자를 할당합니다. 'scott'이라는 문자를 a라는 변수에 할당하겠다는 뜻입니다. a라는 변수에 'scott'이라는 문자가 할당되는 순간, a는 문자열 변수가 됩니다.

2 a 변수에 할당된 값을 출력합니다.

3 a 변수의 데이터 유형을 확인합니다. 데이터 유형을 확인할 때는 'type'이라는 함수를 이용합니다.

결과로 출력되는 〈class 'str'〉은 b 변수가 문자형 변수라는 뜻입니다.

이번에는 변수 b에 숫자 2를 할당해 보겠습니다.

예제 6

```
1  b = 2
2  print(type(b))
```

```
<class 'int'>
```

1 변수 b에 숫자 2를 할당합니다.

2 변수 b의 데이터 유형을 확인합니다.

이번에는 5개의 자료형 중 리스트 변수를 만들어 보겠습니다.

예제 7

```
1  dice = [ 1, 2, 3, 4, 5, 6 ]
2
3  print(dice)
```

```
[1, 2, 3, 4, 5, 6]
```

1 숫자 1번부터 6번까지의 요소를 담는 dice라는 리스트 변수를 만듭니다. 숫자 1부터 6까지를 대괄호([ ])로 감싸 주면 리스트라는 자료형 변수가 됩니다.

3 dice 변수의 값을 출력합니다.

파이썬으로 만든 주사위인 dice를 한번 던져 보겠습니다.

예제 8

```
1  import random                    # random 모듈을 임포트합니다.
2
3  dice = [ 1, 2, 3, 4, 5, 6 ]     # 주사위를 만듭니다.
4
5  print(random.choice(dice))
```

```
3
```

1 random이라는 모듈을 임포트합니다. random은 리스트 변수의 요소들 중 임의로 하나의 특정 값을 출력할 때 사용하는 모듈입니다. 누군가가 이 모듈을 모두 코딩해 놓았습니다. 편하게 임포트해서 쓰면 됩니다.

3 주사위를 만듭니다.

5 random 모듈에 있는 `choice`라는 함수를 이용해 dice 리스트 변수의 요소 중 하나를 랜덤으로 추출합니다. 이 책의 경우에는 숫자 3이 나왔는데, 독자의 컴퓨터에서는 수행 결과가 다를 수 있습니다.

이번에는 튜플 자료형을 살펴보겠습니다.

튜플 자료형과 리스트 자료형의 코드상의 차이는 데이터를 감싸는 기호가 대괄호([ ])가 아니라 소괄호(( ))라는 것입니다. 데이터를 소괄호(( ))로 담으면 그 안의 요소를 절대로 변경할 수 없습니다. **튜플 변수에 데이터를 할당하면 그 데이터를 수정할 수 없습니다. 이는 튜플 변수에 저장된 데이터는 나중에 어떤 임의의 작업에 의해 수정되지 못한다는 것을 확실히 보장해 준다는 뜻이 됩니다. 따라서 절대로 변경되면 안 되는 데이터는 튜플로 저장하는 것이 바람직합니다.**

그럼, 튜플로 동전을 만들어 보겠습니다.

예제 9

```
1  import random
2
3  coin = ('앞면', '뒷면')
4  print(random.choice(coin))
```

뒷면

1 랜덤(random) 모듈을 임포트합니다.

3 동전의 '앞면'과 '뒷면' 요소를 소괄호(( ))로 감싸 주면 튜플 변수가 생성됩니다.

4 coin 튜플 변수의 요소 중 하나를 랜덤으로 추출합니다.

동전(coin) 안에 있는 요소는 반드시 '앞면'과 '뒷면'이어야 하고 절대로 다른 요소명으로 변경되지 않아야 한다면 리스트가 아니라 튜플로 만들어 주면 됩니다. 마지막 자료형인 사전형은 PART 06에서 자세히 설명하겠습니다.

변수는 프로그램에서 데이터를 저장하는 저장소이고 그 저장소에 담기는 데이터는 새로운 데이터에 따라 변할 수 있습니다.

03 PART

if문

"마음으로 상상하고 믿는 것은 무엇이든 이룰 수 있다."

– 나폴레온 힐(Napoleon Hill)

01 if문으로 이뤄진 세상

필자는 생각을 **코딩**이라는 글로 집필합니다. 그리고 필자의 글을 읽는 첫 독자는 **컴퓨터**입니다. 필자는 코딩을 이용해 상상력을 표현합니다. 그리고 컴퓨터는 필자가 상상한 대로 행동합니다. 이처럼 사람의 상상력을 컴퓨터로 구현하는 대표적인 코드가 바로 **if문**입니다. If문은 사람이 컴퓨터에게 '어떤 상황이 벌어지면 어떤 행동을 취하라.'는 명령문입니다.

우리는 누군가의 상상으로 구현된 명령문의 혜택을 누리면서 살고 있습니다. 세상 그 어디에도 컴퓨터 프로그램은 존재합니다. 스마트폰, 버스, 지하철, 공항, 식당 등 헤아리기 어려울 정도입니다. 대표적인 예로 요즘 들어 많이 생기고 있는 로봇이 음식을 나르는 음식점을 들 수 있습니다. 로봇은 지정된 테이블에 음식을 정확히 배달합니다. 별다른 일이 일어나지 않는 한 절대로 실수를 하지 않습니다.

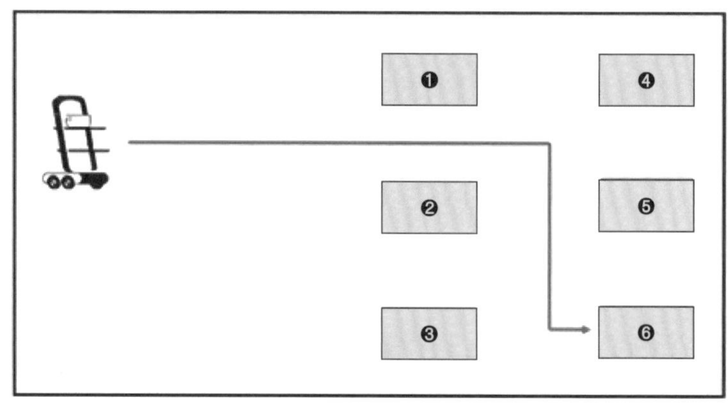

그림 3-1

음식점에 방문한 손님들은 음식을 키오스크로 주문합니다. 그리고 로봇이 음식을 나릅니다. 로봇은 일하다가 사정이 생겨 갑자기 일을 그만 두지도 않고 4대 보험을 들어 줄 필요도 없으며 해마다 월급을 인상해 줄 필요도 없습니다. 불평 한 마디하지 않고 묵묵히 자신이 맡은 일을 합니다.

이 모든 것은 if문 덕분에 가능해졌습니다. 원리는 매우 단순합니다.

만약, 6번 테이블에서 주문이 들어오면 6번 테이블로 이동하라.

이것뿐입니다. 이를 파이썬으로 작성하면 다음과 같습니다.

if 테이블 번호=='6번': 6번 테이블로 이동하라.

코드도 단순하죠. '**if(만약) 테이블 번호=='6번':**(테이블 번호가 6번이라면) **6번 테이블로 이동하라.**'라고 해석할 수 있습니다. 중간에 나오는 콜론(:)은 문장으로 치면 쉼표(,)와 같은 것입니다. 즉, 한 번 쉬어 주는 것인데 아무 때나 쉬는 것이 아니라 조건문이 끝날 때 쉬는 것입니다.

if 테이블 번호=='6번'은 조건문, **6번 테이블로 이동하라**는 실행문입니다. 한 번 쉬어 주는 이유는 조건문과 실행문을 구분해 주기 위해서입니다.

02 컴퓨터를 실행하게 해 주는 if문

다음은 컴퓨터에게 두 가지 일 중 하나를 시키는 예제입니다. 어떤 **조건**이 있을 때 그 조건에 맞으면 **실행 코드 1**을 컴퓨터에게 시킵니다. 그리고 조건에 맞지 않으면 **실행 코드 2**를 컴퓨터에게 시킵니다.

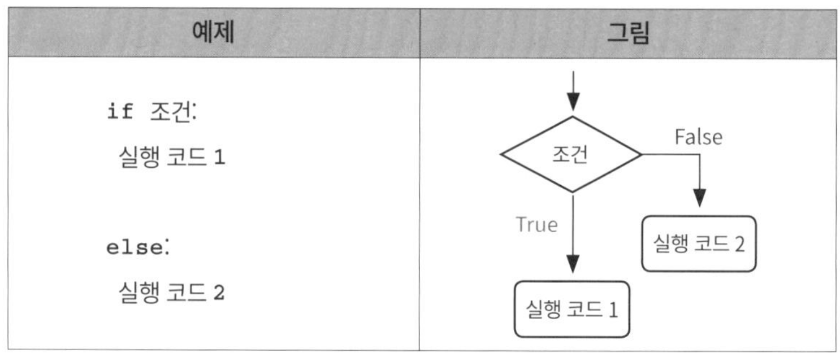

그림 3-2

조건이 맞으면 **실행 코드 1**, 조건이 맞지 않으면 **실행 코드 2**를 실행합니다. 식당 로봇의 경우, 고객이 주문을 하면 움직이고 주문을 하지 않으면 가만히 있습니다. 여기서의 조건은 고객의 주문 여부입니다. 주문을 했으면 True, 아니면 False입니다.

테이블에서 주문이 들어오면 로봇을 해당 테이블로 이동시켜 보겠습니다. 먼저 테이블(table)이라는 리스트를 다음과 같이 만든 후 여기에 있는 숫자 중 아무것이나 랜덤으로 추출하는 코드를 작성해 보겠습니다.

\# 예제 1

```
import random

table = [ 1, 2, 3, 4, 5, 6 ]

a = random.choice(table)
print(a)
```

```
3
```

1 import random은 random 모듈에 있는 많은 함수를 코딩하는 창에서 자유롭게 쓸 수 있도록 합니다.

3 숫자 1부터 6까지의 요소를 포함하는 리스트 변수를 table이라는 이름으로 생성합니다.

5 random 모듈의 `choice` 함수는 `choice` 함수에 입력된 값 중 하나의 값을 랜덤으로 리턴합니다. 이 함수에 숫자 1부터 6까지의 요소를 담은 리스트 변수 table을 담았습니다. 그러면 table의 요소 여섯 가지 숫자 중 하나를 랜덤으로 추출해 a 변수에 할당합니다.

6 이 책의 경우에는 3이 출력됐습니다. 랜덤이므로 독자들이 수행한 결과가 책과 다를 수 있습니다.

그러면 이번에는 리스트의 숫자 6개 중 랜덤으로 뽑힌 숫자가 6번이면 '**6번 테이블로 이동합니다.**'라는 메시지가 출력되도록 해 보겠습니다.

\# 예제 2

```
1 import random
2 table = [ 1, 2, 3, 4, 5, 6 ]
3
4 a = random.choice(table)
5
6 if  a == 6:
7     print('6번 테이블로 이동합니다')
8 else:
9     print('가만히 있습니다.')
```

```
6번 테이블로 이동합니다
```

4 table 리스트의 숫자 6개 중 하나를 랜덤으로 추출해 a 변수에 담습니다.

6 만약, a 변수에 담긴 값이 6이라면

7 '**6번 테이블로 이동합니다.**'라는 메시지를 출력합니다.

8 그렇지 않다면, 즉 6번이 아니라 다른 숫자라면

9 '**가만히 있습니다.**'라는 메시지를 출력합니다.

역시 랜덤이므로 수행할 때마다 결과가 다를 수 있습니다. 이제 문제를 풀어 보면서 지금까지 배운 예제를 여러분의 것으로 만들어 보세요.

문제 1

다음 coin 리스트에서 랜덤으로 하나를 뽑아 '앞면'을 뽑았으면 '앞면이 나왔습니다.', '뒷면'을 뽑았으면 '뒷면이 나왔습니다.'가 출력되게 하시오.

```
coin = ['앞면', '뒷면']
```

답

예제 3

```
1  import  random
2  
3  coin = ['앞면', '뒷면']
4  
5  a = random.choice(coin)
6  
7  if a =='앞면':
8      print('앞면이 나왔습니다.')
9  else:
10     print('뒷면이 나왔습니다.')
```

```
앞면이 나왔습니다.
```

5 coin 리스트에서 요소 하나를 랜덤으로 뽑아 a 변수에 입력합니다.

7 만약, a 변수에 들어 있는 값이 '앞면'이라면

8 '**앞면이 나왔습니다**'라는 메시지를 출력합니다.

9 그렇지 않다면, 즉 a 변수에 들어 있는 값이 '앞면'이 아니라면

10 '**뒷면이 나왔습니다.**'를 출력합니다.

03 조건이 여러 개인 경우 if문

이번에는 로봇을 식당의 6번 테이블 뿐만 아니라 다른 테이블로도 갈 수 있게 해 보겠습니다.

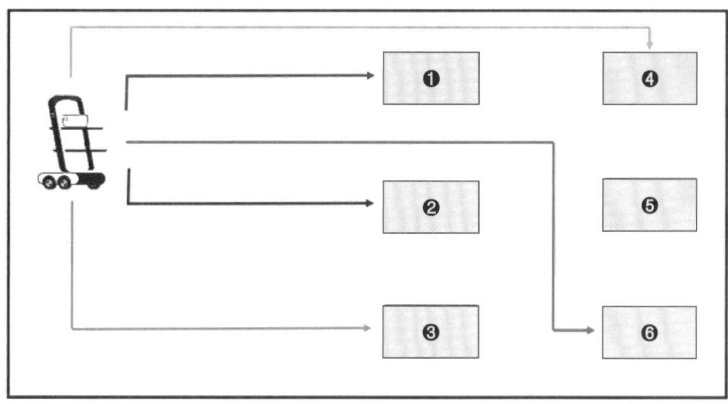

그림 3-3

기존 조건문에 새로운 조건을 추가하려면 elif문을 사용하면 됩니다.

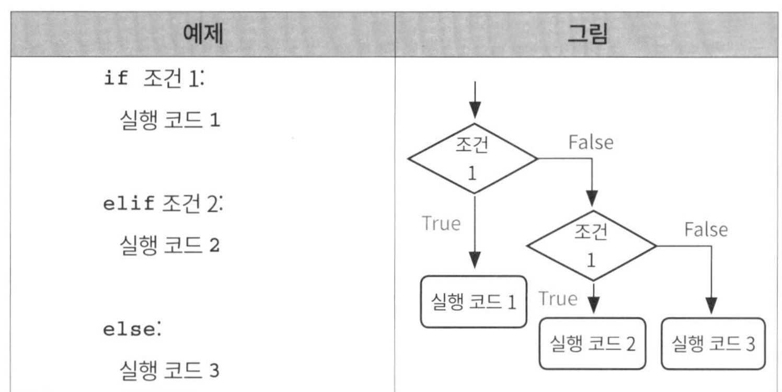

예제	그림

`if` 조건 1:
  실행 코드 1
 	
`elif` 조건 2:
  실행 코드 2
 	
`else`:
  실행 코드 3	

그림 3-4

만약, 입력되는 값이 **조건 1**에 해당하면 **실행 코드 1**, **조건 2**에 해당하면 **실행 코드 2**를 실행합니다. **조건 1**과 **조건 2**에 모두 해당하지 않으면 **실행 코드 3**을 실행합니다.

코드는 다음과 같습니다.

예제 4

```
1  import random
2  table = [ 1, 2, 3, 4, 5, 6 ]
3
4  a = random.choice(table)
5
6  if  a == 1:
7      print('1번 테이블로 이동합니다')
8  elif a == 2:
9      print('2번 테이블로 이동합니다')
10 elif a == 3:
11     print('3번 테이블로 이동합니다')
12 elif a == 4:
13     print('4번 테이블로 이동합니다')
14 elif a == 5:
15     print('5번 테이블로 이동합니다')
16 elif a == 6:
17     print('6번 테이블로 이동합니다')
18 else:
19     print('가만히 있습니다.')
```

```
2번 테이블로 이동합니다
```

4 리스트 table의 숫자 6개 중 하나를 랜덤으로 추출해 a 변수에 담습니다.

6 만약, a 변수에 담긴 숫자가 1이라면

7 '1번 테이블로 이동합니다.'를 출력합니다.

8 만약, a 변수에 담긴 숫자가 2라면

9 '2번 테이블로 이동합니다.'를 출력합니다.

18 만약, 위 조건들에 모두 해당하지 않는다면, 즉 a 변수에 담긴 숫자가 1~6번이 아니라면

19 '가만히 있습니다.'를 출력합니다.

마지막 18번과 19번 라인 코드는 수행될 일이 없을 것입니다. 값이 4번 줄의 a 변수에 항상 담길 테니까요.

그럼 문제를 풀어 보겠습니다.

문제 1

다음과 같이 주사위를 만든 후 주사위를 던져 보시오.

```
dice = [ 1, 2, 3, 4, 5, 6 ]
```

답

 # 예제 5

```
1  import random
2
3  dice = [ 1, 2, 3, 4, 5, 6 ]
4
5  a = random.choice(dice)
6  print(a)
```

```
5
```

5 dice 리스트의 요소 중 하나를 랜덤하게 추출해 a 변수에 입력합니다.

6 이 책의 경우에는 5가 출력됐습니다. 랜덤으로 추출되는 것이므로 수행할 때마다 결과가 달라집니다.

이제 if문을 사용해 보겠습니다.

문제 2

주사위를 던져 주사위의 눈이 짝수가 나오면 '**짝수가 나왔습니다.**', 홀수가 나오면 '**홀수가 나왔습니다.**'가 출력되도록 하시오.

```
dice = [ 1, 2, 3, 4, 5, 6 ]
```

답

 # 예제 6

```
1  import random
2
3  dice = [ 1, 2, 3, 4, 5, 6 ]
4
5  a=random.choice(dice)
6
7  if a in [ 2, 4, 6 ]:
8      print( '짝수가 나왔습니다.')
9  else:
10     print('홀수가 나왔습니다.')
```

```
짝수가 나왔습니다.
```

5 dice 리스트의 요소 중 하나를 랜덤하게 추출해 a 변수에 입력합니다.

7 변수 a에 들어 있는 숫자 값이 2, 4, 6 중 하나라면

8 '**짝수가 나왔습니다.**'를 출력합니다.

9 그렇지 않다면, 즉 짝수가 아니라면

10 '**홀수가 나왔습니다.**'를 출력합니다.

다음 장에서는 반복문을 이용해 주사위와 동전을 여러 번 던져 보겠습니다. 동전을 10만 번 던졌을 때 앞면이 나올 확률은 50%가 맞을까요?

반복문

● 기계를 반복시키는 반복문

반복문은 프로그램 내에서 똑같은 명령을 일정한 횟수만큼 반복해 수행하도록 제어하는 구문입니다. 프로그램에서 처리하는 대부분의 코드들은 반복적인 형태가 많습니다. 동전을 10만 번 던졌을 때 '앞면'이 나올 확률을 구하고 싶다고 가정해 보겠습니다. 이를 위해서는 직접 동전을 10만 번 던져 봐야 합니다.

그림 3-5

사람이 동전을 10만 번 던진다고 상상해 보세요. 아마 수십 시간이 걸릴 것이고 중간에 '이걸 왜 하고 있지?'라는 생각이 들면서 포기할 가능성이 높습니다. 동전 던지기와 같은 단순한 노동을 하는 회사의 직원들은 단순한 반복 작업에 싫증을 느껴 금방 퇴사할 것입니다. 결국 이런 일을 사람에게 시킨다는 것은 '직원', '경영자' 모두에게 힘든 일입니다.

'동전 던지기 10만 번'을 기계에게 시켜 보겠습니다. **즉, 무의미하게 반복해야 하는 '동전 던지기의 노동'을 끝내 보겠습니다.**

가장 먼저 '반복문'이라는 것을 이해해야 합니다.

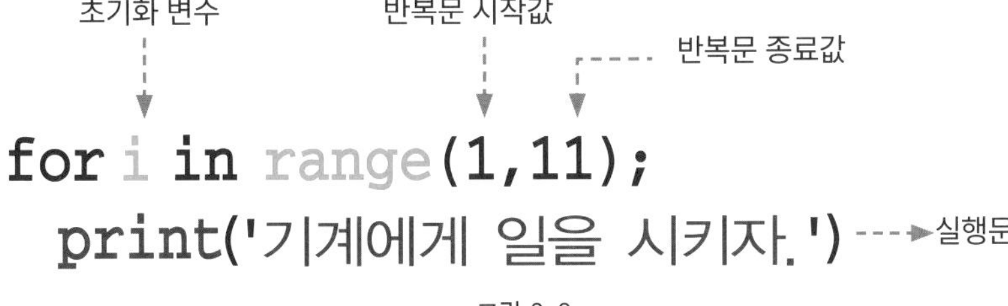

그림 3-6

영어에서 전치사 **for**는 during과 같이 '~하는 동안'이라는 뜻이 있습니다. **for** 다음에 숫자가 오면 숫자로 된 기간입니다(예 for two weeks: 이주일 간).

파이썬 코드에서의 **for**도 이와 같은 뜻입니다. 즉, **'~하는 동안 실행하라.'**라는 뜻이 있습니다.

위 파이썬 코드에서 **for** 다음에 나오는 코드들은 얼마나 지속할 것인지를 나타냅니다. 그리고 그다음 라인에 4칸 들여쓰기를 하고 print 실행문을 작성했습니다.

4칸 들여쓰기를 하는 이유는 지금 실행하는 실행문이 이 기간 동안(for~)에 실행하는 문장이라는 것을 나타내야 하기 때문입니다. 만약, for i in range(1, 11)을 기간으로 나타낸다면 10일 동안이라는 뜻이 됩니다. 1~10일까지, 즉 1부터 11 미만입니다. 초기화 변수 i에 이 기간에 해당하는 숫자들이 담깁니다. 그러면서 다음과 같이 10번 반복됩니다.

i	실행문
1	print('기계에게 일을 시키자.')
2	print('기계에게 일을 시키자.')
3	print('기계에게 일을 시키자.')
4	print('기계에게 일을 시키자.')
5	print('기계에게 일을 시키자.')
6	print('기계에게 일을 시키자.')
7	print('기계에게 일을 시키자.')
8	print('기계에게 일을 시키자.')
9	print('기계에게 일을 시키자.')
10	print('기계에게 일을 시키자.')

이 코드를 실행해 보겠습니다.

예제 7

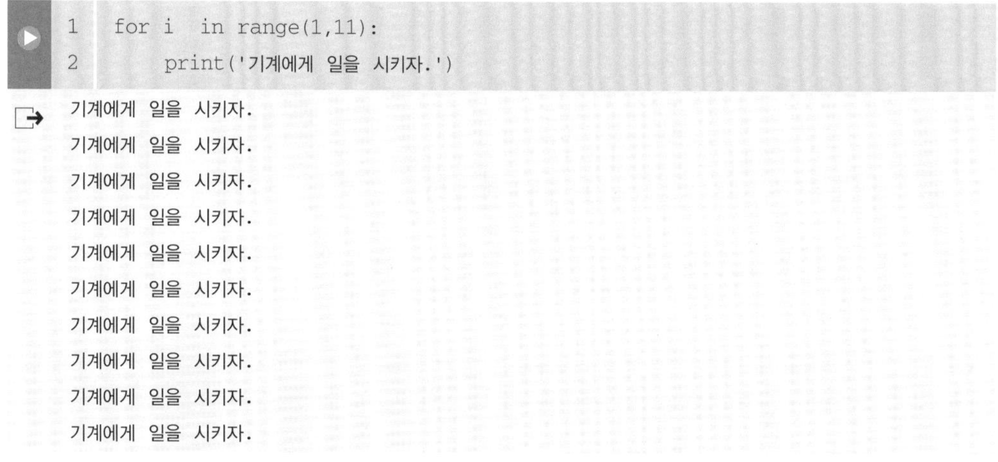

```
1  for i  in range(1,11):
2      print('기계에게 일을 시키자.')
```

```
기계에게 일을 시키자.
기계에게 일을 시키자.
기계에게 일을 시키자.
기계에게 일을 시키자.
기계에게 일을 시키자.
기계에게 일을 시키자.
기계에게 일을 시키자.
기계에게 일을 시키자.
기계에게 일을 시키자.
기계에게 일을 시키자.
```

1 1부터 11 미만까지 10번을 반복하게 합니다.

2 4칸 들여쓰기 후 print문이 시작됐으므로 for문의 관할하에 있는 실행문이 됩니다. for문에서 10번 수행하라고 했으므로 print를 10번 수행합니다.

그럼 이제 동전을 한 번만 던져 보겠습니다.

예제 8

```
1 import random
2
3 coin = ['앞면', '뒷면']
4
5 a = random.choice(coin)
6
7 print(a)
```

```
앞면
```

3 동전의 '앞면'과 '뒷면'을 요소로 담는 리스트를 만듭니다.

5 coin 리스트에서 요소를 랜덤으로 추출해 a 변수에 담습니다.

7 이 책의 경우에는 '앞면'이 나왔습니다. 랜덤으로 추출되는 것이므로 수행할 때마다 결과가 달라집니다.

그럼 이제 반복문을 추가해 동전을 10번 던져 보겠습니다.

예제 9

```
import random

coin = ['앞면', '뒷면']

for i in range(1, 11):
    a = random.choice(coin)
    print(a)
```

```
뒷면
앞면
뒷면
뒷면
앞면
앞면
뒷면
뒷면
앞면
뒷면
```

5 10번 실행하게 하는 반복문을 시작합니다.

6 4칸 들여쓰기를 하고 `a = random.choice(coin)` 실행문을 작성합니다. 이 실행문은 coin 리스트에서 요소를 랜덤으로 추출해 a 변수에 담습니다. 랜덤이므로 실행할 때마다 '앞면'이 담길 수도 있고 '뒷면'이 담길 수도 있습니다.

7 a 변수에 담긴 내용을 바로 출력합니다. print(a)가 6번 라인 코드와 같은 라인에 있기 때문에 6번 라인이 실행되는 것과 동시에 7번 라인의 print(a)가 실행됩니다.

이제 여기에 if문을 추가해 동전을 던진 횟수 10번 중 '앞면'이 몇 번 나왔는지 카운트해 봅니다.

예제 10

```
1   import random
2   
3   coin = ['앞면', '뒷면']
4   
5   cnt = 0
6   for i in range(1, 11):
7       a = random.choice(coin)
8   
9       if a == '앞면':
10          cnt = cnt + 1
11  
12  print(cnt)
```

```
4
```

5 for 반복문을 시작하기 전에 '앞면'의 횟수를 담을 cnt라는 변수를 만들고 0을 할당합니다.

9 만약, (if) 변수 a에 담긴 요소가 '앞면'이라면

10 '앞면'이 나올 때마다 cnt의 값이 1씩 증가하면서 cnt의 값을 누적시킵니다.

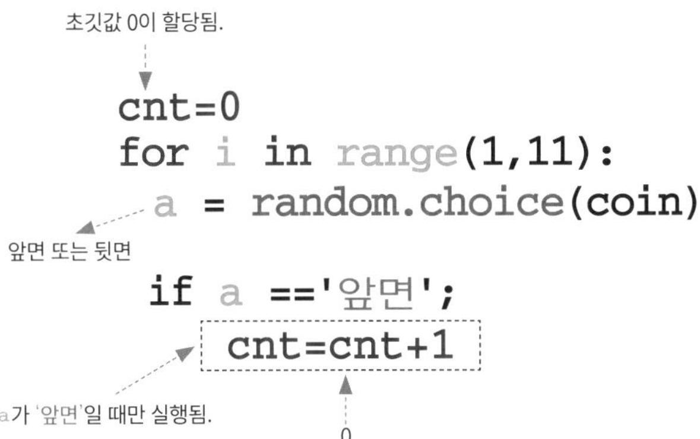
초깃값 0이 할당됨.
cnt=0
for i in range(1,11):
a = random.choice(coin)
앞면 또는 뒷면
if a =='앞면';
cnt=cnt+1
a가 '앞면'일 때만 실행됨.
0

a	cnt
'뒷면'	0
'앞면'	1
'뒷면'	1
'뒷면'	1
'앞면'	2
'앞면'	3
'뒷면'	3
'뒷면'	3
'앞면'	4
'뒷면'	4

그림 3-7

처음에는 cnt에 0이 할당되지만, '앞면'이 계속 나오면 나올 때마다 1씩 증가되면서 늘어납니다.

이제 동전을 10만 번 던져 보고 '앞면'이 나오는 횟수를 카운트해 앞면이 나올 확률을 구해 보겠습니다.

예제 11

```
1  import random
2
3  coin = ['앞면', '뒷면']
4
5  cnt = 0
6  for i in range(1, 100001):
7      a = random.choice(coin)
8
9      if a == '앞면':
10         cnt = cnt + 1
11
12 print(cnt/100000)
```

```
0.50022999999999996
```

6 for 반복문을 10만 번 수행합니다.

7~10 10만 번 실행되면서 '앞면'이 나올 경우, cnt의 값을 1씩 점점 누적시킵니다.

12 확률을 구해야 하므로 전체 시행 횟수인 cnt를 10만으로 나눈 후 100을 곱합니다. 수행할 때마다 0.5에 근사한 값이 출력됩니다.

문제 3

다음과 같이 주사위를 만든 후 주사위를 10만 번 던졌을 때 숫자 5가 나올 확률을 구하시오.

```
dice = [ 1, 2, 3, 4, 5, 6 ]
```

답

예제 12

```
1   import random
2
3   dice = [ 1, 2, 3, 4, 5, 6 ]
4
5   cnt = 0
6   for i in range(1, 100001):
7       a = random.choice(dice)
8
9       if a == 5:
10          cnt = cnt + 1
11
12  print(cnt/100000)
```

```
0.16544
```

6~7 주사위를 10만 번 던집니다.

9~10 만약, a가 5라면 cnt를 1씩 증가시킵니다.

12 주사위를 던졌을 때 5가 나올 확률은 1/6인 0.16에 근사한 값으로 출력됩니다.

● 인간의 한계를 넘어서는 기계의 반복문

사람은 주사위 10만 번을 1초 안에 던질 수 없지만, 기계인 컴퓨터는 가능합니다. 컴퓨터는 1초 안에 주사위를 모두 던져버리고 우리가 원하는 결과를 눈앞에 보여 줍니다. 주사위를 계속 던져 보겠습니다.

주사위의 눈은 1부터 6까지입니다. 앞에서 주사위를 10만 번 던졌을 때 5가 나올 확률이 0.16에 근사한 값이 나왔으므로 나머지 주사위의 눈들도 0.16에 근사한 값이 나올 것이라고 예상할 수 있습니다. 과연 그런지 파이썬을 이용해 알아보겠습니다.

문제 4

주사위를 10만 번 던져 주사위의 모든 눈에서 다음과 같이 0.16에 근사한 값이 출력되는지 확인하시오.

```
주사위의 눈 1(이/가) 나올 확률은? 0.16634
주사위의 눈 2(이/가) 나올 확률은? 0.16583
주사위의 눈 3(이/가) 나올 확률은? 0.16635
주사위의 눈 4(이/가) 나올 확률은? 0.1655
주사위의 눈 5(이/가) 나올 확률은? 0.16842
주사위의 눈 6(이/가) 나올 확률은? 0.16755
```

답

예제 13

```
import random
import time
from datetime import timedelta

start = time.process_time()

dice = [ 1, 2, 3, 4, 5, 6 ]

cnt1, cnt2, cnt3, cnt4, cnt5, cnt6 = 0, 0, 0, 0, 0, 0

for i in range(1,100000):
    a = random.choice(dice)
    if a == 1:
        cnt1 = cnt1 + 1
    elif a == 2:
       cnt2 = cnt2 + 1
    elif a == 3:
        cnt3 = cnt3 + 1
```

```
19      elif a == 4:
20          cnt4 = cnt4 + 1
21      elif a == 5:
22          cnt5 = cnt5 + 1
23      elif a == 6:
24          cnt6 =  cnt6 + 1
25
26  print('주사위의 눈 1(이/가) 나올 확률은?', cnt1/100000)
27  print('주사위의 눈 2(이/가) 나올 확률은?', cnt2/100000)
28  print('주사위의 눈 3(이/가) 나올 확률은?', cnt3/100000)
29  print('주사위의 눈 4(이/가) 나올 확률은?', cnt4/100000)
30  print('주사위의 눈 5(이/가) 나올 확률은?', cnt5/100000)
31  print('주사위의 눈 6(이/가) 나올 확률은?', cnt6/100000)
32
33  end = time.process_time()
34
35  print("Time elapsed: ", end - start)  # seconds
36  print("Time elapsed: ", timedelta(seconds=end-start))
```

```
주사위의 눈 1(이/가) 나올 확률은? 0.16634
주사위의 눈 2(이/가) 나올 확률은? 0.16583
주사위의 눈 3(이/가) 나올 확률은? 0.16635
주사위의 눈 4(이/가) 나올 확률은? 0.1655
주사위의 눈 5(이/가) 나올 확률은? 0.16842
주사위의 눈 6(이/가) 나올 확률은? 0.16755

Time elapsed: 0.09375
Time elapsed: 0:00:00.093750
```

2 주사위 10만 번 던지는 코드의 수행 시간을 알기 위해 time 모듈을 임포트합니다.

3 초를 시:분:초로 나타내기 위해 datatime 모듈을 임포트한 후 `timedelta` 함수를 이 코드에서 사용할 수 있도록 합니다.

5 현재 시간을 start 변수에 담습니다.

7 주사위의 눈 6개를 담는 dice 리스트를 생성합니다.

9 cnt1, cnt2, cnt3, cnt4, cnt5, cnt6 변수에 한꺼번에 숫자 0을 담아 냅니다.

11 반복문을 10만 번 반복하면서 아래의 실행문을 실행합니다.

12 주사위의 눈을 뽑아 a 변수에 담습니다.

13~24 주사위의 눈에 해당하면 건수를 누적시킵니다.

26~31 숫자가 랜덤으로 선택될 것이므로 이 책의 결과와 다를 수 있습니다. 하지만 대부분이 0.16으로 근사할 것입니다.

33 현재 시간을 end 변수에 담습니다.

35 end 시간과 start 시간의 차를 구하면 초가 출력됩니다.

36 end 시간과 start 시간의 차인 초를 시, 분, 초로 환산해 출력합니다.

1초도 안 돼 주사위 10만 번을 던졌습니다. 사람은 상상도 할 수 없는 일이죠. 이것이 바로 인간의 한계를 넘어서는 기계의 능력입니다.

continue문과 break문

아무것도 하지 않게 하는 continue문

반복문은 어떤 작업을 지정한 횟수만큼 무조건 반복시킵니다. 하지만 반복 실행 도중 특정 조건일 때는 무시하고 넘어가고 싶을 때가 있습니다. 이럴 때는 반복문에 continue를 사용하면 됩니다.

다음은 숫자 1번부터 10번까지 출력하는 반복문입니다. 이중 숫자 5만 출력되지 않게 하고 싶습니다. 그러면 다음과 같이 if문을 사용하고 if문의 실행문으로 **continue**를 사용합니다.

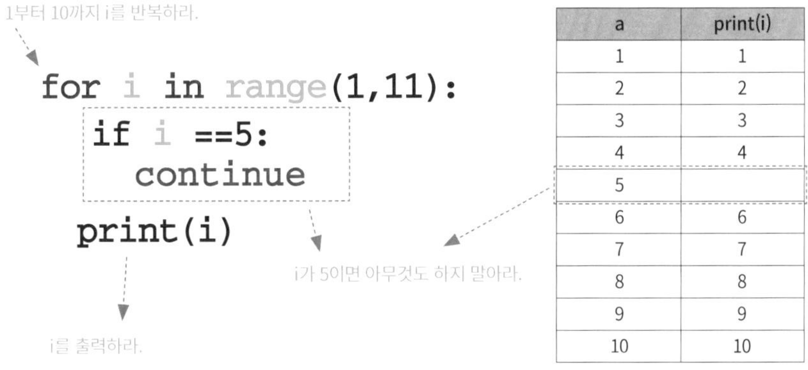

a	print(i)
1	1
2	2
3	3
4	4
5	
6	6
7	7
8	8
9	9
10	10

그림 3-8

숫자 1번부터 10번까지를 초기화 변수인 i를 통해 출력하는데 i가 5일 때는 아무것도 하지 말라고 명령합니다. 그렇게 되면 1번부터 10번까지 출력할 때 숫자 5는 출력하지 않습니다.

continue는 '계속'이라는 뜻을 갖고 있으므로 '계속 실행하라.'는 의미로 받아들여질 수 있지만, 여기서 '계속'은 '아무것도 하지 말아라.'입니다. 그리고 '계속 루프를 실행하라.'라는 의미로 받아들이면 됩니다.

● 피해가는 기술! continue문

어느 주사위 공장에 주사위를 만드는 기계가 10대 있습니다. 어느 날 이 중 한 대에서만 불량품이 많이 생산됐습니다. 그래서 이 기계를 움직이는 프로그램 코드를 수정해야만 했습니다. 10대의 기계 중 불량품을 만드는 그 한 대만 작동되지 않게 하고 싶습니다. 기계 번호는 5번입니다.

예제 14

```
1  for  i  in range(1, 11):
2      if  i == 5 :
3          continue
4      print( i, ' 번 기계를 작동시켜라.')
```

```
1번 기계를 작동시켜라.
2번 기계를 작동시켜라.
3번 기계를 작동시켜라.
4번 기계를 작동시켜라.
6번 기계를 작동시켜라.
7번 기계를 작동시켜라.
8번 기계를 작동시켜라.
9번 기계를 작동시켜라.
10번 기계를 작동시켜라.
```

2 만약, 초기화 변수 i가 숫자 5라면

3 이 부분은 그냥 지나치고 여기서는 아무것도 하지 말아라.

4 for 반복문의 i에 담긴 숫자를 출력합니다. 만약, 2번과 3번 라인에 if문과 continue가 없었다면 모든 번호가 출력됐을 것입니다.

그런데 반복문이 돌다가 continue문을 만나면 이 부분에서는 아무것도 하지 않고 다음 반복문으로 계속 실행을 넘기게 됩니다. 이렇게 해서 5번 기계가 작동되지 않았습니다. 그런데 9번 기계에서도 불량품이 나오고 있다고 합니다. 여러분이 9번 기계도 작동되지 않게 해 보세요.

문제 5

앞 예제의 코드를 수정해 다음과 같이 9번 기계도 작동되지 않게 하시오.

```
1번 기계를 작동시켜라.
2번 기계를 작동시켜라.
3번 기계를 작동시켜라.
4번 기계를 작동시켜라.
6번 기계를 작동시켜라.
7번 기계를 작동시켜라.
8번 기계를 작동시켜라.
10번 기계를 작동시켜라.
```

답

예제 15

```
1  for  i  in range(1, 11):
2      if  i in ( 5, 9 ) :
3          continue
4      print( i, ' 번 기계를 작동시켜라.')
```

```
1번 기계를 작동시켜라.
2번 기계를 작동시켜라.
3번 기계를 작동시켜라.
4번 기계를 작동시켜라.
6번 기계를 작동시켜라.
7번 기계를 작동시켜라.
8번 기계를 작동시켜라.
10번 기계를 작동시켜라.
```

2 ······· 만약, 초기화 변수 i가 5번과 9번이라면

3 ······· 이 부분은 그냥 지나치고 아무것도 하지 말아라.

in은 여러 개의 요소가 같은지를 비교할 때 사용하는 연산자입니다.

연산자	설명	문법
==	1개만 같은지 비교할 때	i == 5
in	여러 개가 같은지 비교할 때	i in (5, 9)

5번과 9번 기계에게는 작동하라는 메시지를 출력하지 않았습니다.

● 반복문 전체를 멈추는 기술! break문

반복문을 작성하다 보면 중간에 실행을 멈춰야 할 때가 있습니다. 멈추지 않으면 문제가 생길 수 있기 때문에 반복문 전체를 멈춰야 하는데, 이 경우에 break를 사용합니다.

다음과 같이 숫자를 1부터 10까지 출력하는 반복문이 있습니다. 여기서 i가 숫자 5를 만나면 반복문 전체를 멈추게 하고 싶습니다. 그러면 다음과 같이 if문을 사용하고 if문의 실행문으로 break를 사용하면 됩니다. break가 반복문 전체를 한꺼번에 멈추게 합니다.

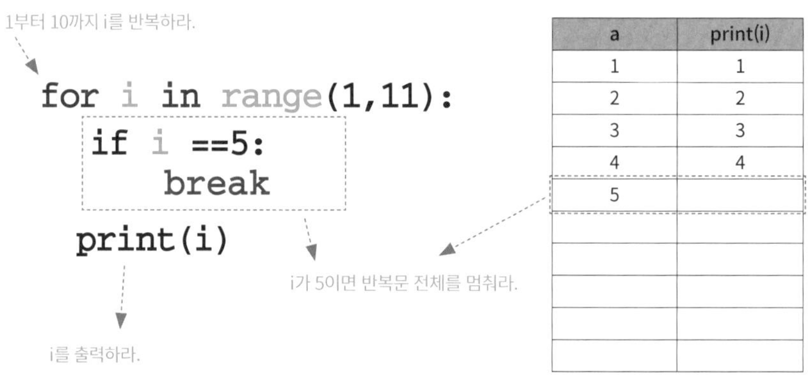

그림 3-9

초기화 변수 i가 1부터 10까지를 출력하는 반복문에서 i가 5일 때 break가 수행되면서 전체 반복문이 종료돼 버렸습니다. break는 반복문 전체를 멈추게 합니다.

● 큰 손실을 막는 break문의 힘!

주사위 공장에는 주사위를 만드는 기계가 총 6대 있습니다. 이 6대의 기계는 각각 주사위의 눈을 하나씩 만듭니다. 1번 기계부터 6번 기계까지 각각 하나의 주사위에 대해 주사위의 눈을 프린트합니다. 1번 기계는 주사위의 눈 1번, 2번 기계는 눈 2번을 프린트합니다.

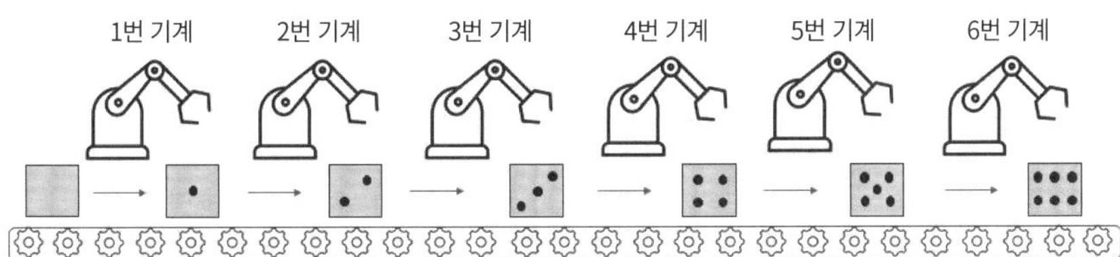

그림 3-10

주사위 1개가 6대의 기계를 모두 돌고 나면 주사위의 눈이 모두 찍힌 하나의 주사위가 완성됩니다. 그런데 이 중 3번 기계에 이상이 생겼습니다. 3번 기계의 잉크가 다 떨어져 주사위 3의 눈만 인쇄가 안 된 불량품 주사위가 만들어지고 있습니다. 이때는 바로 모든 기계를 셧다운(shutdown)해야 불량품 생산으로 인한 손실을 막을 수 있습니다.

이 공장에서 발생한 문제를 break로 해결해 보겠습니다.

문제 6

for 루프문을 이용해 다음과 같이 '몇 번 기계가 작동 중입니다.'라는 메시지가 출력되게 하시오.

```
1번 기계가 작동 중입니다.
2번 기계가 작동 중입니다.
3번 기계가 작동 중입니다.
4번 기계가 작동 중입니다.
5번 기계가 작동 중입니다.
6번 기계가 작동 중입니다.
```

답

 # 예제 16

```
for i in range(1, 7):
    print( i, ' 번 기계가 작동 중입니다.')
```

```
1번 기계가 작동 중입니다.
2번 기계가 작동 중입니다.
3번 기계가 작동 중입니다.
4번 기계가 작동 중입니다.
5번 기계가 작동 중입니다.
6번 기계가 작동 중입니다.
```

이번에는 위의 6대의 기계 중 어느 기계가 고장 날지 모르는 상태로 만들어 보겠습니다.

문제 7

어느 기계가 고장 날지 모르는 상황을 연출하기 위해 다음과 같이 기계 상태를 나타내는 리스트를 만들고 이 중 하나의 요소를 랜덤으로 추출하시오.

```
machine1 = ['정상', '정상', '고장', '정상', '정상', '정상', '정상']
```

답

 # 예제 17

```
import  random

machine1 = ['정상', '정상', '고장', '정상', '정상', '정상', '정상']

random.choice(machine1)
```

```
'정상'
```

출력되는 결과가 이 책과 다를 수 있습니다. 왜냐하면 random.choice를 이용해 요소를 랜덤으로 추출했기 때문입니다.

지금은 1번 기계의 상태에 대해서만 리스트를 만들었습니다. 이렇게 5대의 기계를 더 만들어 주세요.

문제 8

machine1~machine6까지 총 6대의 기계의 상태를 랜덤으로 추출할 수 있도록 하시오.

```
machine1 = ['정상', '정상', '고장', '정상', '정상', '정상', '정상']
machine2 = ['정상', '정상', '고장', '정상', '정상', '정상', '정상']
machine3 = ['정상', '정상', '고장', '정상', '정상', '정상', '정상']
machine4 = ['정상', '정상', '고장', '정상', '정상', '정상', '정상']
machine5 = ['정상', '정상', '고장', '정상', '정상', '정상', '정상']
machine6 = ['정상', '정상', '고장', '정상', '정상', '정상', '정상']
```

```
결과:
1번 기계: 정상
2번 기계: 고장
3번 기계: 정상
4번 기계: 정상
5번 기계: 고장
6번 기계: 정상
```

결과는 랜덤이므로 이 책과 다를 수 있습니다.

답

예제 18

```python
import random

machine1 = ['정상', '정상', '고장', '정상', '정상', '정상', '정상']
machine2 = ['정상', '정상', '고장', '정상', '정상', '정상', '정상']
machine3 = ['정상', '정상', '고장', '정상', '정상', '정상', '정상']
machine4 = ['정상', '정상', '고장', '정상', '정상', '정상', '정상']
machine5 = ['정상', '정상', '고장', '정상', '정상', '정상', '정상']
machine6 = ['정상', '정상', '고장', '정상', '정상', '정상', '정상']

m1 = random.choice(machine1)
m2 = random.choice(machine2)
m3 = random.choice(machine3)
m4 = random.choice(machine4)
m5 = random.choice(machine5)
m6 = random.choice(machine6)

print('1번 기계:', m1 )
print('2번 기계:', m2 )
print('3번 기계:', m3 )
print('4번 기계:', m4 )
print('5번 기계:', m5 )
print('6번 기계:', m6 )
```

```
1번 기계: 정상
2번 기계: 고장
3번 기계: 정상
4번 기계: 정상
5번 기계: 고장
6번 기계: 정상
```

3~8 기계의 상태 정보를 출력할 리스트 6개를 만듭니다.

10~15 6개의 리스트에서 랜덤으로 요소를 각각 뽑아 변수에 담습니다.

17~22 기계의 상태를 출력합니다.

그럼 이제 코드들을 조합해 다음 코드를 작성해 보겠습니다. 다음은 6대의 기계가 각각 정상적으로 작동 중인지를 출력하는 코드입니다. 그리고 기계 중에 고장 난 것이 있으면 '**?번 기계가 작동 중입니다.**'라는 메시지가 출력되지 않게 했습니다.

\# 예제 19

```
import random

machine1 = ['정상', '정상', '고장', '정상', '정상', '정상', '정상']
machine2 = ['정상', '정상', '고장', '정상', '정상', '정상', '정상']
machine3 = ['정상', '정상', '고장', '정상', '정상', '정상', '정상']
machine4 = ['정상', '정상', '고장', '정상', '정상', '정상', '정상']
machine5 = ['정상', '정상', '고장', '정상', '정상', '정상', '정상']
machine6 = ['정상', '정상', '고장', '정상', '정상', '정상', '정상']

m1 = random.choice(machine1)
m2 = random.choice(machine2)
m3 = random.choice(machine3)
m4 = random.choice(machine4)
m5 = random.choice(machine5)
m6 = random.choice(machine6)

print(m1,m2,m3,m4,m5,m6)
```

```
18
19 for i in range(1, 7):
20     if eval(f"m{i}") =='정상':
21         print( i, ' 번 기계가 작동 중입니다.')
```

```
정상 정상 고장 정상 정상 정상
1번 기계가 작동 중입니다.
2번 기계가 작동 중입니다.
4번 기계가 작동 중입니다.
5번 기계가 작동 중입니다.
6번 기계가 작동 중입니다.
```

20 eval 함수는 문자열을 변수로 인식하게 하고 변수의 값을 출력하게 해 주는 함수입니다. **eval(f"m{i}")**는 m1, m2, m3, m4, m5, m6을 변수로 인식해 변수 안에 들어 있는 값을 출력하게 합니다. 변수의 값을 출력하기 때문에 '정상'인지 비교할 수 있게 됩니다.

21 '정상'이면 '해당 번호의 기계가 작동 중입니다.'를 출력합니다.

문제 9

문제 3번의 코드에 break문을 사용해 혹시 기계가 고장 나면 중간에 작동이 멈추게 하시오. 다음 예시는 4번 기계가 고장 나 기계 3번까지 수행되다가 멈춘 경우입니다. 결과는 랜덤이기 때문에 이 책과 다를 수 있습니다.

```
정상 정상 정상 고장 고장 정상
1번 기계가 작동 중입니다.
2번 기계가 작동 중입니다.
3번 기계가 작동 중입니다.
```

답

예제 20

```
import random

machine1 = ['정상', '정상', '고장', '정상', '정상', '정상', '정상']
machine2 = ['정상', '정상', '고장', '정상', '정상', '정상', '정상']
```

```
5   machine3 = ['정상', '정상', '고장', '정상', '정상', '정상', '정상']
6   machine4 = ['정상', '정상', '고장', '정상', '정상', '정상', '정상']
7   machine5 = ['정상', '정상', '고장', '정상', '정상', '정상', '정상']
8   machine6 = ['정상', '정상', '고장', '정상', '정상', '정상', '정상']
9
10  m1 = random.choice(machine1)
11  m2 = random.choice(machine2)
12  m3 = random.choice(machine3)
13  m4 = random.choice(machine4)
14  m5 = random.choice(machine5)
15  m6 = random.choice(machine6)
16
17  print(m1,m2,m3,m4,m5,m6)
18
19  for i in range(1, 7):
20      if eval(f"m{i}") =='고장':
21          break
22      print( i, ' 번 기계가 작동 중입니다.')
```

```
정상 정상 정상 고장 고장 정상
1번 기계가 작동 중입니다.
2번 기계가 작동 중입니다.
3번 기계가 작동 중입니다.
```

20 만약, m1 변수에 들어 있는 값이 '고장'이라면

21 "반복문을 지금 바로 종료시켜라!"입니다.

22 앞 라인의 break를 실행하는 if문에 의해 반복문이 종료되지 않았다면 계속 실행되는 실행문입니다.

위 경우에는 4번 기계가 고장 나 3번 기계까지 작동되고 전체 기계를 멈추게 했습니다. 만약, break문으로 전체 반복문을 멈추게 하지 않았다면 불량품이 계속 생산됐을 것입니다.

break문 덕분에 더 큰 손실을 막을 수 있었습니다. 이렇게 break는 반복문 전체를 한꺼번에 중단시킵니다. 위와 같은 경우에는 반복문에서 break문을 사용하면 됩니다.

● 반복할 필요가 없을 때 멈추게 하는 break문

고대 이집트의 피라미드 건설 노동자들은 일정한 보상을 받는 '임금 노동자'였다고 합니다. 그 증거로 피라미드를 건립할 석재 덩어리를 채석하는 노동자에게 빵을 배분하는 기록이 있다고 하는데요. 이 기록을 보면 노동자들에게 나눠 줄 빵을 적절하게 배분하기 위해 '최대 공약수'를 사용했다고 합니다.

최대 공약수는 다음과 경우에 유용합니다.

사람은 16명인데 빵은 24개입니다. 그럼 한 사람당 빵을 몇 개씩 나눠 줘야 공정할까요?

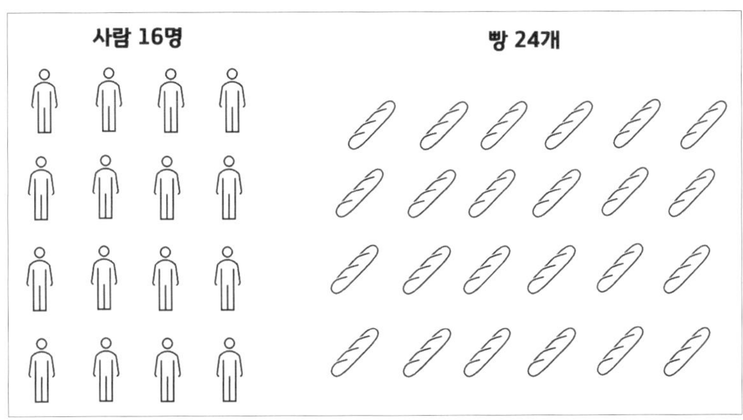

그림 3-11

이 문제를 해결하려면 **약분**을 해야 합니다. 즉, 16과 24의 최대 공약수를 알아야 합니다.

최대 공약수가 8이라는 것을 알아 내기만 하면 16과 24를 8로 나눈 몫인 2와 3을 얻을 수 있습니다. 그러면 사람 16명에게 24개의 빵을 나눠 주는 문제가 사람 2명에게 3개의 빵을 나눠 주는 것으로 단순화됩니다. 그럼 **한 사람당 빵 1개 반을 나눠 주면** 됩니다.

최대 공약수를 구했기 때문에 빠른 계산이 가능한 것입니다.

자, 그럼 어떤 숫자가 와도 약분을 빨리 할 수 있도록 최대 공약수를 구해 보겠습니다. 문제 10번부터 13번까지는 답을 보면서 문제를 풀어 보고 문제 14번은 직접 해 보세요.

문제 10

16을 8로 나눈 나머지 값과 24를 8로 나눈 나머지 값을 출력하시오.

답

예제 21

```
1  print( 16 % 8 )
2  print( 24 % 8 )
```

```
0
0
```

1~2 %는 나눈 나머지 값을 구하는 파이썬 연산자입니다. 둘 다 0으로 출력되고 있습니다.

문제 11

숫자 1번부터 24번까지를 for loop문을 이용해 출력하시오.

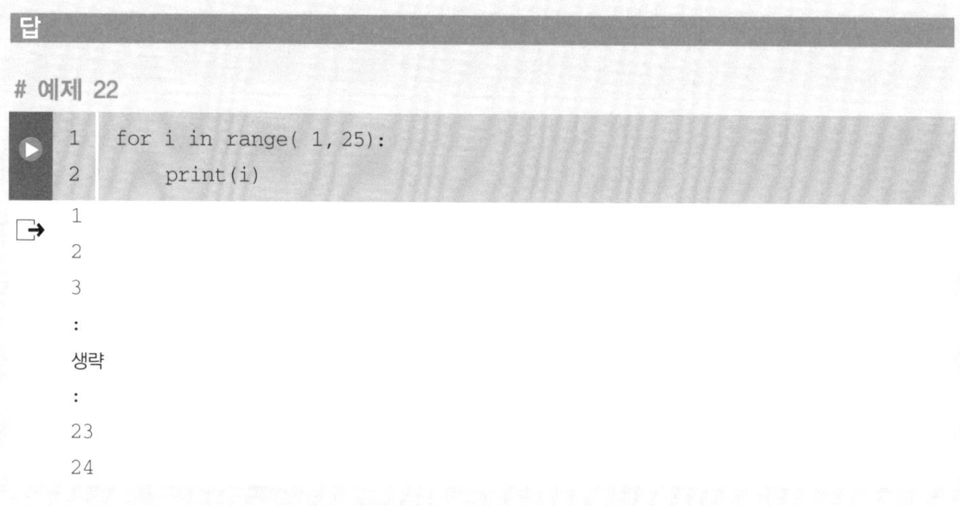

답

예제 22

```
1  for i in range( 1, 25):
2      print(i)
```

```
1
2
3
:
생략
:
23
24
```

1~2 1부터 25 미만까지의 숫자를 초기화 변수 i에 담으면서 출력합니다.

문제 12

다음과 같이 2개의 숫자를 물어보게 하고 값을 각각 입력하게 하시오. 그리고 두 번째로 입력한 숫자까지 숫자 1번부터 1씩 증가돼 출력되도록 하시오.

```
첫 번째 숫자를 입력하세요~ 16
두 번째 숫자를 입력하세요~ 24

결과:
1
2
:
생략
:
23
24
```

답

예제 23

```
1  a = int( input('첫 번째 숫자를 입력하세요~')  )
2  b = int( input('두 번째 숫자를 입력하세요~')  )
3
4  for i in range( 1, b+1):
5      print(i)
```

```
첫 번째 숫자를 입력하세요~ 16
두 번째 숫자를 입력하세요~ 24
1
2
:
생략
:
23
24
```

1 ······· '첫 번째 숫자를 입력하세요~'라는 메시지를 화면에 출력합니다. 16을 입력합니다. 입력한 값 16은 int에 의해 숫자로 변환되고 a 변수에 담깁니다.

2 ‘두 번째 숫자를 입력하세요~’라는 메시지를 화면에 출력합니다. 24를 입력합니다. 입력한 값 24는 int에 의해 숫자로 변환되고 b 변수에 담깁니다.

4~5 숫자 1부터 b 변수에 입력한 24에 숫자 1을 더한 25 미만까지의 숫자를 출력합니다.

문제 13

문제 3번을 다시 수행하되, 이번에는 반대로 출력 결과가 24번부터 1번까지 출력되게 하시오.

```
첫 번째 숫자를 입력하세요~ 16
두 번째 숫자를 입력하세요~ 24

결과:
24
23
:
생략
:
2
1
```

답

 # 예제 24

```python
a = int( input('첫 번째 숫자를 입력하세요~')  )
b = int( input('두 번째 숫자를 입력하세요~')  )

for i in range(b, 0, -1 ):
    print(i)
```

```
첫 번째 숫자를 입력하세요~16
두 번째 숫자를 입력하세요~24

24
23
:
생략
```

```
:
2
1
```

4 range(시작 숫자, 종료 숫자, 증가치)로 시작 숫자부터 종료 숫자 미만까지 숫자를 발생시키는데 증가치가 1이면 1씩 증가하면서 발생시키고 -1이면 1씩 차감하면서 발생시킵니다. 여기서는 24부터 1까지 1씩 차감돼 출력됩니다.

문제 14

문제 1~4번까지 작성한 코드를 이용해 2개의 숫자를 물어보게 하고 2개 숫자의 최대 공약수를 출력하시오.

```
첫 번째 숫자를 입력하세요~ 16
두 번째 숫자를 입력하세요~ 24

최대 공약수는 8입니다.

힌트:
print( 16 % 8 )    # 결과: 0
print( 24 % 8 )    # 결과: 0

16 % 8은 16을 8로 나눈 나머지 값을 출력합니다.
24 % 8은 24를 8로 나눈 나머지 값을 출력합니다.
```

답

예제 25

```
a = int(input('숫자를 입력하세요~'))
b = int(input('숫자를 입력하세요~'))

for i in range( b, 0, -1):
    if a % i == 0 and b % i == 0:
        break
print('최대 공약수는',i,'입니다.')
```

```
숫자를 입력하세요~ 16
숫자를 입력하세요~ 24
최대 공약수는 8입니다.
```

4 24부터 1까지 1씩 차감돼 숫자가 출력되면서

5~6 16과 24를 해당 i의 숫자로 나눈 나머지 값을 구해 2개의 조건이 동시에 True가 되면 break를 작동시키면서 루프문을 종료합니다.

i	16 % i	24 % i
24	16	0
23	16	1
22	16	2
21	16	3
20	16	4
19	16	5
18	16	6
17	16	7

i	16 % i	24 % i
16	0	8
15	1	9
14	2	10
13	3	11
12	4	0
11	5	2
10	6	4
9	7	6
8	0	0

그림 3-12

i가 24부터 1씩 차감하면서 16 % i와 24 % i를 계산합니다. 그러다가 i가 8이 되면 16 % i도 0이고 24 % i도 0이 됩니다. 그러면 **더 이상 반복문을 반복할 필요가 없어집니다. 굳이 끝까지 갈 필요가 없을 때 break가 유용하게 사용됩니다.**

이중 반복문

● 반복문 자체를 반복시키는 이중 loop문

다음의 예제는 for 반복문을 이용해 숫자 1부터 3까지를 출력하는 반복문입니다.

1부터 3까지 i를 출력하라.

```
for i in range(1,4):
  print(i)
```

i	print(i)
1	1
2	2
3	3

그림 3-13

이 반복문 자체를 반복시키고 싶다면 다음과 같이 이중 루프문을 사용하면 됩니다. 1부터 3까지 출력하는 반복문을 실행문으로 하고 for k in range(1,4)를 이용해 이 실행문을 3번 반복시켰습니다.

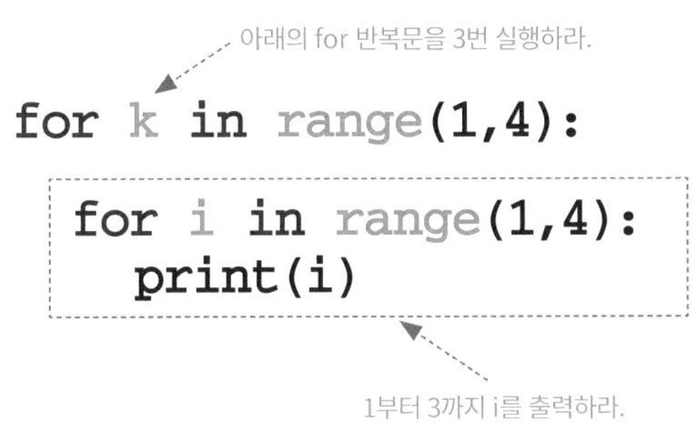

아래의 for 반복문을 3번 실행하라.
for k in range(1,4):
for i in range(1,4):
print(i)
1부터 3까지 i를 출력하라.

k	i	print(i)
1	1	1
1	2	2
1	3	3
2	1	1
2	2	2
2	3	3
3	1	1
3	2	2
3	3	3

그림 3–14

이를 '이중 루프문'이라고 합니다. 프로그램을 작성하다 보면 반복문 자체를 반복시켜야 할 경우가 종종 있습니다.

다음은 반복문을 이용해 구구단 2단을 출력하는 예제입니다.

예제 26

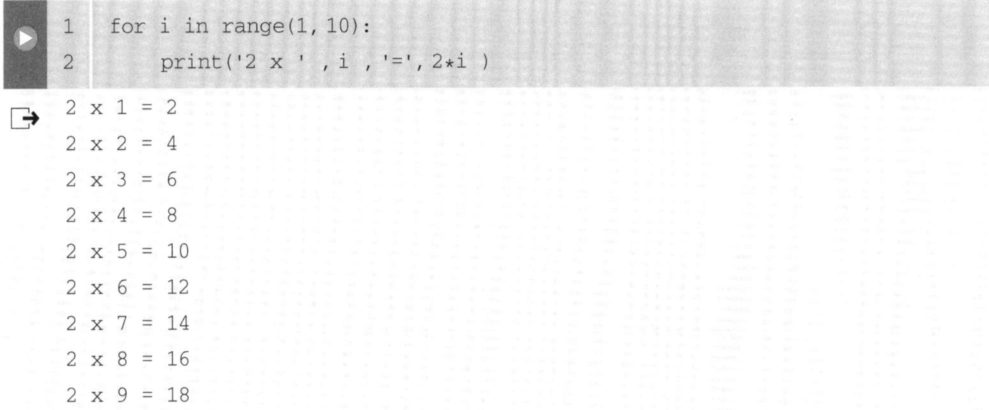

```
1  for i in range(1, 10):
2      print('2 x ' , i , '=', 2*i )
```

```
2 x 1 = 2
2 x 2 = 4
2 x 3 = 6
2 x 4 = 8
2 x 5 = 10
2 x 6 = 12
2 x 7 = 14
2 x 8 = 16
2 x 9 = 18
```

2 '2 x'는 문자열이므로 그대로 출력되고 중간에 i가 1부터 9까지 변경되면서 구구단 2단을 완성시켜 출력합니다.

이번에는 구구단 2단, 3단, 4단을 출력해 보겠습니다.

예제 27

```
1  for i in range(1, 10):
2      print('2 x ' , i , '=', 2*i )
3
4  for i in range(1, 10):
5      print('3 x ' , i , '=', 3*i )
6
7  for i in range(1, 10):
8      print('4 x ' , i , '=', 4*i )
```

```
2 x 1 = 2
2 x 2 = 4
2 x 3 = 6
2 x 4 = 8
  :
4 x 6 = 24
4 x 7 = 28
4 x 8 = 32
4 x 9 = 36
```

1~2 구구단 2단을 출력합니다.

4~5 구구단 3단을 출력합니다.

7~8 구구단 4단을 출력합니다.

구구단 2단과 4단까지 출력하기 위해 for 반복문을 3번이나 썼습니다. 위와 같은 방식으로 구구단 2단부터 9단까지 출력해야 한다면 for 루프문을 9번은 적어 줘야 합니다. 좀 더 간단하게 할 수 있는 방법은 없을까요?

다음과 같이 이중 루프문을 이용하면 간단하게 구현할 수 있습니다.

예제 28

```
for i in range(2, 10):              # 2부터 9까지 i를 반복합니다.
    for k in range(1, 10):          # 1부터 9까지 k를 반복합니다.
        print(i, 'x', k, '=', i*k)
```

```
2 x 1 = 2
2 x 2 = 4
2 x 3 = 6
:
9 x 7 = 63
9 x 8 = 72
9 x 9 = 81
```

1 초기화 변수 i에 숫자 2부터 9까지 반복해 대입합니다.

2 초기화 변수 k에 숫자 1부터 9까지 반복해 대입합니다.

3 [그림 3-15]의 왼쪽은 i가 2일 때 k를 1부터 9까지 반복하면서 구구단 2단을 만드는 과정, 오른쪽은 i가 9일 때 k를 1부터 9까지 반복하면서 구구단 9단을 만드는 과정입니다.

i	k	print(i, 'x', k, '=', i*k)
2	1	print(2, 'x', 1, '=', 2)
2	2	print(2, 'x', 2, '=', 4)
2	3	print(2, 'x', 3, '=', 6)
2	4	print(2, 'x', 4, '=', 8)
2	5	print(2, 'x', 5, '=', 10)
2	6	print(2, 'x', 6, '=', 12)
2	7	print(2, 'x', 7, '=', 14)
2	8	print(2, 'x', 8, '=', 16)
2	9	print(2, 'x', 9, '=', 18)

i	k	print(i, 'x', k, '=', i*k)
9	1	print(9, 'x', 1, '=', 9)
9	2	print(9, 'x', 2, '=', 18)
9	3	print(9, 'x', 3, '=', 27)
9	4	print(9, 'x', 4, '=', 36)
9	5	print(9, 'x', 5, '=', 45)
9	6	print(9, 'x', 6, '=', 54)
9	7	print(9, 'x', 7, '=', 63)
9	8	print(9, 'x', 8, '=', 72)
9	9	print(9, 'x', 9, '=', 81)

그림 3-15

● 이중 loop문으로 풀어야 하는 하나의 문제

어느 회사에 4명의 경비원이 있습니다. 회사에는 정문과 후문이 있는데, 정문과 후문에 경비원을 중복되지 않게 잘 배치해야 합니다. 근무자 4명이 공정하게 정문과 후문에 잘 배치되면서 한 명의 경비원이 동시에 정문과 후문에 배치되지 않도록 근무표를 만들어야 합니다.

일	요일	정문	후문
1	월	A	A
2	화	A	B
3	수	A	C
4	목	A	D
5	금	B	A
6	토	B	B
7	일	B	C
8	월	B	D
9	화	C	A
10	수	C	B
11	목	C	C
12	금	C	D
13	토	D	A
14	일	D	B
15	월	D	C
16	화	D	D

일	요일	정문	후문
1	월	A	B
2	화	A	C
3	수	A	D
4	목	B	A
5	금	B	C
6	토	B	D
7	일	C	A
8	월	C	B
9	화	C	D
10	수	D	A
11	목	D	B
12	금	D	C

그림 3-16

먼저 리스트로 경비원을 A, B, C, D로 구성합니다. 그리고 다음과 같이 for 루프문을 사용해 리스트에서 요소를 하나씩 뽑아 출력합니다.

예제 29

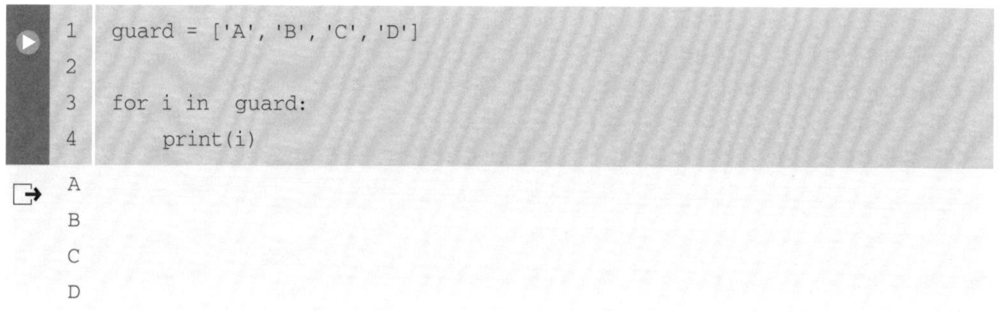

```
guard = ['A', 'B', 'C', 'D']

for i in  guard:
    print(i)
```

```
A
B
C
D
```

그리고 구구단 전체를 만들었던 것처럼 이중 루프문을 이용해 정문과 후문에 각각 배치될 경비원의 조합을 다음과 같이 만듭니다.

예제 30

```
1   guard = ['A', 'B', 'C', 'D']
2
3   for i in guard:
4       for k in guard:
5           print(i, k)
```

```
A A
A B
A C
A D
B A
B B
B C
B D
C A
C B
C C
C D
D A
D B
D C
D D
```

3 i가 A일 때 k의 A, B, C, D 출력을 반복합니다. 이것이 첫 번째 반복문입니다.

i가 B일 때 k의 A, B, C, D 출력을 반복합니다. 이것이 두 번째 반복문입니다.

i가 C일 때 k의 A, B, C, D 출력을 반복합니다. 이것이 세 번째 반복문입니다.

i가 D일 때 k의 A, B, C, D 출력을 반복합니다. 이것이 네 번째 반복문입니다.

첫 번째 반복

i	k
A	A
A	B
A	C
A	D

두 번째 반복

i	k
B	A
B	B
B	C
B	D

세 번째 반복

i	k
C	A
C	B
C	C
C	D

네 번째 반복

i	k
D	A
D	B
D	C
D	D

그림 3-17

다음과 같이 정문과 후문을 앞에 붙여 보겠습니다.

첫 번째 반복

i	k
정문: A	후문: A
정문: A	후문: B
정문: A	후문: C
정문: A	후문: D

두 번째 반복

i	k
정문: B	후문: A
정문: B	후문: B
정문: B	후문: C
정문: B	후문: D

세 번째 반복

i	k
정문: C	후문: A
정문: C	후문: B
정문: C	후문: C
정문: C	후문: D

네 번째 반복

i	k
정문: D	후문: A
정문: D	후문: B
정문:D	후문: C
정문: D	후문: D

그림 3-18

\# 예제 31

```
1  guard = ['A', 'B', 'C', 'D']
2
3  for i in guard:
4      for k in guard:
5          print('정문:' + i, '후문: ' + k)
```

```
정문: A 후문: A
정문: A 후문: B
정문: A 후문: C
      :
     생략
      :
정문: D 후문: C
정문: D 후문: D
```

5 '정문'이라는 문자열과 초기화 변수 i를 파이썬 연결 연산자 +로 연결합니다. '후문'이라는 문자열과 k를 파이썬 연결 연산자 +로 연결합니다.

이제, 같은 근무자가 정문과 후문에 배치되는 경우만 제외하면 됩니다.

이 문제는 직접 풀어 보세요.

문제 15

같은 근무자가 정문과 후문에 동시에 배치되는 경우를 제외하시오.

첫 번째 반복

i	k
정문: A	후문: A
정문: A	후문: B
정문: A	후문: C
정문: A	후문: D

두 번째 반복

i	k
정문: B	후문: A
정문: B	후문: B
정문: B	후문: C
정문: B	후문: D

세 번째 반복

i	k
정문: C	후문: A
정문: C	후문: B
정문: C	후문: C
정문: C	후문: D

네 번째 반복

i	k
정문: D	후문: A
정문: D	후문: B
정문:D	후문: C
정문: D	후문: D

그림 3-19

답

예제 32

```
1  guard = ['A', 'B', 'C', 'D']
2
3  for i in  guard:
4      for k in  guard:
5          if i != k:
6              print( '정문:' + i, '후문: '+ k )
```

```
정문: A 후문: B
정문: A 후문: C
정문: A 후문: D
정문: B 후문: A
정문: B 후문: C
정문: B 후문: D
정문: C 후문: A
정문: C 후문: B
정문: C 후문: D
정문: D 후문: A
정문: D 후문: B
정문: D 후문: C
```

5~6 i와 k가 같지 않을 때만 프린트하시오.

while loop문

● 무한 반복을 쉽게 구현할 수 있는 while loop문

반목문에는 for loop문 외에 while loop문도 있습니다. while loop문도 for loop문처럼 '~하는 동안 실행문을 반복하라.'는 의미를 갖고 있습니다. while loop문은 for loop문과는 문법이 조금 다른데, 다음 내용을 보면서 비교해 보겠습니다.

for loop문	while loop문

for i in range(1, 11):
    print(i)
	x = 1 # x 변수에 1을 할당합니다.
	while x < 11: # x가 11보다 작을 때만
	    print(x) # x를 출력합니다.
	    x = x + 1 # x를 1씩 증가시킵니다.

그림 3-20

while loop문의 코드가 좀 더 깁니다. 그런데 while loop문은 for loop문으로는 구현할 수 없는 기능을 구현할 수 있습니다. 바로 '무한 반복'입니다.

다음 예제를 살펴보겠습니다.

예제 33

```
1  x = 1
2  while x < 11:
3      print(x)
4      x = x + 1
```

```
1
2
3
4
5
6
7
8
9
10
```

1 변수 x에 1을 할당합니다. x라는 변수는 while loop문에서 반복문을 종료시키기 위해 사용할 변수입니다.

2 x가 11보다 작을 때만 반복문의 실행문을 실행하라고 합니다.

4 x에 값을 1씩 증가시킵니다. 전체적인 수행은 [그림 3-21]과 같습니다.

x < 11	print(a)	x = x + 1
1 < 11	1	2 = 1 + 1
2 < 11	2	3 = 2 + 1
3 < 11	3	4 = 3 + 1
4 < 11	4	5 = 4 + 1
5 < 11	5	6 = 5 + 1
6 < 11	6	7 = 6 + 1
7 < 11	7	8 = 7 + 1
8 < 11	8	9 = 8 + 1
9 < 11	9	10 = 9 + 1
10 < 11	10	11 = 10 + 1
11 < 11		

그림 3-21

맨 마지막의 11 〈 11은 거짓(False)이므로 수행되지 않습니다. while문의 조건이 True일 때만 수행됩니다. 그럼 while loop를 이용해 구구단 2단을 출력해 보세요.

예제 34

```
a = 1
while a < 10:
    print('2 x ', a,  ' = ', 2*a)
    a = a + 1
```

```
2 x 1 = 2
2 x 2 = 4
2 x 3 = 6
2 x 4 = 8
2 x 5 = 10
2 x 6 = 12
2 x 7 = 14
2 x 8 = 16
2 x 9 = 18
```

3 print('2 x ' , a , '=', 2*a) 가 구구단 2단의 모양을 만들어 출력되도록 합니다.

구구단 전체를 완성시키려면 어떻게 해야 할까요? 앞에서 for loop문을 중첩해 구구단 전체를 출력했던 것처럼 while loop문을 중첩하면 됩니다. 다음 네모 박스 안에 들어가는 코드는 무엇일까요?

```
a = 1
b = 2
while b < 10:
    [   ?   ]
    while a < 10:
        print( b ,' x ', a,  ' = ', b*a)
        a = a + 1
    b = b + 1
```

그림 3-22

하나씩 설명해 보겠습니다.

예제 35

```
1 a = 1
2 b = 2
3 while b < 10:
4     while a < 10:
5         print(b ,'x', a, '=', b*a)
6         a = a + 1
7     b = b + 1
```

```
2 x 1 = 2
2 x 2 = 4
2 x 3 = 6
2 x 4 = 8
2 x 5 = 10
2 x 6 = 12
2 x 7 = 14
2 x 8 = 16
2 x 9 = 18
```

1 a는 곱하기 다음에 나오는 숫자 1~9까지를 표현하기 위한 변수입니다. 여기에 1을 할당합니다.

2 b는 2단부터 시작할 것이므로 숫자 2를 할당합니다.

3 b가 10보다 작은 동안에만 반복문을 수행합니다.

4 a가 10보다 작은 동안에만 반복문을 수행합니다.

5 print(b ,' x ', a, ' = ', b*a)는 다음과 같이 수행됩니다.

다음 '수행되기를 원하는 결과'의 왼쪽을 보면 처음 b에는 2가 들어 있고 2가 10보다 작은 동안 안쪽의 while loop문을 실행하는데 안쪽의 while loop문이 a 〈 10인 조건입니다. 이 조건이 곱하기 다음의 문장을 완성하는 것입니다.

그런데 문제는 2단밖에 출력되지 않는다는 것입니다. [그림 3-23]의 '수행되기를 원하는 결과'처럼 수행돼야 구구단 전체가 나오는데, [그림 3-24]의 '지금 현재 수행되고 있는 코드 상태' 쪽을 보면 파란색 점선 쪽 부분의 조건이 거짓이기 때문에 3단부터는 아예 수행되지 않고 앞의 2단만 출력된 것입니다.

수행되기를 원하는 결과

b < 10	a < 10	print(b ,' x ', a, ' = ', b*a)
2 < 10	1 < 10	print(2 ,' x ', 1, ' = ', 2*1)
2 < 10	2 < 10	print(2 ,' x ', 2, ' = ', 2*2)
2 < 10	3 < 10	print(2 ,' x ', 3, ' = ', 2*3)
2 < 10	4 < 10	print(2 ,' x ', 4, ' = ', 2*4)
2 < 10	5 < 10	print(2 ,' x ', 5, ' = ', 2*5)
2 < 10	6 < 10	print(2 ,' x ', 6, ' = ', 2*6)
2 < 10	7 < 10	print(2 ,' x ', 7, ' = ', 2*7)
2 < 10	8 < 10	print(2 ,' x ', 8, ' = ', 2*8)
2 < 10	9 < 10	print(2 ,' x ', 9, ' = ', 2*9)
3 < 10	1 < 10	print(3 ,' x ', 1, ' = ', 3*1)
3 < 10	2 < 10	print(3 ,' x ', 2, ' = ', 3*2)
3 < 10	3 < 10	print(3 ,' x ', 3, ' = ', 3*3)
3 < 10	4 < 10	print(3 ,' x ', 4, ' = ', 3*4)
3 < 10	5 < 10	print(3 ,' x ', 5, ' = ', 3*5)
:	:	:

그림 3-23

지금 현재 수행되고 있는 코드 상태

b < 10	a < 10	print(b ,' x ', a, ' = ', b*a)
2 < 10	1 < 10	print(2 ,' x ', 1, ' = ', 2*1)
2 < 10	2 < 10	print(2 ,' x ', 2, ' = ', 2*2)
2 < 10	3 < 10	print(2 ,' x ', 3, ' = ', 2*3)
2 < 10	4 < 10	print(2 ,' x ', 4, ' = ', 2*4)
2 < 10	5 < 10	print(2 ,' x ', 5, ' = ', 2*5)
2 < 10	6 < 10	print(2 ,' x ', 6, ' = ', 2*6)
2 < 10	7 < 10	print(2 ,' x ', 7, ' = ', 2*7)
2 < 10	8 < 10	print(2 ,' x ', 8, ' = ', 2*8)
2 < 10	9 < 10	print(2 ,' x ', 9, ' = ', 2*9)
3 < 10	10 < 10	print(3 ,' x ', 1, ' = ', 3*1)
3 < 10	11 < 10	print(3 ,' x ', 2, ' = ', 3*2)
3 < 10	12 < 10	print(3 ,' x ', 3, ' = ', 3*3)
3 < 10	13 < 10	print(3 ,' x ', 4, ' = ', 3*4)
3 < 10	14 < 10	print(3 ,' x ', 5, ' = ', 3*5)
:	:	:

그림 3-24

3단부터 a 변수의 값이 다시 1로 초기화되지 않아 생긴 문제입니다.

그럼 어떻게 해야 구구단 전체를 출력할 수 있을까요? [그림 3-22] 네모 박스 안의 ?에 코드를 작성해 주세요.

예제 36

```
1  a = 1
2  b = 2
3  while b < 10:
4      a = 1
5      while a < 10:
6          print( b ,' x ', a,  ' = ', b*a)
7          a = a + 1
8      b = b + 1
```

```
2 x 1 = 2
2 x 2 = 4
2 x 3 = 6
2 x 4 = 8
2 x 5 = 10
:
9 x 5 = 45
9 x 6 = 54
9 x 7 = 63
9 x 8 = 72
9 x 9 = 81
```

4 a = 1로 작성해서 안쪽 반복문이 돌 때마다 변수 a 를 1로 초기화해야 합니다. a = 1의 위치가 while a 〈 10:과 동일해야만 안쪽 while a 〈 10이 수행되기 전에 a에 1을 할당해 줄 수 있는 것입니다.

b	b < 10	a	a < 10	print(b ,' x ', a, ' = ', b*a)
2	2 < 10	1	1 < 10	print(2 ,' x ', 1, ' = ', 2*1)
2	2 < 10	2	2 < 10	print(2 ,' x ', 2, ' = ', 2*2)
2	2 < 10	3	3 < 10	print(2 ,' x ', 3, ' = ', 2*3)
2	2 < 10	4	4 < 10	print(2 ,' x ', 4, ' = ', 2*4)
2	2 < 10	5	5 < 10	print(2 ,' x ', 5, ' = ', 2*5)
2	2 < 10	6	6 < 10	print(2 ,' x ', 6, ' = ', 2*6)
2	2 < 10	7	7 < 10	print(2 ,' x ', 7, ' = ', 2*7)
2	2 < 10	8	8 < 10	print(2 ,' x ', 8, ' = ', 2*8)
2	2 < 10	9	9 < 10	print(2 ,' x ', 9, ' = ', 2*9)
3	3 < 10	1	1 < 10	print(3 ,' x ', 1, ' = ', 3*1)
3	3 < 10	2	2 < 10	print(3 ,' x ', 2, ' = ', 3*2)
3	3 < 10	3	3 < 10	print(3 ,' x ', 3, ' = ', 3*3)
3	3 < 10	4	4 < 10	print(3 ,' x ', 4, ' = ', 3*4)
3	3 < 10	5	5 < 10	print(3 ,' x ', 5, ' = ', 3*5)
:	:		:	:

그림 3-25

● 이 책을 끝까지 볼 당신의 끈기 점수는?

사회 심리학자 앤절라 더크워스(Angela Duckworth)가 저술한 『grit(그릿)』이라는 책의 주된 내용은 근성이 있는 사람만이 원하는 목표를 이룬다는 것입니다. 근성(grit)은 목표를 향해 오래 나갈 수 있는 열정과 끈기입니다. 이 책의 내용에 따르면 대부분의 사람들은 어떤 일을 시작할 때 좀 해 보다가 포기한다고 합니다. 시작은 누구나 하지만 완성은 아무나 하지 못한다는 것이지요.

성공의 정의는 '끝까지 해내는 것'인데 끝까지 해내려면 '끈기'가 있어야 합니다. 여러분들의 그릿 점수는 얼마인지 파이썬으로 테스트해 보세요.

문제 16

다음은 『grit(그릿)』에 나오는 그릿 척도 열 가지입니다. 위 질문을 각각 물어보게 하고 답변을 숫자(1부터 5까지)로 하게 합니다. 그리고 점수를 합산해 10으로 나눈 결과가 출력되게 하시오.

	전혀 그렇지 않다	그렇지 않다	그런 편이다	그렇다	매우 그렇다
1. 나는 새로운 아이디어와 프로젝트 때문에 기존의 것에 소홀해진 적이 있다.	5	4	3	2	1
2. 나는 실패해도 실망하지 않는다. 나는 쉽게 포기하지 않는다.	1	2	3	4	5
3. 나는 한 가지 목표를 세워 놓고 다른 목표를 추구한 적이 종종 있다.	5	4	3	2	1
4. 나는 노력가다.	1	2	3	4	5
5. 나는 몇 개월 이상 걸리는 일에 계속 집중하기 힘들다.	5	4	3	2	1
6. 나는 뭐든 시작한 일은 반드시 끝낸다.	1	2	3	4	5
7. 나의 관심사는 해마다 바뀐다.	5	4	3	2	1
8. 나는 성실하다. 나는 결코 포기하지 않는다.	1	2	3	4	5
9. 나는 어떤 아이디어나 프로젝트에 잠시 사로잡혔다가 얼마 후에 관심을 잃은 적이 있다.	5	4	3	2	1
10. 나는 좌절을 딛고 중요한 도전에 성공한 적이 있다.	1	2	3	4	5

그림 3-26

백분위수	그릿 점수
10%	2.5
20%	3.0
30%	3.3
40%	3.5
50%	3.8
60%	3.9
70%	4.1
80%	4.3
90%	4.5
95%	4.7
99%	4.9

그림 3-27

```
점수 보는 예시: 점수가 4.1이면 성인의 70%보다 그릿이 높다는 것을 의미
그릿 점수: 각 점수를 합산한 후 10으로 나눈 점수(1점: 그릿이 전혀 없음, 5점: 그릿이 매우 높음)
수행 결과:
1. 나는 새로운 아이디어와 프로젝트 때문에 기존의 것에 소홀해진 적이 있다.
(전혀 그렇지 않다: 5, 그렇지 않다: 4, 그런 편이다: 3, 그렇다: 2, 매우 그렇다: 1) 3
2. 나는 실패해도 실망하지 않는다. 나는 쉽게 포기하지 않는다.
(전혀 그렇지 않다: 1, 그렇지 않다: 2, 그런 편이다: 3, 그렇다: 4, 매우 그렇다: 5) 3
3. 나는 한 가지 목표를 세워 놓고 다른 목표를 추구한 적이 종종 있다.
(전혀 그렇지 않다: 5, 그렇지 않다: 4, 그런 편이다: 3, 그렇다: 2, 매우 그렇다: 1) 3
4. 나는 노력가다.
(전혀 그렇지 않다: 1, 그렇지 않다: 2, 그런 편이다: 3, 그렇다: 4, 매우 그렇다: 5) 3
5. 나는 몇 개월 이상 걸리는 일에 계속 집중하기 힘들다.
(전혀 그렇지 않다: 5, 그렇지 않다: 4, 그런 편이다: 3, 그렇다: 2, 매우 그렇다: 1) 3
6. 나는 뭐든 시작한 일은 반드시 끝낸다.
(전혀 그렇지 않다: 1, 그렇지 않다: 2, 그런 편이다: 3, 그렇다: 4, 매우 그렇다: 5) 3
7. 나의 관심사는 해마다 바뀐다.
(전혀 그렇지 않다: 5, 그렇지 않다: 4, 그런 편이다: 3, 그렇다: 2, 매우 그렇다: 1) 3
```

8. 나는 성실하다. 나는 결코 포기하지 않는다.
(전혀 그렇지 않다: 1, 그렇지 않다: 2, 그런 편이다: 3, 그렇다: 4, 매우 그렇다: 5) **3**
9. 나는 어떤 아이디어나 프로젝트에 잠시 사로잡혔다가 얼마 후에 관심을 잃은 적이 있다. **3**
10. 나는 좌절을 딛고 중요한 도전에 성공한 적이 있다.
(전혀 그렇지 않다: 5, 그렇지 않다: 4, 그런 편이다: 3, 그렇다: 2, 매우 그렇다: 1) **3**

당신의 그릿 점수는 3.0

답

예제 37

```
while True:
    a = input('1.나는 새로운 아이디어와 프로젝트 때문에 기존의 것에 소홀해진 적이 있다.\
    \n (전혀 그렇지 않다:5, 그렇지 않다:4, 그런 편이다:3, 그렇다:2, 매우 그렇다:1) ')
    b = input('2.나는 실패해도 실망하지 않는다. 나는 쉽게 포기하지 않는다.\
    \n (전혀 그렇지 않다:1, 그렇지 않다:2, 그런 편이다:3, 그렇다:4, 매우 그렇다:5) ')
    c = input('3.나는 한 가지 목표를 세워 놓고 다른 목표를 추구한 적이 종종 있다.\
    \n (전혀 그렇지 않다:5, 그렇지 않다:4, 그런 편이다:3, 그렇다:2, 매우 그렇다:1) ')
    d = input('4.나는 노력가다.\
    \n (전혀 그렇지 않다:1, 그렇지 않다:2, 그런 편이다:3, 그렇다:4, 매우 그렇다:5) ')
    e = input('5.나는 몇 개월 이상 걸리는 일에 계속 집중하기 힘들다.\
    \n (전혀 그렇지 않다:5, 그렇지 않다:4, 그런 편이다:3, 그렇다:2, 매우 그렇다:1) ')
    f = input('6.나는 뭐든 시작한 일은 반드시 끝낸다.\
    \n (전혀 그렇지 않다:1, 그렇지 않다:2, 그런 편이다:3, 그렇다:4, 매우 그렇다:5) ')
    g = input('7.나의 관심사는 해마다 바뀐다.\
    \n (전혀 그렇지 않다:5, 그렇지 않다:4, 그런 편이다:3, 그렇다:2, 매우 그렇다:1) ')
    h = input('8.나는 성실하다. 나는 결코 포기하지 않는다.\
    \n (전혀 그렇지 않다:1, 그렇지 않다:2, 그런 편이다:3, 그렇다:4, 매우 그렇다:5) ')
    i = input('9.나는 어떤 아이디어나 프로젝트에 잠시 사로잡혔다가 얼마 후에 관심을 잃은 적이 있다.\
    \n (전혀 그렇지 않다:5, 그렇지 않다:4, 그런 편이다:3, 그렇다:2, 매우 그렇다:1')
    j = input('10.나는 좌절을 딛고 중요한 도전에 성공한 적이 있다.\
    \n (전혀 그렇지 않다:1, 그렇지 않다:2, 그런 편이다:3, 그렇다:4, 매우 그렇다:5) ')

    result = (int(a)+int(b)+int(c)+int(d)+int(e)+int(f)+int(g)+int(h)+int(i)+int(j) ) / 10
    print('당신의 그릿 점수는', result)
```

문제의 수행 결과와 동일합니다.

1 while True문은 무한 반복을 수행하겠다는 것입니다. 1번부터 10번까지 모두 질문한 후 다시 처음부터 질문합니다. 별도의 break문을 쓰지 않는 이상 계속 반복됩니다.

2~3 input 명령어를 이용해 메시지를 출력하고 입력받은 값을 a 변수에 담습니다. 이때 메시지에서 사용된 \는 다음 라인에 이어 쓰기 위해 작성한 키워드, \n은 엔터(Enter)입니다. 즉, 줄바꿈입니다. 나머지 4번 라인에서 21번 라인까지도 이와 동일하게 질문 메시지를 던지고 입력한 값을 각각의 변수에 담습니다. 이때 숫자로 입력해도 변수에 담긴 값은 문자로 저장됩니다.

23 input으로 받은 숫자는 문자로 담기게 되므로 int를 이용해 숫자로 변환합니다. 숫자로 변환한 후 모두 더하고 이를 10으로 나눠 그릿 점수를 구합니다.

문제 16번 코드는 종료되지 않고 계속 수행됩니다. 주피터 노드 상단 메뉴의 네모 박스(■)를 눌러 종료시켜 주세요.

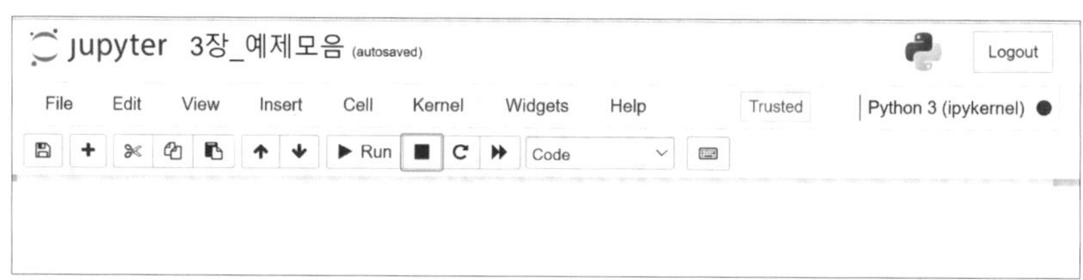

그림 3-28

문제 17

문제 1번의 코드는 한 번 실행하면 종료되지 않고 계속 실행됩니다. 다음과 같이 10번 질문 다음에 종료 여부를 물어보게 해 무한 반복이 종료되게 하시오.

```
수행 결과:
1. 나는 새로운 아이디어와 프로젝트 때문에 기존의 것에 소홀해진 적이 있다.
(전혀 그렇지 않다: 5, 그렇지 않다: 4, 그런 편이다: 3, 그렇다: 2, 매우 그렇다: 1) 3
2. 나는 실패해도 실망하지 않는다. 나는 쉽게 포기하지 않는다.
(전혀 그렇지 않다: 1, 그렇지 않다: 2, 그런 편이다: 3, 그렇다: 4, 매우 그렇다: 5) 3
3. 나는 한 가지 목표를 세워 놓고 다른 목표를 추구한 적이 종종 있다.
(전혀 그렇지 않다: 5, 그렇지 않다: 4, 그런 편이다: 3, 그렇다: 2, 매우 그렇다: 1) 3
4. 나는 노력가다.
(전혀 그렇지 않다: 1, 그렇지 않다: 2, 그런 편이다: 3, 그렇다: 4, 매우 그렇다: 5) 3
```

5. 나는 몇 개월 이상 걸리는 일에 계속 집중하기 힘들다.
(전혀 그렇지 않다: 5, 그렇지 않다: 4, 그런 편이다: 3, 그렇다: 2, 매우 그렇다: 1) **3**
6. 나는 뭐든 시작한 일은 반드시 끝낸다.
(전혀 그렇지 않다: 1, 그렇지 않다: 2, 그런 편이다: 3, 그렇다: 4, 매우 그렇다: 5) **3**
7. 나의 관심사는 해마다 바뀐다.
(전혀 그렇지 않다: 5, 그렇지 않다: 4, 그런 편이다: 3, 그렇다: 2, 매우 그렇다: 1) **3**
8. 나는 성실하다. 나는 결코 포기하지 않는다.
(전혀 그렇지 않다: 1, 그렇지 않다: 2, 그런 편이다: 3, 그렇다: 4, 매우 그렇다: 5) **3**
9. 나는 어떤 아이디어나 프로젝트에 잠시 사로잡혔다가 얼마 후에 관심을 잃은 적이 있다. **3**
10. 나는 좌절을 딛고 중요한 도전에 성공한 적이 있다.
(전혀 그렇지 않다: 5, 그렇지 않다: 4, 그런 편이다: 3, 그렇다: 2, 매우 그렇다: 1) **3**

당신의 그릿 점수는 3.0

계속 진행하시겠습니까?(계속 진행은 1번, 프로그램 종료는 2번을 누르세요)

답

예제 38

```
while True:
    a = input('1. 나는 새로운 아이디어와 프로젝트 때문에 기존의 것에 소홀해진 적이 있다.\
    \n (전혀 그렇지 않다: 5, 그렇지 않다: 4, 그런 편이다: 3, 그렇다: 2, 매우 그렇다: 1) ')
    b = input('2. 나는 실패해도 실망하지 않는다. 나는 쉽게 포기하지 않는다.\
    \n (전혀 그렇지 않다: 1, 그렇지 않다: 2, 그런 편이다: 3, 그렇다: 4, 매우 그렇다: 5) ')
    c = input('3. 나는 한 가지 목표를 세워 놓고 다른 목표를 추구한 적이 종종 있다.\
    \n (전혀 그렇지 않다: 5, 그렇지 않다: 4, 그런 편이다: 3, 그렇다: 2, 매우 그렇다: 1) ')
    d = input('4. 나는 노력가다.\
    \n (전혀 그렇지 않다: 1, 그렇지 않다: 2, 그런 편이다: 3, 그렇다: 4, 매우 그렇다: 5) ')
    e = input('5. 나는 몇 개월 이상 걸리는 일에 계속 집중하기 힘들다.\
    \n (전혀 그렇지 않다: 5, 그렇지 않다: 4, 그런 편이다: 3, 그렇다: 2, 매우 그렇다: 1) ')
    f = input('6. 나는 뭐든 시작한 일은 반드시 끝낸다.\
    \n (전혀 그렇지 않다: 1, 그렇지 않다: 2, 그런 편이다: 3, 그렇다: 4, 매우 그렇다: 5) ')
    g = input('7. 나의 관심사는 해마다 바뀐다.\
   \n (전혀 그렇지 않다: 5, 그렇지 않다: 4, 그런 편이다: 3, 그렇다: 2, 매우 그렇다: 1) ')
    h = input('8. 나는 성실하다. 나는 결코 포기하지 않는다.\
    \n (전혀 그렇지 않다: 1, 그렇지 않다: 2, 그런 편이다: 3, 그렇다: 4, 매우 그렇다: 5) ')
    i = input('9. 나는 어떤 아이디어나 프로젝트에 잠시 사로잡혔다가 얼마 후에 관심을 잃은
적이 있다.')
```

```
20      j = input('10. 나는 좌절을 딛고 중요한 도전에 성공한 적이 있다.\
21      \n (전혀 그렇지 않다: 5, 그렇지 않다: 4, 그런 편이다: 3, 그렇다: 2, 매우 그렇다: 1) ')
22
23  result = (int(a)+int(b)+int(c)+int(d)+int(e)+int(f)+int(g)+int(h)+int(i)+int(j) ) / 10
24      print('당신의 그릿 점수는', result)
25
26      yn = int( input('계속 진행하시겠습니까? (계속 진행은 1번, 종료는 2번을 누르세요)') )
27          if yn == 2:
28              break
```

→ 문제의 수행 결과와 동일합니다.

26 '계속 진행하십니까?'를 물어보게 하고 입력받은 값을 숫자로 변환해 yn에 담습니다.

27 만약, yn이 2라면

28 반복문 전체를 종료합니다.

앞서 설명한 대로 for loop문과 while loop문의 차이점은 무한 반복문입니다. 이렇게 반복해서 질문해야 할 때 while loop문을 사용하면 for loop문보다 쉽게 구현할 수 있습니다.

여러분의 그릿 점수는 얼마인가요? 지금 나온 점수를 적어 놓았다가 이 책을 끝까지 보고 나서 다시 한번 확인해 보세요.

메모하세요

04 PART

문자열

"인류가 진화하고 변화해 온 발자취를 따라가 봤더니 그 중심에 문자가 놓여 있었다."

– 『생각을 담는 그릇 문자』 중

(실비 보시에, 2007)

01 요리의 시작은 칼질부터, 슬라이싱

식품이 요리로 완성되기 위해서는 여러 번의 칼질로 잘라 내는 작업이 필요합니다.

그림 4-1

원석과 같은 문자 데이터가 정보가 되기 위해서는 칼질이 필요한데, 이때 사용하는 것이 문자열 슬라이싱(slicing)입니다. 문자열 슬라이싱은 문자열에서 특정 부분만 잘라 내는 것입니다.

다음과 같이 19자의 철자로 이뤄진 문자열이 있습니다.

회	사	업	무	가	파	이	썬	으	로	자	동	화	되	고	있	습	니	다
0	1	2	3	4	5	6	7	8	9	10	11	12	13	14	15	16	17	18

문자열 아래에 나타낸 숫자는 해당 문자의 자리 번호(인덱스 번호)입니다. 파이썬은 0번부터 시작하므로 1번부터가 아니라 0번부터 시작됩니다.

이 문자열에서 **자동화** 부분만 선택해서 살펴보겠습니다.

다음과 같이 띄어쓰기 없이 문자열을 만들어 주세요.

```
a = '회사 업무가파이썬으로자동화되고있습니다'
print(a)
출력 결과: 회사 업무가파이썬으로자동화되고있습니다
```

'자동화'는 a 문자열의 자리 번호(인덱스 번호) 10번부터 12번까지입니다. 즉, 10번부터 시작해 13번 미만이므로 다음과 같이 작성해 '자동화' 부분만 잘라 냅니다.

```
a = '회사 업무가파이썬으로자동화되고있습니다'
print( a[10:13] )
출력 결과: 자동화
```

회	사	업	무	가	파	이	썬	으	로	자	동	화	되	고	있	습	니	다
0	1	2	3	4	5	6	7	8	9	10	11	12	13	14	15	16	17	18

번호	문법	예제	설명	결과
1	a[시작 번호:끝 번호]	a[10:13]	문자열의 자리 번호(인덱스 번호) 10 이상부터 13 미만	자동화
2	a[:끝 번호]	a[:4]	문자열의 처음부터 4 미만까지	회사 업무
3	a[시작 번호:]	a[15:]	문자열의 자리 번호(인덱스 번호) 15번부터 끝까지	있습니다

문제 1

다음 문자열에서 '한 걸음만'이라는 철자만 슬라이싱하시오.

```
a = '한 가지만 한다. 그것도 한 번에 한 걸음만'
```

결과: 한 걸음만

답

예제 1

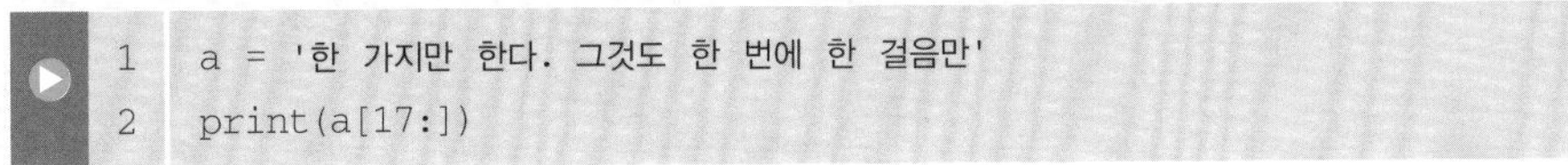

```
a = '한 가지만 한다. 그것도 한 번에 한 걸음만'
print(a[17:])
```

```
한 걸음만
```

한	가	지	만		한	다	.	그	것
0	1	2	3	4	5	6	7	8	9

도		한	번	에		한	걸	음	만
10	11	12	13	14	15	16	17	18	19

2 16번째부터 끝까지이므로 a[16:]이라고 작성합니다. 콜론(:) 다음에 아무것도 쓰지 않으면 끝까지 스캔합니다. 그런데 16번째라는 것을 알아 내기 위해서는 처음부터 손으로 집어 나가야 합니다. 다음과 같이 음수값 인덱스를 사용하면 편리하게 슬라이싱할 수 있습니다.

예제 2

```
a = '한 가지만 한다. 그것도 한 번에 한 걸음만'
print(a[-4:])
```

한 걸음만

2 다음과 같이 음수 자리 번호(인덱스 번호)라면 맨 뒷자리가 −1입니다. 그러면 자리 번호(인덱스 번호) −4번째부터 끝까지 스캔할 수 있습니다.

한	가	지	만		한	다	.	그	것
-20	-19	-18	-17	-16	-15	-14	-13	-12	-11

도		한	번	에		한	걸	음	만
-10	-9	-8	-7	-6	-5	-4	-3	-2	-1

문제 2

다음 문자열에서 '존 드라이든'이라는 문자열만 슬라이싱하세요.

```
b ='처음에는 내가 습관을 만들지만, 나중에는 습관이 나를 만든다. - 존 드라이든'
```

결과: 존 드라이든

답

예제 3

```
b ='처음에는 내가 습관을 만들지만, 나중에는 습관이 나를 만든다. - 존 드라이든'
print(b[-6:])
```

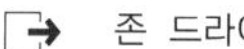

존 드라이든

2 b 문자열 변수의 −6번째부터 끝까지 슬라이싱합니다.

[여기서 잠깐] 파이썬은 왜 0번부터 시작할까?

Python like Zero 0

그림 4-2

파이썬은 왜 0번부터 시작할까요? 파이썬은 네덜란드의 귀도 반로섬이라는 사람이 1999년에 C 언어로 작성한 인터프리터 언어입니다. 파이썬을 C 언어로 개발하면서 C 언어의 단점은 줄이고 장점은 살렸습니다. C 언어와 비교했을 때 파이썬의 장점은 바로 '단순함'입니다. 괄호를 없앤 대신 들여쓰기로 블록을 지정함으로써 코드를 모두 작성했을 때 가독성이 있고 잘 정리된 느낌이 들게 했습니다.

C 언어에서는 배열이라는 것을 사용하는데, 이는 파이썬의 리스트와 비슷한 것입니다. 그런데 이 배열의 인덱스가 0번부터 시작합니다. 왜냐하면 컴퓨터의 메모리 주소가 0번부터 시작하기 때문입니다. 그러다 보니 C 언어의 배열이 1번부터 시작하면 0이라는 공간을 낭비하게 됩니다. 이렇게 공간을 낭비하지 않기 위해 파이썬도 0번부터 시작하게 된 것입니다.

02 사람과 기계의 대결! 특정 한글 단어 찾기

수십 페이지의 글 중 특정 한글 단어를 찾는 대결을 인간과 기계가 한다고 가정하면 둘 중 누가 이길까요? 당연히 기계가 이길 것입니다.

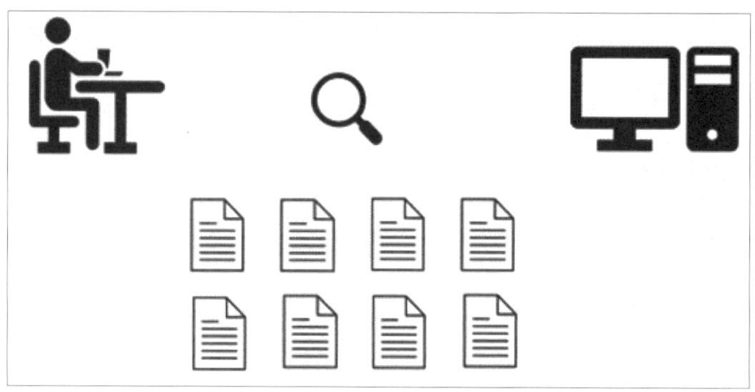

그림 4-3

인간은 수십 분 또는 수십 시간이 걸려야 하는 이 일을 기계는 단 몇 초 만에 끝내버립니다. 정말 그럴까요? 파이썬으로 확인해 보겠습니다.

다음 문자열에서 '의미'라는 단어가 몇 번째에 있는지 검색합니다.

```
a = '기상 후 1시간을 얼마나 의미 있게 보내느냐에 따라 그날 하루가 결정됩니다.'
```

다음과 같이 문자열 함수 find를 사용합니다.

```
a = '기상 후 1시간을 얼마나 의미 있게 보내느냐에 따라 그날 하루가 결정됩니다.'
print( a.find('의미') )
출력 결과: 14
```

또는 다음과 같이 문자열 함수 index를 이용합니다.

```
a = '기상 후 1시간을 얼마나 의미 있게 보내느냐에 따라 그날 하루가 결정됩니다.'
print( a.index('의미') )
출력 결과: 14
```

find와 index 둘 다 '의미'라는 단어가 있는 곳의 자리 번호(인덱스 번호)를 출력했습니다.

기	상		후		1	시	간	을		얼	마	나		의	미		있	게		보	내
0	1	2	3	4	5	6	7	8	9	10	11	12	13	14	15	16	17	18	19	20	21

느	냐	에		따	라		그	날		하	루	가		결	정	됩	니	다
22	23	24	25	26	27	28	29	30	31	32	33	34	35	36	37	38	39	40

find와 index의 기능은 똑같습니다. 차이가 있다면 문자열에 없는 단어를 검색할 때 find 함수는 −1, index 함수는 에러를 리턴합니다.

```
a = '기상 후 1시간을 얼마나 의미 있게 보내느냐에 따라 그날 하루가 결정됩니다.'
print( a.find('습관 ') )
출력 결과: -1
```

문자열에서 '습관'이라는 단어를 index 함수로 검색하면 다음과 같은 에러가 발생합니다.

```
a = '기상 후 1시간을 얼마나 의미 있게 보내느냐에 따라 그날 하루가 결정됩니다.'
print( a.index('습관') )
출력 결과:
---------------------------------------------------------------------------
ValueError                                Traceback (most recent call last)
<ipython-input-5-178ef02e81ed> in <module>
      1 a = '기상 후 1시간을 얼마나 의미 있게 보내느냐에 따라 그날 하루가 결정됩니다.'
----> 2 print(a.index('습관'))

ValueError: substring not found
```

문자열에서 특정 단어를 검색하는 방법은 다음과 같습니다.

번호	문법	설명
1	문자열.find('단어')	문자열 특정 단어의 자리 번호(인덱스 번호) 출력
2	문자열.index('단어')	문자열 특정 단어의 자리 번호(인덱스 번호) 출력
3	문자열.count('단어')	문자열에서 특정 단어가 몇 번 나오는지 출력

문제를 풀어 보면서 위 세 가지 함수를 이해해 보겠습니다. 문제를 풀기 위해 다음 두 가지 선행 작업을 순서대로 수행하세요.

1. 윈도우 탐색기를 연 후 C 드라이브의 밑에 data라는 폴더를 생성합니다.
2. data 폴더 밑에 이 책의 예제 데이터 중 jobs_korea.txt 파일을 가져다 둡니다.

문제 1

윈도우 c 드라이브의 data 폴더 밑에 있는 스티브잡스 연설문인 jobs_korea.txt를 다음 명령어를 이용해 data라는 변수에 담으시오.

```
jobs = open("C:/data/jobs_korea.txt", encoding="utf8")
data = jobs.read( )
print(data)
```

수행 결과: 먼저 세계 최고의 명문으로 꼽히는 이곳에서 여러분들의 졸업식에 참석하게 ... 생략

답

 # 예제 4

```
1 jobs = open("C:/data/jobs_korea.txt", encoding="utf8")
2 data = jobs.read( )
3 print(data)
```

먼저 세계 최고의 명문으로 꼽히는 이곳에서 여러분들의 졸업식에 참석하게 ... 생략

1 파이썬 내장 함수인 `open` 함수는 윈도우 OS에 있는 파일을 여는 함수입니다. `open` 함수를 이용해 C 드라이브의 data 폴더 밑에 있는 jobs.txt를 엽니다. 이때 슬래시(/)는 파일의 경로를 나타내는 표시입니다.

encoding="utf8"은 한국어, 중국어, 일본어와 같이 영어보다 하나의 글자가 컴퓨터에서 차지하는 메모리 공간이 큰 언어를 파이썬에서 인식하기 위해 지원하는 옵션입니다.

2 `read( )` 함수는 jobs의 내용 전체를 문자열로 돌려 줍니다.

[여기서 잠깐] C 드라이브 밑의 data 폴더 밑에 분명히 jobs.txt가 있는데 다음과 같이 에러가 나요.

```
No such file or directory: 'C:/data/jobs.txt'
```

해결 방법:

윈도우 탐색기를 연 후 C 드라이브 밑의 data 폴더 밑의 jobs.txt에 확장자가 .txt로 보이는지 확인하세요. 확장자 없이 jobs로만 보인다면 실행되지 않습니다. 확장자를 보이게 하려면 다음과 같이 윈도우 탐색기 위쪽에 있는 [보기] 메뉴를 클릭한 후 [파일 확장명]에 체크 표시를 하세요. 그런 다음 확장자 .txt가 보이는지 확인하고 다시 실행해 보세요.

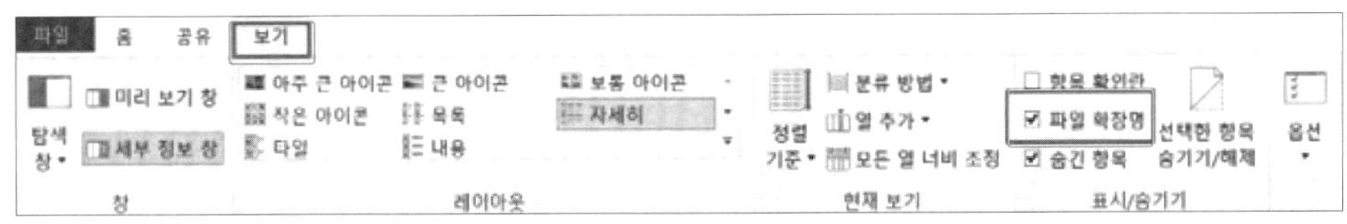

그림 4-4

스티브 잡스 연설문을 파이썬으로 불러왔다면 index 함수와 find 함수를 사용해 보겠습니다.

문제 2

스티브 잡스 연설문에 '용기'라는 단어가 있는지, 있다면 몇 번째에 있는지 확인하시오.

결과: 5517

답

예제 5

```
1 jobs = open("C:/data/jobs_korea.txt", encoding="utf8")
2 data = jobs.read( )
3 print(data.index('용기'))
```

```
5517
```

3 data 문자열 변수에서 '용기'가 처음 나온 자리 번호(인덱스 번호)를 출력합니다.

직	관	을		따	르	는		용	기	를		가	지	는		것
5509	5510	5511	5512	5513	5514	5515	5516	5517	5518	5519	5520	5521	5522	5523	5524	5525

문제 3

스티브 잡스 연설문에서 '직관'이라는 단어의 시작 위치를 `find` 함수를 이용해 검색하시오.

출력 결과: 5509

답

예제 6

```
1 jobs = open("C:/data/jobs_korea.txt", encoding="utf8")
2 data = jobs.read( )
3 print(data.find('직관'))
```

```
5509
```

3 data 문자열 변수에서 '직관'이 처음 나온 자리 번호(인덱스 번호)를 출력합니다.

직	관	을		따	르	는		용	기	를		가	지	는		것
5509	5510	5511	5512	5513	5514	5515	5516	5517	5518	5519	5520	5521	5522	5523	5524	5525

스티브 잡스 연설문 안에 '직관'이라는 단어가 여러 개 있을 경우, 그중 첫 번째로 나오는 '직관'의 자리 번호(인덱스 번호)를 출력합니다. 그러면 '직관'이라는 단어가 몇 개가 있는지 다음 문제를 풀면서 확인해 보겠습니다.

문제 4

스티브 잡스 연설문에서 '직관'이라는 단어가 몇 번 출현하는지 출력하시오.

출력 결과: 2

답

예제 7

```
jobs = open("C:/data/jobs_korea.txt", encoding="utf8")
data = jobs.read( )
print(data.count('직관'))
```

2

3 ········ 문자열 함수 count는 data 문자열에서 '직관'이라는 단어가 몇 번 나오는지 세어 출력합니다.

'직관'이라는 단어가 스크립트에서 2번 나옵니다. '직관'이라는 단어가 처음 발견됐을 때의 자리 번호(인덱스 번호)는 5509번이었습니다. 그렇다면 두 번째로 나오는 '직관' 자리의 자리 번호(인덱스 번호)는 몇 번일까요?

문제 5

스티브 잡스 연설문에서 '직관'이라는 단어가 두 번째로 나오는 자리 번호(인덱스 번호)를 출력하시오.

출력 결과: 5538

답

예제 8

```
1  jobs = open("C:/data/jobs_korea.txt", encoding="utf8")
2  data = jobs.read( )
3  print(data.index('직관', 5511))
```

5538

3 ········ '직관'이라는 단어가 처음 나왔을 때의 자리 번호(인덱스 번호)가 5509번이므로 그다음 번호인 5511번부터 끝까지 찾아 '직관'이라는 단어가 처음 나오는 자리의 자리 번호(인덱스 번호)를 출력합니다.

직	관	을		따	르	는		용	기	를		가	지	는		것
5509	5510	5511	5512	5513	5514	5515	5516	5517	5518	5519	5520	5521	5522	5523	5524	5525

문자열.index('찾을 단어', 시작 자리 번호(인덱스 번호))로 사용할 수 있는데, 이는 시작 자리 번호(인덱스 번호)부터 검색해 찾을 단어의 첫 번째 자리 번호(인덱스 번호)를 반환합니다. `find` 함수도 이와 똑같이 사용할 수 있습니다.

 # 예제 9

```
1 jobs = open("C:/data/jobs_korea.txt", encoding="utf8")
2 data = jobs.read( )
3 print(data.find('직관', 5511))
```

```
5538
```

3 문자열의 5511번째 자리부터 '직관'이라는 단어를 찾았을 때 자리 번호(인덱스 번호)가 어떻게 되는지 출력합니다.

03 사람과 기계의 대결! 잘못 상담한 내용 찾기

콜센터 상담사들의 상담 내용을 모두 청취해 제대로 상담했는지 확인하는 직업이 있습니다. 수많은 상담 내용을 일일이 청취해야 하는 힘든 일입니다. 보험 회사로 예를 들면 보험 실효 시작이 계약일부터 '30일'이라고 안내해야 하는데, '한 달'이라고 안내하면 안 됩니다. 보험 회사에서는 이런 상담 내용들을 모두 청취하고 제대로 상담했는지 확인해 금융감독원에 보고하게 돼 있습니다.

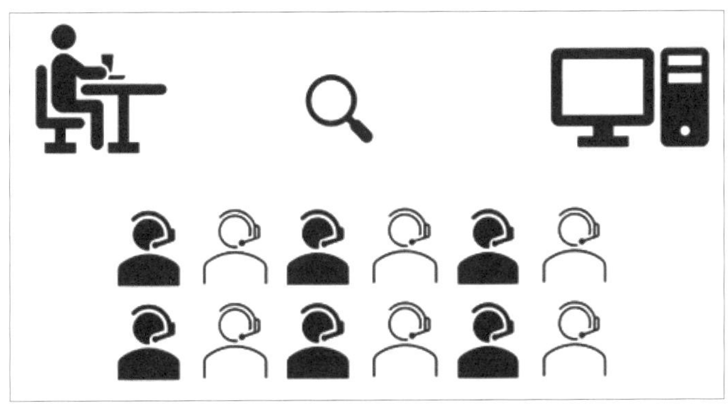

그림 4-5

이 일을 기계에게 맡기고 싶습니다. 그럼 먼저 문자열을 다루는 함수를 알아야 합니다. 이를 파이썬으로 알아 내려면 다음 세 가지 함수를 알아야 합니다.

번호	문법	설명
1	문자열.split( )	문자열을 어절별로 분리해 리스트로 구성
2	문자열.replace('단어 1', '단어 2')	문자열에서 단어 1을 단어 2로 변경
3	문자열.strip( )	문자열에서 양쪽 공백을 제거

먼저 `split` 함수를 알아보겠습니다. `split`은 문자열을 분리해 리스트로 구성하는 함수입니다. 문장은 공백으로 분리된 어절별로 구성돼 있습니다. 이 문장을 어절별로 리스트에 담아내고 싶습니다. 그러면 다음과 같이 문자열 변수 a 다음에 점(.)을 쓰고 `split( )` 함수를 사용하면 됩니다.

```
a= '아무것도 하지 않으면 아무 일도 일어나지 않는다.'
print(a.split( ))

출력 결과: ['아무것도', '하지', '않으면', '아무', '일도', '일어나지', '않는다.']
```

문자열이 어절별로 분리돼 리스트에 담겨 출력됐습니다. 만약, 다음과 같이 콤마(,)로 구분된 문자열이 있다고 가정하면 split 함수의 괄호 안에 콤마(,)를 적어야 리스트로 담아 낼 수 있습니다.

```
a= '아무것도,하지,않으면,아무,일도,일어나지,않는다'
print(a.split(','))

출력 결과: ['아무것도', '하지', '않으면', '아무', '일도', '일어나지', '않는다']
```

문자열에서 콤마로 구분된 문자를 분리해 리스트의 요소로 구성했습니다.

문제 1

다음 문자열에서 '핑계를'이 두 번 나오고 있습니다 여기서 두 번째로 나오는 '핑계를'을 '방법을'로 변경해 출력하시오.

```
b ='핑계를 찾을지...핑계를 찾을지...'
```

결과: 핑계를 찾을지...방법을 찾을지...

답

 # 예제 10

```
b ='핑계를 찾을지... 핑계를 찾을지...'
b2 = b.split( )
b2[2] ='방법을'
print(' '.join(b2))
```

```
핑계를 찾을지...방법을 찾을지...
```

2 '핑계를 찾을지.. 핑계를 찾을지...'는 4개의 어절로 구성돼 있습니다. 이 문자열을 split( ) 함수를 이용해 공백으로 분리합니다. 그러면 다음과 같이 리스트로 구성됩니다.

```
['핑계를', '찾을지...', '핑계를', '찾을지...']
```

3 리스트 b2의 자리 번호(인덱스 번호) 2번의 요소명 '**핑계를**'을 '**방법을**'로 변경합니다.

요소명	핑계를	찾을지...	핑계를	찾을지...
자리 번호(인덱스 번호)	0	1	2	3

b2[2] ='방법을'

요소명	핑계를	찾을지...	방법을	찾을지...
자리 번호(인덱스 번호)	0	1	2	3

4 b2 리스트 요소를 공백(' ')으로 연결(join)해 문자열로 반환합니다. ' '.join(b2)의 싱글 쿼테이션 마크 사이에 공백이 하나 있습니다. '공백'.join(b2)입니다.

```
b2 =['핑계를', '찾을지...', '방법을', '찾을지...']
```

' '.join(b2)

```
핑계를 찾을지...방법을 찾을지...
```

잘 변경됐습니다. 이번에는 리스트로 만들지 않고 문자열 함수로 이 문제를 풀어 보겠습니다. 문자열 함수에는 replace 함수라는 문자열의 특정 단어를 다른 단어로 변경할 수 있는 함수가 있습니다. replace 함수를 이용해 다음 문자열에서 '**아무**'라는 단어를 '**어떤**'으로 변경해 보겠습니다.

```
a= '아무것도 하지 않으면 아무 일도 일어나지 않는다.'
print( a.replace('아무','어떤') )

출력 결과: 어떤 것도 하지 않으면 어떤 일도 일어나지 않는다.
```

문자열 안에 있는 문자 **아무** 2개가 모두 **어떤**으로 변경됐습니다.

만약, 첫 번째로 나오는 문자 **아무** 1개만 **어떤**으로 변경하고 싶다면 어떻게 해야 할까요? 문자열 함수 replace는 문자열에서 replace와 같은 단어가 여러 번 출현할 때를 위해 다음과 같은 기능을 제공합니다.

```
a= '아무것도 하지 않으면 아무 일도 일어나지 않는다.'

print( a.replace( '아무', '어떤', 1 ) )

출력 결과: 어떤것도 하지 않으면 아무 일도 일어나지 않는다.
```

문자열.replace(단어 1, 단어 2, **변경할 개수**)로 단어 1과 단어 2 다음에 **변경할 개수**를 입력할 수 있습니다. 그래서 문자열에 '아무'라는 단어가 여러 번 출현할 경우, **변경할 개수**로 **몇 개까지 변경할지 결정할 수 있습니다.**

숫자 1을 적어 줬기 때문에 첫 번째로 출현한 '**아무**' 1개만 '**어떤**'으로 변경됐습니다.

그러면 이제 문제 1번을 다시 풀어 보겠습니다. `replace` 함수를 이용하세요.

문제 2

다음 문자열에서는 '핑계를'이라는 단어가 4번 출현합니다. 문자열에서 두 번째 '**핑계를**'을 '**방법을**'로 변경한 후 네 번째 '**핑계를**'을 '**길을**'로 변경하시오.

```
b ='핑계를 찾을지... 핑계를 찾을지... 핑계를 찾을지... 핑계를 찾을지...'

결과: 핑계를 찾을지... 방법을 찾을지... 핑계를 찾을지... 길을 찾을지...
```

답

예제 11

```
1 b ='핑계를 찾을지... 핑계를 찾을지... 핑계를 찾을지... 핑계를 찾을지...'
2 b2 = b.split( )
3 b2[2] ='방법을'
4 b2[6] ='길을'
5 print(' '.join(b2))
```

```
핑계를 찾을지... 방법을 찾을지... 핑계를 찾을지... 길을 찾을지...
```

2 ······· 문자열 b의 문자를 공백으로 분리해 리스트로 구성합니다.

```
['핑계를', '찾을지...', '핑계를', '찾을지...', '핑계를', '찾을지...', '핑계를', '찾을지...']
```

3 리스트의 자리 번호(인덱스 번호) 2번째 요소를 '방법을'로 변경합니다.

요소명	핑계를	찾을지...	핑계를	찾을지...	핑계를	찾을지...	핑계를	찾을지...
자리 번호(인덱스 번호)	0	1	2	3	4	5	6	7

방법을

6 리스트의 자리 번호(인덱스 번호) 6번째 요소를 '길을'로 변경합니다.

요소명	핑계를	찾을지...	핑계를	찾을지...	핑계를	찾을지...	핑계를	찾을지...
자리 번호(인덱스 번호)	0	1	2	3	4	5	6	7

7 리스트의 요소를 문자열로 구성할 때는 공백으로 분리합니다.

`replace` 함수로는 이 문제를 해결하기 어렵습니다. `split` 함수를 이용해 리스트로 구성한 후 리스트 안의 요소를 변경하는 방법으로 접근하는 것이 훨씬 쉽습니다. 상황에 맞춰 쉬운 방법을 선택하면 됩니다.

리스트로 구성해 해결한 답은 다음과 같습니다.
마지막으로 `strip` 함수를 소개하겠습니다. `strip`은 함수명 그대로 문자 양쪽에 있을 뭔가를 벗겨 낼 때 사용하는 함수입니다. 특히, 문장의 양쪽에 존재하는 공백을 제거할 때 유용합니다.

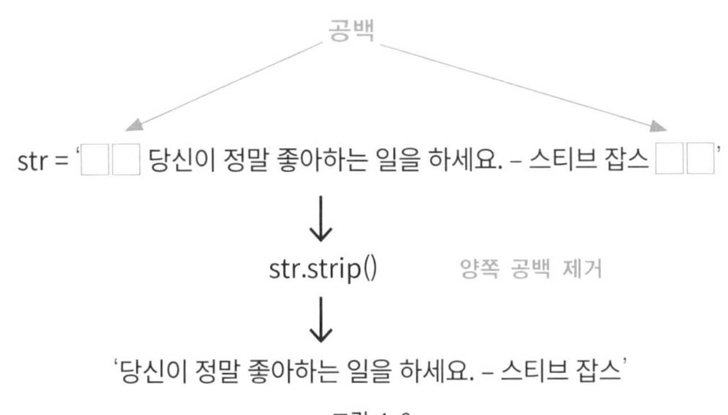

그림 4-6

코드로 구현해 보겠습니다. a 문자열을 작성할 때 양쪽에 공백을 넣어 주세요.

```
a = '     당신이 정말 좋아하는 일을 하세요. - 스티브 잡스     '
print( a.strip( ) )

출력 결과: 당신이 정말 좋아하는 일을 하세요. - 스티브 잡스
```

strip 함수의 종류는 다음과 같이 세 가지가 있습니다. 문자 끝에 있는 공백을 제거할 때는 rstrip( ) 함수, 문자 앞에 있는 공백을 제거할 때는 lstrip( ) 함수를 사용합니다.

시작 & 끝	끝	시작
strip()	rtrip()	lstrip()
'X 문자열 X'	' 문자열 X'	'X 문자열 '

그림 4-7

strip( ) 함수는 양쪽의 공백을 잘라 낼 때, rstrip( ) 함수는 오른쪽의 공백을 잘라 낼 때, lstrip( ) 함수는 왼쪽의 공백을 잘라 낼 때 사용합니다.

strip 함수로 잘라 낼 수 있는 것이 공백만 있는 것은 아닙니다. 다음과 같이 문자의 주위에 불필요하게 붙어 있는 것들은 모두 잘라 낼 수 있습니다.

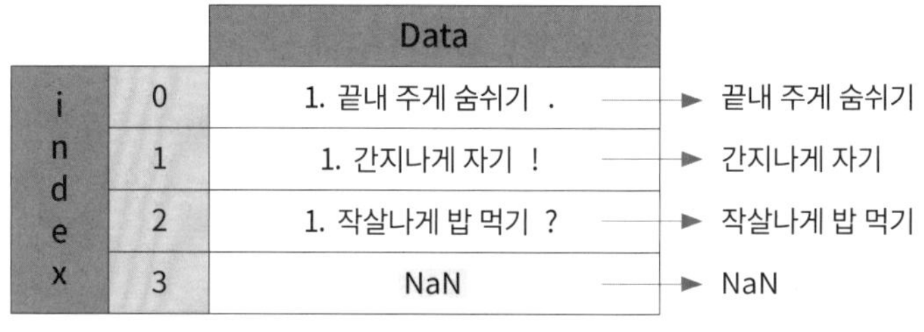

그림 4-8

위 문자열 [그림 4-8]을 구현하기 위해 리스트 a를 다음과 같이 만듭니다.

예제 12

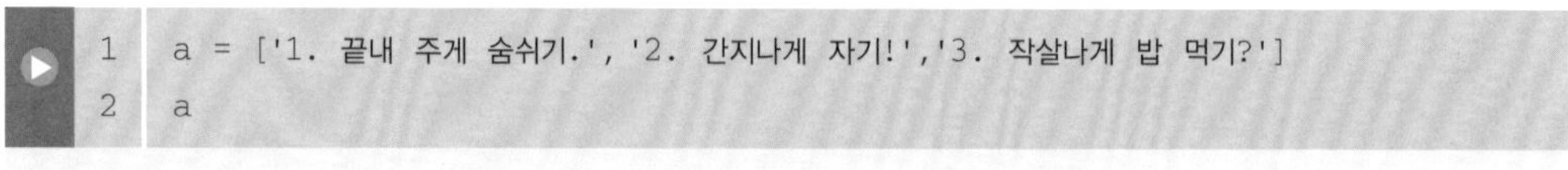

```
a = ['1. 끝내 주게 숨쉬기.', '2. 간지나게 자기!','3. 작살나게 밥 먹기?']
a
```

```
['1. 끝내 주게 숨쉬기.', '2. 간지나게 자기!', '3. 작살나게 밥 먹기?']
```

for loop문을 사용해 리스트 a의 문자열 요소를 하나씩 빼서 출력합니다.

예제 13

```
for i in  a:
    print(i)
```

```
1. 끝내 주게 숨쉬기.
2. 간지나게 자기!
3. 작살나게 밥 먹기?
```

strip( ) 함수를 이용해 문자열에서 숫자와 마침표, 느낌표, 물음표를 제거합니다.

예제 14

```
for i in  a:
    print(i.strip('123.!?'))
```

```
끝내 주게 숨쉬기
간지나게 자기
작살나게 밥 먹기
```

2 strip 함수의 괄호 안에 제거하고 싶은 숫자와 특수 문자를 순서와 상관없이 기술합니다.

많은 회사가 파이썬을 이용해 회사의 업무를 자동화하고 있습니다. 자동화하면 사람이 하는 여러 가지 일을 기계가 대신해 줄 수 있게 됩니다. 앞에서 콜센터 상담사들의 상담 내용을 모두 청취해 제대로 상담했는지 확인하는 일이 있다고 말씀드렸죠? 수많은 상담 내용을 일일이 청취해야 하는 힘든 일입니다. 이 힘든 일을 기계가 대신하게 할 수 없는 것일까요? 파이썬 문자열 함수를 이용해 보겠습니다.

우선 음성을 텍스트로 변환합니다. 이것은 별도의 소프트웨어나 코드가 따로 있습니다. 저희는 변환한 텍스트에서 위반된 단어가 있는지만 파이썬으로 찾아보겠습니다.

문제 3

다음의 코드에서는 아무것도 출력되지 않습니다. '한달'이라는 단어가 출력될 수 있도록 코드를 수정하시오.

```
a = '보험 실효 개시일은, 보험 계약 이후 한달, 이후입니다.'
a2 = a.split( )

for i in a2:
    if i =='한달':
        print(i)
```

답

예제 15

```
1 a = '보험 실효 시작일은, 보험 계약 이후 한달, 이후입니다.'
2 a2 = a.split( )
3
4 for i in a2:
5     if i.strip(',') =='한달':
6         print(i)
```

```
한달,
```

2 문자열 a를 어절별로 분리해 리스트로 구성합니다.

```
['보험', '실효', '개시일은,', '보험', '계약', '이후', '한달,', '이후', '입니다.']
```

4 a2 리스트에서 요소를 하나씩 불러옵니다.

5 불러온 문자의 양쪽에 콤마(,)가 있다면 잘라 내 '한달'이라는 문자가 맞는지 확인합니다.

04 사람과 기계의 대결! 특정 영문 단어 찾기

지금까지는 한글 문자만 다뤄 봤습니다. 지금부터는 영문 문자열에서의 특정 단어 검색을 기계에게 시켜 보겠습니다.

그림 4-9

스티브 잡스 연설문에 특정 단어가 몇 번 나오는지 알아볼 텐데요. 연설문 안에는 대소 문자가 섞여 있습니다. 파이썬은 대소 문자를 구분해 데이터를 검색하므로 연설문 전체를 소문자로 변환하겠습니다.

대소 문자로 변환하는 방법은 다음 세 가지입니다.

번호	문법	설명	실행문	결과
1	문자열.upper( )	문자열을 모두 대문자로 변환	'smith'.upper( )	SMITH
2	문자열.lower( )	문자열을 모두 소문자로 변환	'smith'.lower( )	smith
3	문자열.title( )	문자열의 첫 번째 철자만 대문자로 변환하고 나머지는 소문자로 변환	'smith'.title( )	Smith

문자열 함수 `upper( )`는 문자열을 대문자로 변환하는 함수이고 `lower( )`는 소문자로 변환하는 함수입니다.

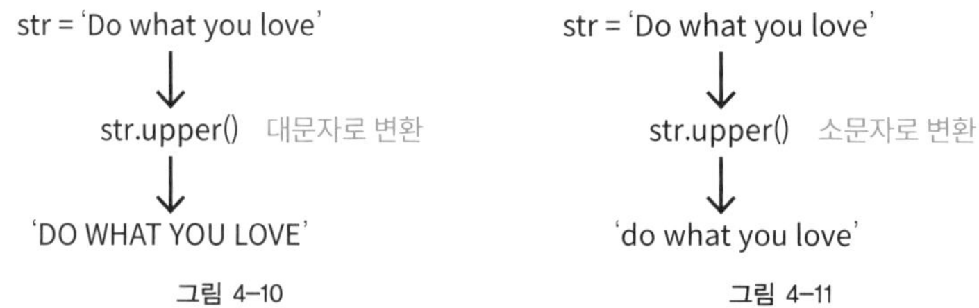
str = 'Do what you love'
str.upper()
대문자로 변환
'DO WHAT YOU LOVE'
str = 'Do what you love'
str.upper()
소문자로 변환
'do what you love'

그림 4-10　　그림 4-11

그럼 문자열 대소 문자 변환 함수를 이용해 다음 문제를 풀어 보겠습니다.

문제 1

대소문자를 구분하지 않고 주어진 리스트에서 'future'가 몇 번 나오는지 출력하세요.

```
a = ['Future', 'fUture','today', 'fuTure', 'past', 'futuRe', 'today']
```

출력 결과: 4

답

예제 16

```
1  a = ['Future', 'fUture','today', 'fuTure', 'past', 'futuRe', 'today']
2
3  cnt = 0
4  for i in a:
5      if i.lower( )=='future':
6          cnt = cnt + 1
7  print(cnt)
```

```
4
```

3 future가 몇 개 나오는지 담을 변수 cnt에 숫자 0을 담습니다.

4 a 리스트에서 요소를 하나씩 불러와 i 변수에 담습니다.

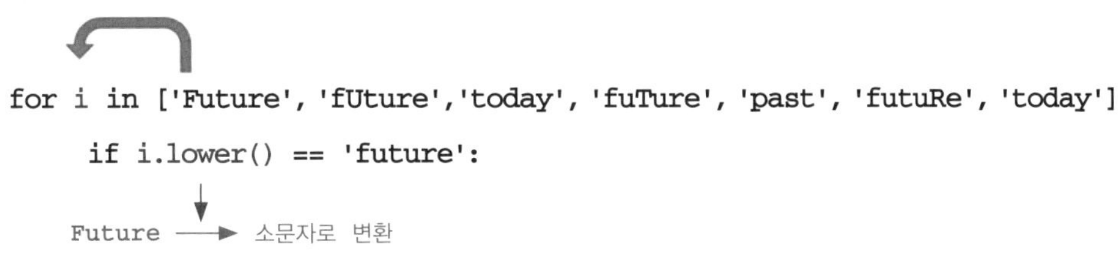

for i in ['Future', 'fUture','today', 'fuTure', 'past', 'futuRe', 'today']
if i.lower() == 'future':
Future
소문자로 변환

그림 4-12

그럼 이번에는 스티브 잡스 영문 연설문에서 today가 몇 번 나오는지 확인해 보세요. 먼저 이 책의 실습 예제 폴더에서 jobs.txt를 찾아 C 드라이브의 data 폴더 밑에 두세요.

문제 2

스티브 잡스 연설문에는 today라는 단어가 세 번 나옵니다. 그런데 다음 코드는 today가 두 번만 나옵니다. 왜냐하면 스티브 잡스 연설문에는 대소 문자가 섞여 있기 때문입니다. 모두 세 번 나오도록 코드를 수정하세요.

```
jobs = open("C:/data/jobs.txt", encoding="cp949")
data = jobs.read( )
data2 = data.split( )

cnt = 0
for i in data2:
    if i =='today':
        cnt = cnt + 1
print(cnt)
```

출력 결과: 2

답

예제 17

```
jobs = open("C:/data/jobs.txt", encoding="cp949")
data = jobs.read( )
data2 = data.split( )
```

```
4
5  cnt = 0
6  for i in data2:
7      if i.lower( ) =='today':
8          cnt = cnt + 1
9
10 print(cnt)
```

```
3
```

1 jobs.txt를 파이썬으로 읽어들입니다. 이때 문자를 cp949로 인코딩해 줍니다. 스티브 잡스 연설문에 영문만 있었으면 cp949로 인코딩해 줄 필요가 없습니다. 그런데 영문 외에 다른 문자들도 섞여 있어서 인코딩해야 에러 없이 수행됩니다.

2 jobs를 통째로 읽어들여 문자열로 구성합니다.

3 문자열 data를 공백으로 분리해 리스트 data2로 구성합니다.

```
['steve', "jobs'2005", 'stanford', 'commencement', 'address', 'I', 'am', 'honored',
'to', 'be', 'with', ......... ]
```

5 'today'라는 단어가 몇 번 나왔는지 카운트하기 위해 cnt 변수에 0을 할당합니다.

6 data2 리스트에서 요소를 하나씩 불러옵니다.

```
for i in ['steve', "jobs'2005", 'stanford', 'commencement', 'address', 'I', 'am', ... ]
    if i.lower() == 'today':
```

그림 4-13

7 불러온 문자를 `lower( )` 함수를 이용해 소문자로 변환하고 그 문자가 today인지 확인합니다. 연설문 안에는 T가 대문자로 시작하는 Today라는 단어가 하나 더 있습니다. 문자열 `lower( )` 함수를 사용하지 않았다면 스티브 잡스 연설문에 today가 2개만 있는 줄 알았을 것입니다.

8 불러온 문자가 today가 맞다면 cnt를 1 증가시킵니다. 문자열을 모두 소문자로 변환하지 않았다면 정확하게 카운트할 수 없었을 것입니다.

05 주요 문자열 함수 총정리

번호	문법	설명
1	문자열[시작 번호:끝 번호]	문자열의 시작 번호부터 끝 번호 미만까지
2	문자열[시작 번호:]	문자열의 시작 번호부터 끝까지
3	문자열[:끝 번호]	문자열의 처음부터 끝 번호 미만까지
4	문자열.find('단어')	문자열의 특정 단어 자리 번호(인덱스 번호) 출력
5	문자열.index('단어')	문자열의 특정 단어 자리 번호(인덱스 번호) 출력
6	문자열.count('단어')	문자열에서 특정 단어가 몇 번 나오는지 출력
7	문자열.split( )	문자열을 어절별로 분리해 리스트로 구성
8	문자열.replace('단어 1', '단어 2')	문자열에서 단어 1을 단어 2로 변경
9	문자열.strip( )	문자열에서 양쪽 공백을 제거
10	문자열.upper( )	문자열을 모두 대문자로 변환
11	문자열.lower( )	문자열을 모두 소문자로 변환
12	문자열.title( )	첫 번째 철자만 대문자로 변환하고 나머지는 소문자로 변환

05 PART

리스트

01 여러 개의 값을 동시에 담아 내는 리스트

자동차는 기름이 있어야 움직일 수 있듯이 컴퓨터 프로그램도 데이터(data)가 있어야 작동할 수 있습니다. 차를 움직이는 기름이 연료통에 담겨 있듯이 프로그램을 움직이는 데이터도 담겨 있을 공간이 필요합니다.

그림 5-1

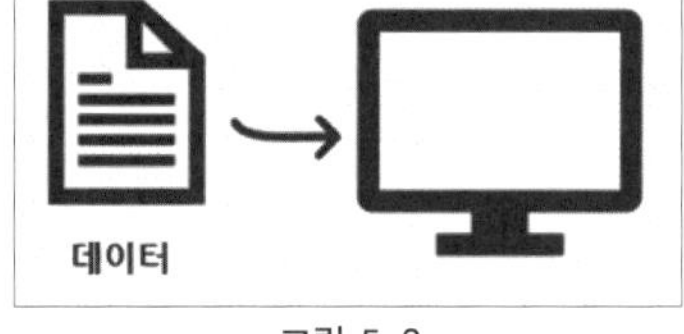

그림 5-2

이 공간을 앞에서 '변수'라고 했습니다. 이 변수는 자료형에 따라 문자형 변수, 숫자형 변수, 리스트형 변수, 튜플형 변수, 사전형 변수로 나뉩니다.

종류	설명	예
문자형	문자를 표현하는 자료형	a = 'scott'
숫자형	숫자를 표현하는 자료형	b = 1
리스트형	대괄호([ ]) 안에 임의 객체를 순서 있게 나열한 자료형	c = [1, 2, 3]
튜플형	소괄호(( )) 안에 임의 객체를 순서 있게 나열한 자료형	d = (1, 2, 3)
사전형	중괄호({ }) 안에 키:값으로 쌍이 요소로 구성된 순서가 없는 자료형	e = { 'I' : '나는', 'am' : '입니다' , 'boy' : '소년' }

이중 **문자형 변수**와 **숫자형 변수**는 값을 1개씩만 담을 수 있습니다. 이와 달리 **리스트형 변수**와 **튜플형 변수**, **딕셔너리형 변수**는 값을 여러 개 담을 수 있습니다. 프로그램을 개발하다 보면 변수에 값을 여러 개를 담아야 할 때가 있습니다. 예를 들어 요즘에는 커피를 키오스크로 주문합니다. 여러 사람이 키오스크를 이용해 주문하고 주문한 순서대로 음료가 나옵니다. 주문 순서에 맞춰 주문한 내용이 컴퓨터의 어딘가에 저장됐기 때문입니다.

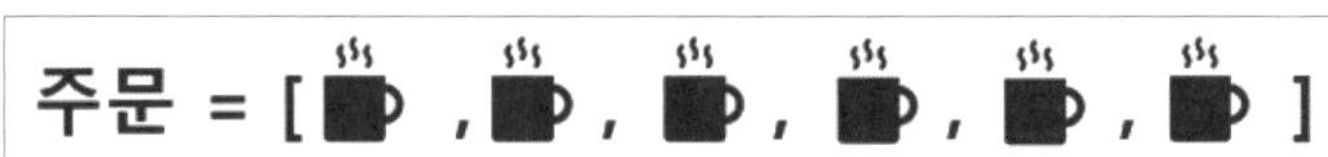

그림 5-3

이렇게 여러 개의 값을 동시에 저장해야 할 때 필요한 변수가 바로 '리스트 변수'입니다.

리스트에 데이터를 저장하는 방법은 다음과 같습니다.

```
리스트명 = [ 데이터 1, 데이터 2, 데이터 3, 데이터 4, 데이터 5 ]
```

대괄호([ ]) 안에 데이터들을 콤마로 구분해 구성하면 됩니다. 리스트명은 나중에 알아보기 좋도록 의미 있게 정해 주면 됩니다.

02 리스트의 특징

파이썬 리스트는 다음과 같은 세 가지 특징이 있습니다.

● 특징 1: 리스트의 데이터는 순서대로 저장된다

그림 5-4

사람들이 아침에 커피를 사러 커피 매장에 방문합니다. 키오스크를 이용해 커피를 선택하고 주문을 합니다. 이때 내가 주문한 아메리카노는 내 뒷사람이 주문한 카페라떼보다 먼저 만들어집니다. 이것이 리스트의 첫 번째 특징입니다. 먼저 **주문한 순서대로 처리**될 수 있게 해 주는 것이죠.

● 특징 2: 리스트에는 똑같은 형식의 데이터만 들어가지 않는다

그림 5-5

하나의 주문 리스트에는 커피만 순서대로 들어가는 것이 아니라 중간에 케이크를 주문해도 같은 리스트에 들어갑니다. 당연한 이야기 같지만, 다른 프로그래밍 언어는 커피 주문 순서를 담는 리스트와 케이크 주문하는 리스트를 따로 만들 수밖에 없는 프로그램 언어들이 있습니다.

● 특징 3: 리스트의 데이터는 변경이 가능하다

주문 후에 **케이크를 빵으로 변경하고 싶다면 바로 변경이 가능**합니다.

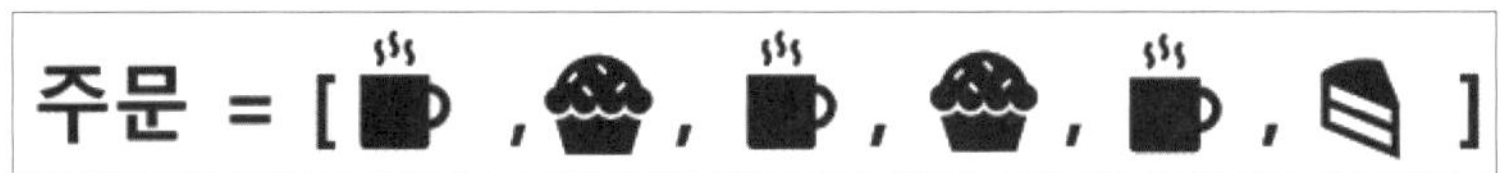

그림 5-6

이런 리스트가 주는 편리함 때문에 프로그래밍할 때 리스트 변수가 사용되는 경우가 많습니다.

03 리스트 칼질하기, 슬라이싱

리스트에서 특정 요소를 선택하는 방법인 리스트 슬라이싱(list slicing)에 대해 알아보겠습니다. 슬라이싱은 리스트의 요소들 중 일부분을 취하는 방법입니다.

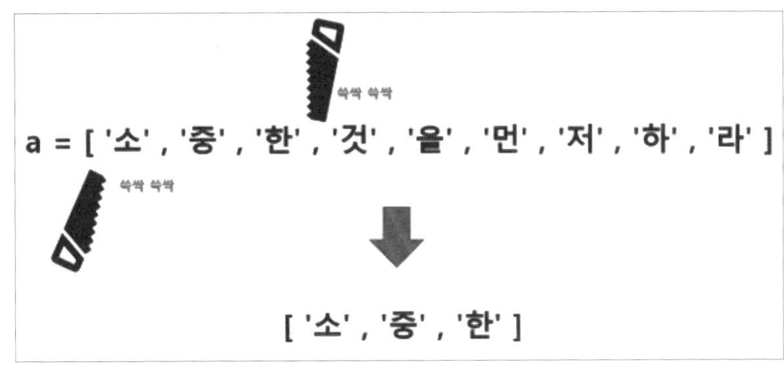

그림 5-7

먼저 스티븐 코비 박사의 『성공하는 하는 사람들의 일곱 가지 습관』 중 네 번째 습관인 '**소중한 것을 먼저 하라.**'를 리스트로 구성해 보겠습니다.

```
a = ['소', '중', '한', '것', '을', '먼', '저', '하', '라']
```

그리고 a 리스트에서 '**것**'이라는 철자 하나만 출력해 보겠습니다. 리스트에서 특정 요소를 검색하거나 선택하려면 자리 번호(인덱스 번호)를 알아야 합니다. 자리 번호(인덱스 번호)는 리스트 각 요소의 **해당 자리 번호(인덱스 번호)**입니다.

요소명	'소'	'중'	'한'	'것'	'을'	'먼'	'저'	'하'	라'
자리 번호(인덱스 번호)	0	1	2	3	4	5	6	7	8

리스트 자리 번호(인덱스 번호)의 첫 시작 숫자는 1번이 아니라 0번입니다. 자리 번호(인덱스 번호)를 확인한 후 다음과 같이 a 리스트명 뒤에 대괄호([ ])를 쓰고 해당 자리 번호(인덱스 번호)를 쓰면 다음과 같이 출력할 수 있습니다.

예제 1

```
a = ['소','중','한','것','을','먼','저','하','라']
a[3]
```

```
'것'
```

특정 철자 하나만 가져올 때는 위와 같이 대괄호([ ]) 안에 해당 자리 번호(인덱스 번호)만 사용하면 됩니다. 그러나 여러 개의 철자를 연달아 가져오려면 리스트의 슬라이싱 문법을 알아야 합니다.

번호	문법	예제	설명	결과
1	a[시작 번호:끝 번호]	a[0:3]	리스트의 자리 번호(인덱스 번호) 0 이상부터 3 미만	['소', '중', '한']
2	a[:끝 번호]	a[:4]	리스트의 처음부터 4 미만까지	['소', '중', '한', '것']
3	a[시작 번호:]	a[5:]	리스트의 자리 번호(인덱스 번호) 5번부터 끝까지	['먼', '저', '하', '라']

문제 1

다음 리스트에서 '바위'만 슬라이싱하세요.

```
a = ['낙','숫','물','이','바','위','를','뚫','는','다']
```

결과: ['바', '위']

답

예제 2

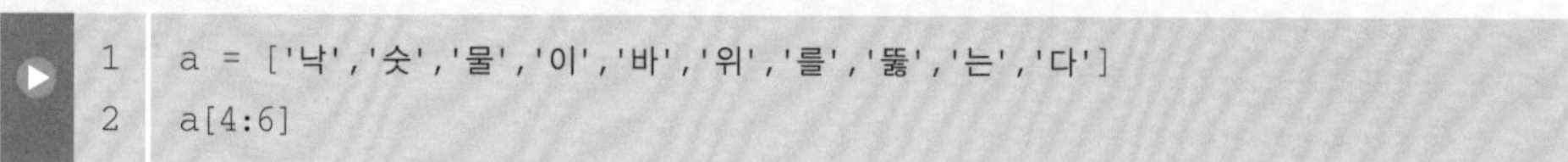

```
1  a = ['낙','숫','물','이','바','위','를','뚫','는','다']
2  a[4:6]
```

```
['바', '위']
```

1 문자 '낙','숫','물','이','바','위','를','뚫','는','다'로 리스트를 생성합니다.

2 a 리스트에서 자리 번호(인덱스 번호) 4번째 요소부터 6번째 미만까지의 요소를 출력합니다.

'낙'	'숫'	'물'	'이'	'바'	'위'	'를'	'뚫'	'는'	'다'
0	1	2	3	4	5	6	7	8	9

그럼 이번에는 a 리스트에서 뒤쪽에 있는 요소를 가져오겠습니다.

문제 2

다음 리스트에서 '뚫는다'를 슬라이싱하세요.

```
a = ['낙','숫','물','이','바','위','를','뚫','는','다']
```

결과: ['뚫', '는', '다']

답

 # 예제 3

```
1  a = ['낙','숫','물','이','바','위','를','뚫','는','다']
2  a[7:]
```

```
['뚫', '는', '다']
```

1 문자 '낙','숫','물','이','바','위','를','뚫','는','다'로 리스트를 생성합니다.

2 a 리스트에서 자리 번호(인덱스 번호) 7번째 요소부터 끝까지 출력합니다.

'낙'	'숫'	'물'	'이'	'바'	'위'	'를'	'뚫'	'는'	'다'
0	1	2	3	4	5	6	7	8	9

위와 같이 슬라이싱할 수도 있고 다음과 같이 음수로 슬라이싱할 수도 있습니다.

 # 예제 4

```
1  a = ['낙','숫','물','이','바','위','를','뚫','는','다']
2  a[-3:]
```

```
['뚫', '는', '다']
```

2 a 리스트에서 자리 번호(인덱스 번호) −3번째 요소부터 끝까지 출력합니다.

'낙'	'숫'	'물'	'이'	'바'	'위'	'를'	'뚫'	'는'	'다'
-10	-9	-8	-7	-6	-5	-4	-3	-2	-1

음수 자리로 슬라이싱하는 것은 리스트에 요소들이 많을 때 뒤쪽에 있는 요소를 슬라이싱할 때 유용하겠죠.

[여기서 잠깐] **다음 a 리스트에서 문자들을 뽑아 내 다음과 같이 출력할 수 있는 방법이 있을까요?**

```
a = ['한','가','지','만','하','라']

출력 결과: '한 가지만 하라'
```

풀이

 # 예제 5

```
a = ['한','가','지','만','하','라']
''.join(a)
```

```
'한 가지만 하라'
```

2 join 함수를 이용하면 됩니다. '구분자'.join(리스트명)로 작성하면 되는데요. 구분자는 리스트의 요소를 가져와 연결할 때 요소와 요소를 구분 짓는 것입니다. 예를 들어 ','.join(a)라면 '한,가,지,만,하,라'로 출력되면서 요소와 요소 사이가 콤마(,)로 구분됩니다. 그런데 구분자 자리에 아무것도 쓰지 않았으므로 '한 가지만 하라'로 출력되는 것입니다.

04 리스트에 값 추가하기

이번에는 리스트에 값을 추가하는 방법을 알아보겠습니다.

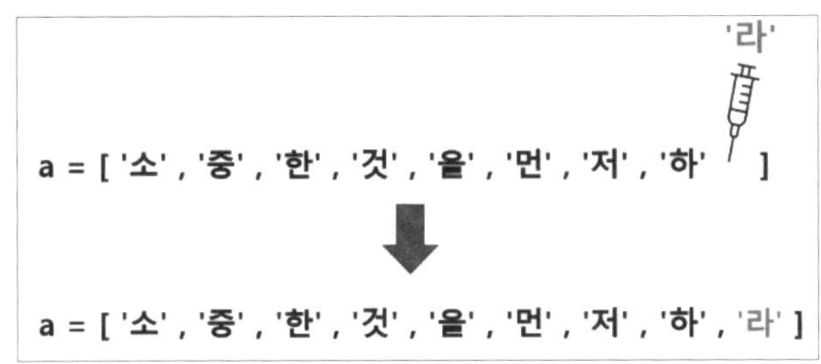

그림 5-8

리스트에 요소를 추가하는 방법은 다음과 같습니다.

번호	문법	설명
1	리스트.append(요소명)	리스트의 마지막에 요소명 추가
2	리스트.insert(번호, 요소명)	리스트의 특정 자리 번호(인덱스 번호)에 요소명 추가
3	리스트.extend(요소명)	리스트에 여러 개의 요소 추가

문제를 풀면서 이해해 보겠습니다.

문제 1

다음 a 리스트에 마지막 요소로 숫자 5000을 추가하시오.

```
a = [ 1000, 2000, 3000, 4000 ]
```

출력 결과: [1000, 2000, 3000, 4000, 5000]

위 결과를 출력하려면 리스트 자료형의 함수 중에서 append를 사용하면 됩니다. append는 '추가하다', '첨부하다'라는 사전의 뜻 그대로 리스트의 요소로 추가하겠다는 것입니다.

답

예제 6

```
1  a =[ 1000, 2000, 3000, 4000 ]
2  a.append(5000)
3  print(a)
```

```
[ 1000, 2000, 3000, 4000, 5000 ]
```

1 1000, 2000, 3000, 4000 요소를 담는 a 리스트를 만듭니다.

2 a 리스트의 append 함수를 이용해 5000을 a 리스트에 맨 마지막 요소로 추가시킵니다.

3 a 리스트의 요소를 출력합니다.

문제 2

다음 dice 리스트에 주사위의 눈의 개수를 완성시키기 위해 숫자 6을 추가하시오.

```
dice = [ 1, 2, 3, 4, 5 ]
```

출력 결과: [1, 2, 3, 4, 5, 6]

답

예제 7

```
dice =[ 1, 2, 3, 4, 5 ]
dice.append(6)
print(dice)
```

```
[ 1, 2, 3, 4, 5, 6 ]
```

append는 위와 같이 리스트의 맨 **마지막** 요소로 추가하는 함수입니다. 그런데 다음과 같이 coin 리스트의 **첫 번째** 요소로 앞면을 추가하려면 어떻게 해야 할까요?

문제 3

다음 coin 리스트의 뒷면 요소 앞에 앞면을 추가하시오.

```
coin = [ '뒷면' ]
```

결과: ['앞면', '뒷면']

그러면 리스트의 insert 메서드를 이용해야 합니다. 다음과 같이 리스트.insert(인덱스 번호, 요소명)로 실행하면 리스트의 특정 자리 번호(인덱스 번호) 자리에 해당 요소명이 입력됩니다.

답

예제 8

```
1  coin = ['뒷면']
2  coin.insert( 0, '앞면')
3  print(coin)
```

```
[ '앞면', '뒷면']
```

1 뒷면이라는 문자를 담은 리스트를 coin이라는 이름으로 생성합니다.

2 coin 리스트의 0번째 요소에 앞면이라는 문자를 입력합니다. 파이썬은 숫자 0번부터 시작하므로 앞면이 입력되는 리스트의 자리는 다음과 같이 0번입니다.

리스트 coin 요소명	'앞면'	'뒷면'
coin 요소명 자리 번호(인덱스 번호)	0번	1번

3 coin 리스트를 출력합니다.

문제 4

다음 dice 리스트에 주사위의 눈의 개수를 완성시키기 위해 숫자 5를 추가하시오.

```
dice = [ 1, 2, 3, 4, 6 ]
```

결과: [1, 2, 3, 4, 5, 6]

답

예제 9

```
1 dice = [ 1, 2, 3, 4, 6 ]
2 dice.insert(4, 5)
3 print(dice)
```

```
[ 1, 2, 3, 4, 5, 6 ]
```

1 숫자 1, 2, 3, 4, 6 요소를 담는 리스트를 dice라는 이름으로 생성합니다.

2 dice 리스트의 4번째 요소에 숫자 5를 입력합니다.

dice 요소명	1	2	3	4		6
자리 번호(인덱스 번호)	0	1	2	3	4	5

3 dice 리스트의 요소를 출력합니다.

그런데 이번에는 리스트에 하나의 요소만 추가하는 것이 아니라 여러 개의 요소를 한 번에 추가하려면 어떻게 해야 할까요? 다음 문제를 풀어 보겠습니다.

문제 5

다음과 같이 a 리스트와 b 리스트가 있습니다. a 리스트의 요소로 b 리스트의 요소를 한 번에 추가하시오.

```
a = [ 1000, 2000, 3000, 4000 ]
b = [ 5000, 6000, 7000, 8000 ]
```

결과: [1000, 2000, 3000, 4000, 5000, 6000, 7000, 8000]

답

예제 10

```
a = [ 1000, 2000, 3000, 4000 ]
b = [ 5000, 6000, 7000, 8000 ]
```

```
3  a.extend(b)
4  print(a)
```

```
[ 1000, 2000, 3000, 4000, 5000, 6000, 7000, 8000 ]
```

1 숫자 1000, 2000,3000, 4000을 a 리스트에 담습니다.

2 숫자 5000, 6000, 7000, 8000을 b 리스트에 담습니다.

3 a 리스트의 요소로 b 리스트의 요소를 한 번에 입력합니다. extend는 append 메서드처럼 뒤에 덧붙이는 메서드입니다.

4 a 리스트를 출력합니다.

문제 6

다음 animals 리스트의 요소로 mammals의 요소를 추가하시오.

```
animals = ['dog', 'cat']
mammals = ['tiger', 'elephant']
```

결과: ['dog', 'cat', 'tiger', 'elephant']

답

예제 11

```
1  animals = ['dog', 'cat']
2  mammals = ['tiger', 'elephant']
3  animals.extend(mammals)
4  print(animals)
```

```
['dog', 'cat', 'tiger', 'elephant']
```

1 문자 dog와 cat을 animals 리스트에 담습니다.

2 문자 tiger와 elephant를 mammals 리스트에 담습니다.

3 animals 리스트의 요소에 mammals 리스트의 요소를 덧붙입니다.

4 animals 리스트를 출력합니다.

05 리스트의 값 정렬하기

이번에는 리스트의 요소를 정렬하는 방법을 알아보겠습니다.

```
str_list = [ 'h' , 'g' , 'e' , 'd' , 'b' , 'c' , 'f' , 'a' ]

str_list = [ 'a' , 'b' , 'c' , 'd' , 'e' , 'f' , 'g' , 'h' ]
```

그림 5-9

리스트에 요소를 정렬하는 방법은 다음과 같습니다.

번호	문법	설명
1	리스트.sort( )	리스트의 요소를 실제로 정렬시킴.
2	sorted(리스트)	리스트의 요소를 그대로 두고 리스트의 요소를 정렬된 상태로 출력함.
3	리스트.reverse( )	리스트의 요소를 역순으로 정렬시킴.
4	reversed(리스트)	리스트의 요소는 그대로 두고 리스트의 요소를 역순으로 정렬된 상태로 출력함.

문제를 풀면서 이해해 보겠습니다.

문제 1

다음 a 리스트의 요소를 정렬해 출력하시오.

```
a = [ 2000, 1000, 4000, 5000, 3000 ]
```

출력 결과: [1000, 2000, 3000, 4000, 5000]

위 결과를 출력하려면 리스트 자료형의 함수 중 sort를 사용하면 됩니다. sort( )를 리스트 끝에 붙여 실행할 때 다음과 같이 괄호 안에 아무것도 붙여 주지 않으면 데이터를 오름차순으로 정렬합니다.

답

예제 12

```
1  a = [ 2000, 1000, 4000, 5000, 3000 ]
2  a.sort( )
3  print(a)
```

```
[ 1000, 2000, 3000, 4000, 5000 ]
```

1 ······· 2000, 1000, 4000, 5000, 3000 요소를 담는 a 리스트를 만듭니다.

2 ······· a 리스트의 sort 함수를 이용해 a 리스트의 요소를 오름차순으로 정렬합니다.

3 ······· a 리스트의 요소를 출력합니다.

그런데 다음과 같이 괄호 안에 reverse=True를 사용하면 요소가 내림차순으로 정렬됩니다.

예제 13

```
1  a = [ 2000, 1000, 4000, 5000, 3000 ]
2  a.sort(reverse=True)
3  print(a)
```

```
[5000, 4000, 3000, 2000, 1000]
```

1 ······· 2000, 1000, 4000, 5000, 3000 요소를 담는 a 리스트를 만듭니다.

2 ······· a 리스트의 sort 함수를 이용해 a 리스트의 요소를 내림차순으로 정렬합니다.

3 ······· a 리스트의 요소를 출력합니다.

이때 a 리스트 요소의 순서가 모두 변경됩니다. 즉, 기존에 정렬돼 있던 데이터 순서는 사라집니다. 그런데 프로그램을 작성하다 보면 a 리스트의 순서는 그대로 두고 a 리스트 요소의 순서를 정렬해 별도의 리스트에 두고 싶을 때가 있습니다. 이때는 다음과 같이 sorted라는 파이썬 내장 함수를 이용하면 됩니다.

문제 2

다음 a 리스트의 요소를 정렬해 b 리스트에 담아 출력하시오. 이때 a 리스트 요소들의 정렬 순서는 그대로 유지하세요.

```
a = [ 2000, 1000, 4000, 5000, 3000 ]
```

```
a 리스트 출력 결과: [2000, 1000, 4000, 5000, 3000]
b 리스트 출력 결과: [1000, 2000, 3000, 4000, 5000]
```

답

 # 예제 14

```
1  a = [ 2000, 1000, 4000, 5000, 3000 ]
2  b = list(sorted(a))
3  print(a)
4  print(b)
```

```
[2000, 1000, 4000, 5000, 3000]
[1000, 2000, 3000, 4000, 5000]
```

1 2000, 1000, 4000, 5000, 3000 요소를 담는 a 리스트를 만듭니다.

2 sorted 파이썬 내장 함수를 이용해 a 리스트의 요소를 오름차순으로 정렬한 결과를 b 리스트로 생성합니다. 이때 b 리스트의 결과를 출력할 때는 list 함수를 이용해 list 자료 구조에 b 리스트의 결과를 담아 줘야 합니다.

sorted라는 파이썬 내장 함수는 리스트의 요소를 오름차순으로 정렬하기만 하고 그 결과를 그릇인 리스트에 담지는 않습니다. sorted가 요리사라고 생각해 보세요. sorted라는 요리사가 요리를 한 결과가 b에 있습니다. 그런데 아직 그릇에 담지는 않았습니다.

손님인 저희에게 요리된 결과를 주려면 그릇에 담아야 합니다. 이 그릇이 list입니다. list( ) 함수를 이용해 요리된 결과를 담아 줍니다.

sorted 요리사

그림 5-10

list 그릇

그림 5-11

3 ········ a 리스트의 요소를 출력합니다.

4 ········ b 리스트의 요소를 출력합니다.

sorted의 옵션인 `reverse=True`를 사용하면 a 리스트의 요소들은 내림차순으로 정렬한 상태로 저장할 수도 있습니다.

예제 15

```
1  a = [ 2000, 1000, 4000, 5000, 3000 ]
2  b = list(sorted(a, reverse=True))
3  print(a)
4  print(b)
```

```
[ 2000, 1000, 4000, 5000, 3000]
[5000, 4000, 3000, 2000, 1000]
```

1 ········ 2000, 1000, 4000, 5000, 3000 요소를 담는 a 리스트를 만듭니다.

2 ········ 파이썬 내장 함수 `sorted` 함수의 옵션 `reverse=True`를 이용해 a 리스트의 요소를 내림차순으로 정렬하고 그 정렬된 데이터를 b 리스트로 구성합니다.

3 ········ a 리스트의 요소를 출력합니다.

4 ········ b 리스트의 요소를 출력합니다.

문제 3

다음 fruits 리스트 요소들의 순서가 알파벳 ABCD 순으로 정렬돼 fruits2 변수에 저장되게 하고 fruits2 변수를 출력하시오.

```
fruits = [ "carrot", "banana", "lemon", "apple", "guaba" ]
```

결과: ['apple', 'banana', 'carrot', 'guaba', 'lemon']

답

\# 예제 16

```
1  fruits = ["carrot", "banana", "lemon", "apple", "guaba"]
2  fruits2 = list(sorted(fruits))
3  print(fruits2)
```

```
['apple', 'banana', 'carrot', 'guaba', 'lemon']
```

1 문자 "carrot", "banana", "lemon", "apple", "guaba"로 fruits 리스트를 생성합니다.

2 fruits 리스트의 요소를 ABCD 순으로 오름차순 정렬하고 list 변수에 담습니다.

3 fruits2 리스트의 요소를 출력합니다.

이번에는 a 리스트 요소의 순서를 오름차순이 아니라 역순이 되게 구성해 보겠습니다.

문제 4

다음 a 리스트의 요소를 역순으로 정렬해 출력하시오.

```
a = [ 2000, 1000, 4000, 5000, 3000 ]
```

a 리스트의 출력 결과: [3000, 5000, 4000, 1000, 2000]

답

\# 예제 17

```
1  a = [ 2000, 1000, 4000, 5000, 3000 ]
2  a.reverse( )
3  print(a)
```

1 2000, 1000, 4000, 5000, 3000 요소를 담는 a 리스트를 만듭니다.

2 a 리스트의 `reverse` 함수를 이용해 a 리스트의 요소를 역순으로 정렬합니다.

3 a 리스트의 요소를 출력합니다.

a 리스트의 요소는 그대로 두고 a 리스트의 요소를 역순으로 정렬한 별도의 리스트를 만들어 보겠습니다.

문제 5

다음 a 리스트의 요소를 역순으로 정렬해 b 리스트에 담아 출력하시오. 이때 a 리스트 요소들의 정렬 순서는 그대로 유지하세요.

```
a = [ 2000, 1000, 4000, 5000, 3000 ]
```

```
a 리스트의 출력 결과: [ 2000, 1000, 4000, 5000, 3000 ]
b 리스트의 출력 결과: [ 3000, 5000, 4000, 1000, 2000 ]
```

답

예제 18

```
1  a = [ 2000, 1000, 4000, 5000, 3000 ]
2  b = list(reversed(a))
3  print(a)
4  print(b)
```

```
[2000, 1000, 4000, 5000, 3000]
[3000, 5000, 4000, 1000, 2000]
```

1 2000, 1000, 4000, 5000, 3000 요소를 담는 a 리스트를 만듭니다.

2 reversed 파이썬 내장 함수를 이용해 a 리스트의 요소를 역순으로 정렬한 결과를 b 리스트로 생성합니다. 이때 b 리스트의 결과를 출력할 때는 list 함수를 이용해 list 자료 구조에 b 리스트의 결과를 담아 줍니다.

3 a 리스트의 요소를 출력합니다.

4 b 리스트의 요소를 출력합니다.

문제 6

리스트 best_reaction의 요소 순서를 다음과 같은 결과로 출력하시오.

```
best_reaction = ['진짜?', '대박!', '헐~']
```

```
결과: [ '헐~', '대박!', '진짜? ]
```

답

예제 19

```
1  best_reaction = ['진짜?', '대박!', '헐~']
2  best_reaction.reverse( )
3  print(best_reaction)
```

```
['헐~', '대박!', '진짜?']
```

1 문자 요소 '진짜?', '대박!', '헐~'을 담는 리스트 best_reaction을 만듭니다.

2 best_reaction 리스트의 요소 역순으로 다시 정렬합니다.

3 best_reaction 리스트의 요소를 출력합니다.

[여기서 잠깐]

개발자들이 리스트의 메서드 reverse를 사용하면서 가장 많이 하는 실수는 다음과 같이 best_reaction.reverse( )의 결과를 별도의 변수인 result에 지정하려고 시도한다는 것입니다. 그런데 result 변수의 결과를 출력해 보면 None으로 출력됩니다.

```
best_reaction = ['진짜?', '대박!', '헐~']

result = best_reaction.reverse( )
print(result)                # None
```

왜 None으로 출력되는 것일까요?

best_reaction.reverse( )는 best_reaction 리스트 안의 요소를 역순으로 저장하려는 시도입니다. 즉, 뭔가 하려는 과정이지 결과물이 아닙니다. 이 행동을 끝마쳐야만 결과물을 볼 수 있습니다. 다음과 같이 말이죠.

```
best_reaction = ['진짜?', '대박!', '헐~']

best_reaction.reverse( )     # 역순으로 저장하려고 시도하는 과정 또는 행동

print( best_reaction)        # ['헐~', '대박!', '진짜?']
```

06 리스트에서 데이터 검색하기

이번에는 리스트의 요소들 중 특정 요소를 검색하는 방법을 알아보겠습니다.

그림 5-12

리스트에서 특정 요소를 검색하는 방법은 다음과 같습니다.

번호	문법	설명
1	리스트.count('요소명')	리스트의 특정 요소명이 몇 건 존재하는지 출력합니다.
2	리스트.index('요소명')	리스트의 특정 요소명의 자리 번호(인덱스 번호)를 출력합니다.

문제 1

다음 box 리스트에서 불량품이 몇 개 있는지 출력하시오.

```
box=['정상품','정상품','정상품','정상품','불량품','정상품','불량품']
```

출력 결과: 2

답

\# 예제 20

```
1  box=['정상품','정상품','정상품','정상품','불량품','정상품','불량품']
2  box.count('불량품')
```

1 문자 '정상품' 5개와 '불량품' 2개로 리스트 box를 생성합니다.

2 box 리스트에서 '불량품'의 건수를 출력합니다.

문제 2

다음의 숫자가 들어 있는 리스트 num에서 숫자 7이 몇 개 있는지 출력하시오.

```
num = [ 3, 6, 2, 7, 9, 16, 7, 9, 3, 7 ]
```

결과: 3

답

예제 21

```
1  num = [ 3, 6, 2, 7, 9, 16, 7, 9, 3, 7 ]
2  num.count(7)
```

```
3
```

1 …… 숫자 3, 6, 2, 7, 9, 16, 7, 9, 3, 7로 구성된 리스트 num을 생성합니다.

2 …… 리스트 num의 요소 중 숫자 7이 몇 개 있는지 카운트해서 출력합니다.

문제 3

다음 box 리스트에서 불량품의 자리 위치인 자리 번호(인덱스 번호)를 출력하시오.

```
box=['정상품', '정상품', '정상품', '정상품', '불량품', '정상품', '불량품']
```

출력 결과: 4

답

예제 22

```
1  box=['정상품', '정상품', '정상품', '정상품', '불량품', '정상품', '불량품']
2  box.index('불량품')
```

1 …… 문자 '정상품' 5개와 '불량품' 2개로 리스트 box를 생성합니다.

2 …… box 리스트에서 '불량품'에 대한 자리 번호(인덱스 번호)인 자리 번호(인덱스 번호)를 출력합니다.

정상품	정상품	정상품	정상품	**불량품**	정상품	**불량품**
0	1	2	3	4	5	6

box 리스트에는 위와 같이 불량품이 2개 있습니다. 그중 처음에 나오는 불량품의 자리 번호(인덱스 번호)가 출력됩니다.

만약, 불량품 2개의 모든 자리 번호(인덱스 번호)를 출력하려면 어떻게 해야 할까요?

리스트의 index 함수에는 특정 요소명의 모든 자리 번호(인덱스 번호)를 찾는 옵션이 없습니다. 따라서 다음과 같이 파이썬 내장 함수인 enumerate를 사용해야 합니다. enumerate는 리스트의 요소의 요소명과 자리 번호(인덱스 번호)를 함께 출력해 주는 함수입니다.

```
# 예제 23
box=['정상품', '정상품', '정상품', '정상품', '불량품', '정상품', '불량품']
list( enumerate(box) )
```

```
[(0, '정상품'),
 (1, '정상품'),
 (2, '정상품'),
 (3, '정상품'),
 (4, '불량품'),
 (5, '정상품'),
 (6, '불량품')]
```

위와 같이 파이썬 내장 함수 enumerate는 리스트의 요소를 출력할 때 해당 요소의 자리 번호(인덱스 번호)와 같이 튜플 형태(소괄호(( ))로 둘러싼 파이썬 자료 구조)로 만들어 줍니다. 즉, (**인덱스 번호**, **요소명**)으로 만들어집니다. 이 결과는 list 함수를 사용해 받아와야 합니다.

그럼 enumerate 함수를 이용해 다음 문제를 풀어 보겠습니다.

문제 4

다음 box 리스트에서 불량품 요소명의 모든 자리 번호(인덱스 번호)를 출력하시오.

```
box=['정상품', '정상품', '정상품', '정상품', '불량품', '정상품', '불량품']
```

출력 결과: 4, 6,

답

예제 24

```
1  box=['정상품', '정상품', '정상품', '정상품', '불량품', '정상품', '불량품']
2
3  for i, k in enumerate(box):
4      if k=='불량품':
5          print( i, end=',' )
```

```
4, 6,
```

1 문자 '정상품' 5개와 '불량품' 2개로 리스트 box를 생성합니다.

3 파이썬 내장 함수 enumerate를 이용해 box 리스트에서 요소의 자리 번호(인덱스 번호)와 요소명을 함께 가져옵니다. 자리 번호(인덱스 번호)는 I, 요소명은 k에 담습니다.

4 만약, k에 담겨 있는 요소명이 불량품이라면

5 해당 요소명의 자리 번호(인덱스 번호)를 출력합니다. print의 end=',' 옵션은 출력할 때 가로로 출력하겠다는 뜻이고 출력되는 데이터와 데이터 사이의 구분을 콤마(,)로 하겠다는 뜻입니다.

[여기서 잠깐]

만약, 다음 name 리스트에서 이름이 영희인 건수가 몇 건이 있는지 출력하려면 어떻게 해야 할까요?

```
name=['김인호','최영희','안상수','윤성식', '김영희' ]
```

name.count('영희')로 수행하면 0건이 출력됩니다. 한번 생각해 보세요.
풀이는 다음과 같습니다.

예제 25

```
1  name=['김인호','최영희','안상수','윤성식', '김영희']
2
3  cnt = 0
4  for s in name:
5      if '영희' in s:
6          cnt = cnt + 1
7  print(cnt)
```

```
2
```

1 name 리스트를 '김인호', '최영희', '안상수', '윤성식', '김영희'로 구성합니다.

3 cnt 변수에 숫자 0을 할당합니다.

4 name 변수에 있는 요소를 하나씩 출력하면 s 변수에 넣으면서 반복문을 반복합니다.

5 만약, s 변수에 있는 문자 중 영희라는 문자를 포함하고 있다면

6 cnt를 1 증가시킵니다. cnt = cnt + 1에서 먼저 수행되는 코드는 등호(=) 왼쪽의 cnt + 1입니다. 만약, if '영희' in s:의 조건이 만족한다면, 즉 s 변수에 영희라는 문자가 포함돼 있다면 실행문 cnt = cnt + 1이 수행됩니다. s가 김인호이면 if문의 조건이 False가 되므로 실행문이 실행되지 않고 s가 최영희라면 if문의 조건이 True가 돼 실행문인 cnt = cnt + 1이 실행됩니다.

실행되는 순서는 다음과 같습니다.

반복 순서	s	if '영희' in s	cnt = cnt + 1	
1	김인호	False	0	수행 안 됨
2	최영희	True	1	0 + 1
3	안상수	False	1	수행 안 됨
4	윤성식	False	1	수행 안 됨
5	김영희	True	2	1 + 1

7 cnt 변수에 있는 숫자 2를 출력합니다.

07 리스트에서 값 삭제하기

리스트의 특정 요소를 삭제하는 방법을 알아보겠습니다.

그림 5-13

리스트의 특정 요소를 삭제하는 방법은 다음과 같습니다.

번호	문법	설명
1	리스트.remove('요소명')	리스트의 요소를 요소명으로 삭제합니다.
2	del 리스트[인덱스 번호]	리스트의 요소를 자리 번호(인덱스 번호)로 삭제합니다.
3	리스트.clear( )	리스트의 모든 요소를 삭제합니다.

문제 1

주어진 리스트 'box'에서 '불량품'이라는 요소를 제거하시오.

```
box=['정상품', '정상품', '정상품', '정상품', '불량품', '정상품', '불량품']
```

출력 결과: ['정상품', '정상품', '정상품', '정상품', '정상품', '불량품']

답

예제 26

```
box=['정상품', '정상품', '정상품', '정상품', '불량품', '정상품', '불량품']
box.remove('불량품')
print(box)
```

```
['정상품', '정상품', '정상품', '정상품', '정상품', '불량품']
```

1 리스트 box를 문자 '정상품' 5개와 '불량품' 2개로 생성합니다.

2 box 리스트에서 '불량품'을 삭제합니다. 2개의 불량품 중 앞에 있는 불량품만 지워집니다.

3 box 리스트의 요소를 출력합니다.

이번에는 파이썬 내장 함수인 del을 이용해 리스트 요소 번호로 리스트의 요소를 지워 보겠습니다.

문제 2

다음 box 리스트에서 자리 번호(인덱스 번호) 4번의 요소인 불량품을 지우시오.

```
box=['정상품', '정상품', '정상품', '정상품', '불량품', '정상품', '불량품']
```

출력 결과: ['정상품', '정상품', '정상품', '정상품', '정상품', '불량품']

답

예제 27

```
1 box=['정상품', '정상품', '정상품', '정상품', '불량품', '정상품', '불량품']
2 del[box[4]]
3 print(box)
```

```
['정상품', '정상품', '정상품', '정상품', '정상품', '불량품']
```

1 리스트 box를 문자 '정상품' 5개와 '불량품' 2개로 생성합니다.

2 box 리스트의 자리 번호(인덱스 번호) 4번의 요소를 삭제합니다.

정상품	정상품	정상품	정상품	**불량품**	정상품	불량품
0	1	2	3	**4**	5	6

3 box 리스트를 출력합니다.

이번에는 리스트의 모든 요소를 지우는 리스트 메서드 clear( )를 알아보겠습니다.

문제 3

다음 box 리스트의 모든 요소를 지우시오.

```
box=['정상품', '정상품', '정상품', '정상품', '불량품', '정상품', '불량품']
```

출력 결과: []

답

예제 28

```
1  box=['정상품', '정상품', '정상품', '정상품', '불량품', '정상품', '불량품']
2  box.clear( )
3  print(box)
```

```
[]
```

1 문자 '정상품' 5개와 '불량품' 2개로 리스트 box를 생성합니다.

2 box 리스트의 모든 요소를 지웁니다.

3 box 리스트의 요소를 출력하는데, 아무것도 없어서 [ ]만 출력됩니다.

[여기서 잠깐] 다음 box 리스트에서 불량품 요소 2개를 모두 지우려면 어떻게 해야 할까요?

만약, 다음 name 리스트에서 이름이 영희인 건수가 몇 건이 있는지 출력하려면 어떻게 해야 할까요?

```
box=['정상품', '정상품', '정상품', '정상품', '불량품', '정상품', '불량품']
```

한번 생각해 보세요. 그동안 배운 것만으로도 풀 수 있습니다.
풀이는 다음과 같습니다.

예제 29

```
1  box=['정상품', '정상품', '정상품', '정상품', '불량품', '정상품', '불량품']
2  
3  for i, k in enumerate(box):
4      if k == '불량품':
5          del(box[i])
6  
7  print(box)
```

```
['정상품', '정상품', '정상품', '정상품', '정상품']
```

1 문자 '정상품' 5개와 '불량품' 2개로 리스트 box를 생성합니다.

3 enumerate( ) 내장 함수를 이용해 box에서 요소명과 해당 자리의 자리 번호(인덱스 번호)를 같이 가져옵니다.

요소명	정상품	정상품	정상품	정상품	불량품	정상품	불량품
자리 번호(인덱스 번호)	0	1	2	3	4	5	6

for i, k in enumerate(box):는 다음과 같이 수행됩니다.

```
for i , k in [(0, '정상품'), (1, '정상품'), (2, '정상품'), (3, '정상품'), (4, '불량품'), ), (5,
'정상품'), (6, '불량품')] :
```

4 만약, k가 불량품이라면

5 box 리스트에서 불량품에 해당하는 자리 번호(인덱스 번호)의 요소를 지웁니다.

7 box 리스트의 요소를 출력합니다.

enumerate 내장 함수는 다음 예제에서 좀 더 자세하게 알아보겠습니다.

08 리스트를 다루는 중요 파이썬 내장 함수

이번에는 리스트를 다루는 중요한 파이썬 내장 함수를 소개하겠습니다. 지금부터 소개할 6개의 함수는 비슷한 기능을 갖고 있지만, 차이가 있는 함수들로 2개씩 3쌍으로 묶어 구성했습니다.

번호	문법	설명
1	len(리스트)	리스트 요소의 개수를 구합니다.
2	sum(리스트)	숫자로 돼 있는 리스트 요소의 합을 구합니다.
3	map(함수, 리스트)	리스트 요소의 값을 순서대로 함수에 대입합니다.
4	filter(함수, 리스트)	리스트 요소를 함수에 적용해 데이터를 추려 냅니다.
5	zip(리스트 1, 리스트 2)	리스트 1과 리스트 2의 요소를 순서에 따라 짝지어 줍니다.
6	enumerate(리스트)	리스트 요소를 자리 번호(인덱스 번호)와 함께 짝지어 줍니다.

먼저 파이썬 내장 함수인 `len` 함수와 `sum` 함수를 소개합니다.

그림 5-14

리스트 요소들의 개수를 알고 싶다면 파이썬 내장 함수 `len`을 사용하면 됩니다.

문제 1

다음 box 리스트 요소의 개수를 출력하시오.

```
box=['정상품', '정상품', '정상품', '정상품', '불량품', '정상품', '불량품']
```

출력 결과: 7

답

예제 30

```
1  box=['정상품', '정상품', '정상품', '정상품', '불량품', '정상품', '불량품']
2  len(box)
```

```
7
```

1 리스트 box를 문자 '정상품' 5개와 '불량품' 2개로 생성합니다.

2 `len` 함수의 입력값으로 box 리스트를 넣어 box 리스트 요소의 개수를 카운트합니다.

이번에는 리스트 요소의 개수가 아니라 요소의 합을 출력해 보겠습니다. 요소의 합을 출력하고 싶다면 파이썬 내장 함수인 `sum`을 활용하면 됩니다.

문제 2

다음 box2 리스트에 요소들의 합을 출력하시오.

```
box2 = [ 1000, 2000, 3000, 4000, 5000]
```

출력 결과: 15000

답

예제 31

```
1  box2 = [ 1000, 2000, 3000, 4000, 5000]
2  sum(box2)
```

```
15000
```

1 숫자 1000, 2000, 3000, 4000, 5000을 담는 box2 리스트를 생성합니다.

2 파이썬 내장 함수 `sum`의 입력값으로 box2를 넣고 실행해 box2 리스트의 요소의 합을 구해 출력합니다.

리스트 요소의 개수를 출력하고 싶으면 `len` 함수, 리스트 요소의 합을 출력하고 싶으면 `sum` 함수를 사용하세요.

그럼 이 두 가지 함수를 사용해 다음 문제를 풀어 보겠습니다.

문제 3

다음과 같이 몸무게 데이터인 weight 리스트가 있습니다. 몸무게의 평균값을 출력하시오.

```
weight = [ 72, 81, 90, 78, 84, 65]
```

결과: 78.33333333333333

답

예제 32

```
1  weight = [ 72, 81, 90, 78, 84, 65]
2
3  sum(weight) / len(weight)
```

```
78.33333333333333
```

1 숫자 72, 81, 90, 78, 84, 65로 구성된 리스트를 weight라는 이름을 만듭니다.

3 weight 리스트 요소의 합을 구하는 sum(weight)를 weight 리스트 요소의 개수를 구하는 len(weight)으로 나눠 평균값을 출력합니다.

이번에는 리스트 요소의 값들을 하나씩 특정 함수에 입력값으로 대입해 함수가 출력되는 결과를 살펴보려고 합니다. 이때 사용하는 파이썬 내장 함수가 `map`과 `filter`입니다.

그림 5-15

이 2개의 함수가 각각 어떤 기능을 수행하고 있고 그 차이는 무엇인지 문제를 풀면서 알아보겠습니다.

문제 4

다음과 같이 몸무게 데이터인 weight 리스트가 있습니다. weight 리스트의 데이터를 이용해 몸무게가 80 이상이면 '비만', 아니면 '정상'으로 출력되는 리스트 result를 만드시오.

```
weight = [ 72, 81, 90, 78, 84, 65]
```

weight	72	81	90	78	84	65
result	정상	비만	비만	정상	비만	정상

결과: ['정상', '비만', '비만', '정상', '비만', '정상']

답

예제 33

```
1  weight = [ 72, 81, 90, 78, 84, 65]
2
3  def f(x):
4      if x >= 80:
5          return '비만'
6      else:
7          return '정상'
8
9  result =list(map(f, weight))
10 print(result)
```

```
['정상', '비만', '비만', '정상', '비만', '정상']
```

1 숫자 72, 81, 90, 78, 84, 65로 구성된 리스트를 weight라는 이름으로 만듭니다.

3 f라는 이름으로 함수를 생성하는데, 입력값을 x라는 변수에 담게 생성합니다.

4 만약, 함수에 입력되는 x 값이 80 이상이라면

5 '비만'이라는 문자를 리턴합니다.

6 그렇지 않다면, 즉 입력되는 x 값이 80보다 작다면

7 '정상'이라는 문자를 리턴합니다.

9 map(함수명, 리스트명)은 리스트의 요소를 하나씩 함수에 매핑해 결과를 반환하겠다는 것입니다. map(함수명, 리스트명)을 사용해 weight 리스트의 요소를 하나씩 f 함수에 입력값으로 입력하고 결과를 '비만' 또는 '정상'으로 반환합니다. 그리고 반환된 결과를 list라는 자료형 그릇에 담습니다.

10 result 리스트의 결과를 출력합니다.

지금 배운 map 함수를 이용해 다음 문제를 풀어 보세요.

문제 5

다음 weight 리스트에서 요소가 80 이상인 것만 별도의 리스트 result에 담아 출력하시오.

```
weight = [ 72, 81, 90, 78, 84, 65]
```

result 리스트 출력 결과: [81, 90, 84]

답

예제 34

```
1   weight = [ 72, 81, 90, 78, 84, 65]
2
3   def f2(x):
4       if x >= 80:
5           return x
6       else:
7           return
8
9   result =list(map(f2, weight))
10  print(result)
```

```
[None, 81, 90, None, 84, None]
```

1 숫자 72, 81, 90, 78, 84, 65로 구성된 리스트를 weight라는 이름으로 만듭니다.

3 f2라는 이름으로 함수를 생성하는데, 입력값을 x라는 변수에 담게 생성합니다.

4 만약, 함수에 입력되는 x 값이 80 이상이라면

5 x에 입력된 값을 그대로 리턴합니다.

6 그렇지 않다면, 즉 입력되는 x 값이 80보다 작다면

7 아무것도 리턴하지 않습니다.

9 weight 리스트의 요소를 하나씩 함수 f2에 대입합니다.

그런데 출력되는 결과를 보면 [81, 90, 84]로 출력되지 않고 [None, 81, 90, None, 84, None]로 출력되고 있습니다. 다음과 같이 `f2` 함수에서 else 다음의 문장을 빼고 다시 만들어 실행해 보면 될까요?

```
def f2(x):
    if x >= 80:
        return x
```

그래도 결과는 달라지지 않습니다. 계속 [None, 81, 90, None, 84, None]으로 출력됩니다. 그럼 None이 출력되지 않고 [81, 90, 84]로 출력되게 할 수 있는 방법은 없을까요?

다음과 같이 `map` 함수 대신 `filter` 함수를 사용하면 됩니다.

 # 예제 35

```
1   weight = [ 72, 81, 90, 78, 84, 65]
2
3   def f2(x):
4       if x >= 80:
5           return x
6       else:
7           return
8
9   result =list(filter(f2, weight))
10  print(result)
```

```
[81, 90, 84]
```

9 ······· `filter` 함수는 weight 리스트의 요소를 `f2` 함수에 대입해 if문의 조건에 맞는 데이터만 리턴합니다. 즉, if문의 조건이 있는 if x >= 80 부분만 실행하고 else 다음의 문장은 실행하지 않습니다. 반면, `map` 함수는 else 다음의 실행문을 실행합니다. 그래서 None이 결과 리스트에 구성됐습니다.

이것이 `filter` 함수와 `map` 함수의 결정적인 차이입니다.

비슷해 보이지만 분명히 다릅니다. 다음 문제를 직접 풀면서 `filter` 함수와 `map` 함수의 차이를 제대로 이해해 보세요.

문제 6

다음 weight 리스트의 데이터를 이용해 체중이 90 이상이면 '**비만**', 80 이상이면 '**과체중**', 나머지 체중은 '**정상**'이라고 해서 별도의 리스트인 result에 담아 출력되게 하시오.

```
weight = [ 72, 81, 90, 78, 84, 65]
```

weight	72	81	90	78	84	65
result	정상	과체중	비만	정상	과체중	정상

result 리스트 출력 결과: ['정상', '과체중', '비만', '정상', '과체중', '정상']

답

예제 36

```
1  weight = [ 72, 81, 90, 78, 84, 65]
2
3  def f2(x):
4      if x >= 90:
5          return '비만'
6      elif x>= 80:
7          return '과체중'
8      else:
9          return '정상'
10
11 result =list(map(f2, weight))
12 print(result)
```

```
['정상', '과체중', '비만', '정상', '과체중', '정상']
```

3 f2라는 이름으로 함수를 생성하는데, 입력값을 x라는 변수에 담게 생성합니다.

4 만약, 함수에 입력되는 x 값이 90 이상이라면

5 '비만'이라는 문자를 리턴합니다.

6 만약, 입력되는 x 값이 80 이상이라면

7 '과체중'이라는 문자를 리턴합니다.

8 만약, 90 이상도 아니고, 80 이상도 아니라면

9 '정상'이라는 문자를 리턴합니다.

11 map(함수명, 리스트명)을 사용해 weight 리스트의 요소를 하나씩 f2 함수에 입력값으로 입력하고 결과를 '비만' 또는 '과체중' 그리고 '정상'으로 반환합니다. 반환된 결과는 list라는 자료형 그릇에 담아 냅니다.

지금까지 하나의 리스트에 있는 요소를 다루는 방법을 알아봤습니다.

그런데 프로그래밍을 하다 보면 2개의 리스트를 동시에 다뤄 결과를 살펴봐야 할 때가 있습니다. 예를 들어 체중 데이터가 있는 weight 리스트의 요소와 비만 여부의 데이터가 있는 result 리스트의 요소를 다음과 같이 동시에 출력해야 하는 경우가 있습니다.

문제 7

weight 리스트의 요소와 result 리스트의 요소를 다음과 같이 출력하시오.

```
weight = [ 72, 81, 90, 78, 84, 65]
result = ['정상', '과체중', '비만', '정상', '과체중', '정상']
```

weight	72	81	90	78	84	65
result	정상	과체중	비만	정상	과체중	정상

출력 결과:

```
72  정상
81  과체중
90  비만
78  정상
84  과체중
65  정상
```

답

 # 예제 37

```
weight = [ 72, 81, 90, 78, 84, 65]
result = ['정상', '과체중', '비만', '정상', '과체중', '정상']

for i, k  in  zip(weight, result):
    print(i, k)
```

```
72 정상
81 과체중
90 비만
78 정상
84 과체중
65 정상
```

4 2개의 리스트를 하나로 묶어 다루고 싶다면 zip 함수를 이용해 다음과 같이 묶어 줍니다.

```
zip(리스트 1, 리스트 2)
```

weight 리스트와 result 리스트를 zip으로 묶은 후 list 변수에 담아 출력하면 다음과 같습니다.

예제 38

```
weight = [ 72, 81, 90, 78, 84, 65]
result = ['정상', '과체중', '비만', '정상', '과체중', '정상']

list(zip(weight, result))
```

```
[(72, '정상'), (81, '과체중'), (90, '비만'), (78, '정상'), (84, '과체중'), (65, '정상')]
```

수행한 결과를 보면 weight 리스트의 요소와 result 리스트의 요소를 자리 번호(인덱스 번호) 순서대로 각각 묶은 후 소괄호(( ))로 감싸 저장하고 있습니다.

이 데이터를 for loop문을 이용해 하나씩 불러와 다음과 같이 실행하는 것입니다.

```
for i, k in zip([72, 81, 90, 78, 84, 65], ['정상', '과체중', '비만', '정상', '과체중', '정상']):
    print( i  ,  k  )
```

리스트의 개수만큼 반복해 for loop문이 실행됩니다. 리스트의 요소의 개수가 6개이므로 다음과 같이 반복되면서 실행됩니다.

반복문 순서	i 변수의 값	k 변수의 값	print 실행문
1	72	정상	print(72, '정상')
2	81	과체중	print(81, '과체중')
3	90	비만	print(90, '비만')
4	78	정상	print(78, '정상')
5	84	과체중	print(84, '과체중')
6	65	정상	print(65, '정상')

위 반복 순서에서 반복될 값의 첫 번째 데이터인 몸무게는 i 변수, 비만 여부 데이터는 k 변수에 할당됩니다. 이렇게 반복될 값의 수 6개만큼 루프문을 반복하면서 i 값과 k 값을 출력합니다.

이렇게 `zip` 함수는 zip(리스트 1, 리스트 2)와 같이 2개의 리스트를 묶을 수도 있고 zip(리스트 1, 리스트 2, 리스트 3)처럼 여러 개의 리스트를 묶을 수도 있습니다.

그럼 여러 개의 리스트를 묶을 수 있다는 것을 생각하면서 다음 문제를 풀어 보겠습니다

문제 8

weight 리스트의 요소와 result 리스트의 요소를 다음과 같이 출력하시오.

```
name = [ '김인호', '안상수', '이상식', '오연수', '강인식', '고성인' ]
weight = [ 72, 81, 90, 78, 84, 65 ]
result = [ '정상', '과체중', '비만', '정상', '과체중', '정상' ]
```

출력 결과:

```
김인호 72 정상
안상수 81 과체중
이상식 90 비만
오연수 78 정상
강인식 84 과체중
고성인 65 정상
```

답

예제 39

```
result = ['정상', '과체중', '비만', '정상', '과체중', '정상']

for  n, w, r  in  zip(name, weight, result):
    print(n, w, r)


```

```
김인호 72 정상
안상수 81 과체중
이상식 90 비만
오연수 78 정상
강인식 84 과체중
고성인 65 정상
```

5 zip으로 name, weight, result가 3개의 리스트를 하나로 묶어 줍니다. 그러면 for loop문이 실행되면서 name 리스트의 값은 하나씩 순서에 맞춰 n 변수, weight 리스트의 값은 w, result 리스트의 값은 r에 들어갑니다.

순서	n 변수의 값	i 변수의 값	k 변수의 값	print 실행문
1	김인호	72	정상	print('김인호', 72, '정상')
2	안상수	81	과체중	print ('안상수', 81, '과체중')
3	이상식	90	비만	print ('이상식', 90, '비만')
4	오연수	78	정상	print ('오연수', 78, '정상')
5	강인식	84	과체중	print ('강인식', 84, '정상')
6	고성인	65	정상	print ('고성인', 65, '정상')

이렇게 zip은 여러 개의 리스트를 하나로 묶어 데이터를 한 번에 처리할 수 있게 해 줍니다.

그림 5-16

이번에는 zip과 유사하지만, 약간 다른 `enumerate` 함수를 살펴보겠습니다.

문제 8번에서 출력된 결과 앞에 다음과 같이 번호를 붙여 출력하는 문제를 풀어 보세요.

문제 9

다음 리스트 3개를 이용해 출력 결과를 출력하시오. 출력 결과가 문제 8번의 결과와 달리 이름 앞에 번호가 붙어 있습니다.

```
name = [ '김인호', '안상수', '이상식', '오연수', '강인식', '고성인' ]
weight = [ 72, 81, 90, 78, 84, 65 ]
result = [ '정상', '과체중', '비만', '정상', '과체중', '정상' ]
```

출력 결과:

```
1 김인호 72 정상
2 안상수 81 과체중
3 이상식 90 비만
4 오연수 78 정상
5 강인식 84 과체중
6 고성인 65 정상
```

위 문제를 풀려면 enumerate 함수를 알아야 합니다. enumerate 함수는 '열거하다.'라는 뜻 그대로 리스트의 요소를 순서대로 열거할 때 앞에 번호를 붙입니다. 다음 문장을 코딩해 실행해 보세요.

예제 40

```
routine = [
    '기상 후에 소중한 거 먼저 하기',
    '감사기도 하기',
    '바라고 싶은 일 상상하기',
    '한 가지만 하기',
    '저녁 식사 후 산책하기' ]

for i, text in enumerate( routine, start=1 ):
    print(i, text)
```

```
1 기상 후에 소중한 거 먼저 하기
2 감사기도 하기
3 바라고 싶은 일 상상하기
4 한 가지만 하기
5 저녁 식사 후 산책하기
```

1~6 위와 같이 routine이라는 리스트에 다섯 가지 텍스트를 요소로 구성합니다.

8 `enumerate` 함수는 routine 리스트의 요소를 받아 출력할 때 출력 결과에서 보는 것처럼 앞에 있는 숫자를 리스트의 요소 순서에 맞춰 부여해 줍니다.

시작 숫자는 0번부터 시작하지만, 1번부터 시작하고 싶다면 start=1을 사용하면 됩니다.

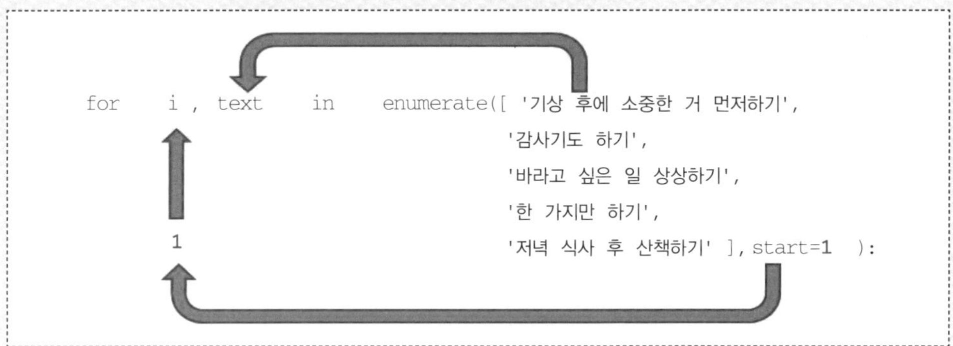

9 숫자는 i 변수, 리스트의 요소들은 text 변수에 순서대로 담기면서 출력됩니다.

순서	i 변수에 담기는 값	text 변수에 담기는 값
1	1	기상 후에 소중한 거 먼저 하기
2	2	감사기도 하기
3	3	바라고 싶은 일 상상하기
4	4	한 가지만 하기
5	5	저녁 식사 후 산책하기

enumerate가 뭔지 이해되셨죠? 자, 그러면 `enumerate` 함수를 이용해 9번 문제를 풀어 보세요.

답

 # 예제 41

```
name = ['김인호', '안상수', '이상식', '오연수', '강인식', '고성인']
weight = [72, 81, 90, 78, 84, 65]
result = ['정상', '과체중', '비만', '정상', '과체중', '정상']

for i, ( n, w, r ) in  enumerate( zip(name, weight, result), start=1 ):
    print( i, n, w, r)
```

```
1 김인호 72 정상
2 안상수 81 과체중
3 이상식 90 비만
4 오연수 78 정상
5 강인식 84 과체중
6 고성인 65 정상
```

5 `enumerate` 함수를 이용해 zip(name, weight, result)의 요소를 가져올 때는 번호를 부여해서 가져와야 합니다. 이때 n, w, r은 양쪽에 소괄호(( ))로 묶어 줘야 합니다. 왜냐하면 `enumerate` 함수가 출력으로 리턴해 주는 값이 번호와 요소명이기 때문입니다.

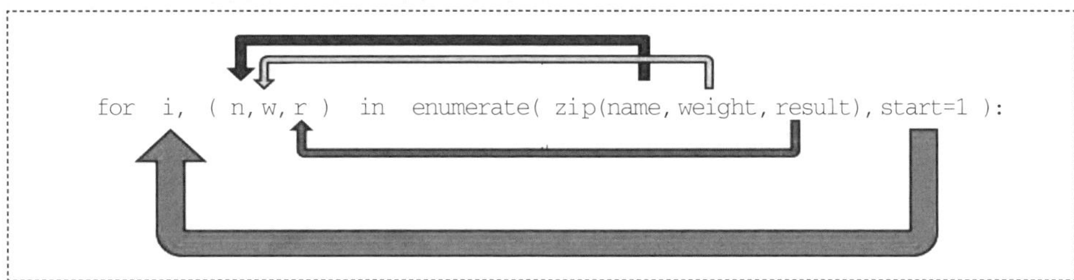
for i, (n, w, r) in enumerate(zip(name, weight, result), start=1):

아래쪽 **굵은** 화살표는 `enumerate` 함수가 리턴해 주는 값, **다른 얇은 세 개의** 화살표는 zip 함수가 리턴해 주는 값을 표시한 것입니다.

순서	i 변수의 값	n 변수의 값	w 변수의 값	r 변수의 값
1	1	김인호	72	정상
2	2	안상수	81	과체중
3	3	이상식	90	비만
4	4	오연수	78	정상
5	5	강인식	84	과체중
6	6	고성인	65	정상

[여기서 잠깐]

문제 9번에서 출력되는 결과를 **표 형태**로 예쁘게 출력하는 방법은 없을지 생각해 봤습니다. 그래서 검색해 보다가 좋은 모듈이 있어서 소개합니다.

결과가 마치 데이터베이스 프로그램 중 mySQL이라는 프로그램의 결과 포맷과 같습니다.

구현 방법: 먼저 문제 9번의 결과를 리스트로 만든 후 그 리스트를 다음과 같이 다시 리스트 안에 담아 냅니다.

 # 예제 42

```
1  name = [ '김인호', '안상수', '이상식', '오연수', '강인식', '고성인' ]
2  weight = [ 72, 81, 90, 78, 84, 65]
3  result = ['정상', '과체중', '비만', '정상', '과체중', '정상']
4
5  all_data =[]
6  for i, ( n, w, r ) in  enumerate( zip(name, weight, result), start=1 ):
7      all_data.append([i, n, w, r])
8
9  print(all_data)
```

```
[[1, '김인호', 72, '정상'], [2, '안상수', 81, '과체중'], [3, '이상식', 90, '비만'], [4,
'오연수', 78, '정상'], [5, '강인식', 84, '과체중'], [6, '고성인', 65, '정상']]
```

5 all_data라는 비어 있는 리스트를 하나 생성합니다.

7 all_data 리스트에 [i, n, w, r]을 하나씩 추가합니다.

 # 예제 43

```
1  from tabulate import tabulate
2
3  print(tabulate(all_data, headers=['번호','이름','체중','척도'],
4  tablefmt='pretty'))
```

```
+------+---------+------+-------+
| 번호 |  이름   | 체중 | 척도  |
+------+---------+------+-------+
|  1   | 김인호  |  72  | 정상  |
|  2   | 안상수  |  81  | 과체중 |
|  3   | 이상식  |  90  | 비만  |
|  4   | 오연수  |  78  | 정상  |
|  5   | 강인식  |  84  | 과체중 |
|  6   | 고성인  |  65  | 정상  |
+------+--------+------+-------+
```

1 tabulate 모듈의 tabulate 함수를 지금 내가 수행하고 있는 창에서 쓸 수 있도록 지정합니다.

3 tabulate(**리스트 데이터**, headers=**컬럼명 리스트**, tablefmt=**출력 형태**)로 작성해 표 형태로 출력합니다. 표 형태에 다른 디자인을 적용하고 싶다면 tablefmt에서 출력 형태를 변경하면 됩니다. 보기 좋은 tablefmt의 종류로는 orgtbl, plain, simple, grid, psql, pipe 등이 있습니다.

09 주요 리스트 함수 총정리

5장에서 사용했던 리스트 사용 문법을 정리했습니다.

번호	문법	설명
1	리스트[시작 번호:끝 번호]	리스트의 자리 번호(인덱스 번호) 시작 번호 이상부터 끝 번호 미만
2	리스트[시작 번호:]	리스트의 처음부터 4 미만까지
3	리스트[:끝 번호]	리스트의 자리 번호(인덱스 번호) 5번부터 끝까지
4	'구분자'.join(리스트)	리스트의 요소를 구분자로 구분해 출력
5	리스트.append(요소명)	리스트 마지막에 요소명 추가
6	리스트.insert(번호, 요소명)	리스트의 특정 자리 번호(인덱스 번호)에 요소명 추가
7	리스트.extend(요소명들)	리스트에 여러 개의 요소 추가
8	리스트.sort( )	리스트의 요소를 실제로 정렬시킴
9	sorted(리스트)	리스트의 요소를 정렬된 상태로 출력
10	리스트.reverse( )	리스트의 요소를 역순으로 정렬시킴
11	reversed(리스트)	리스트의 요소를 역순으로 정렬된 상태로 출력
12	리스트.count('요소명')	리스트의 특정 요소명이 몇 건 존재하는지 출력
13	리스트.index('요소명')	리스트의 특정 요소명의 자리 번호(인덱스 번호)를 출력
14	리스트.remove('요소명')	리스트의 요소를 요소명으로 삭제
15	del 리스트[인덱스 번호]	리스트의 요소를 자리 번호(인덱스 번호)로 삭제
16	리스트.clear( )	리스트의 모든 요소를 삭제
17	len(리스트)	리스트 요소의 개수를 출력
18	sum(리스트)	숫자로 돼 있는 리스트 요소의 합을 출력
19	map(함수, 리스트)	리스트 요소의 값을 순서대로 함수에 대입
20	filter(함수, 리스트)	리스트 요소를 함수에 적용해 데이터를 추려 냄
21	zip(리스트1, 리스트2)	리스트 1과 리스트 2의 요소를 순서에 따라 짝지어 줌
22	enumerate(리스트)	리스트 요소를 자리 번호(인덱스 번호)와 함께 짝지어 줌

모아 보니 22개나 되네요. 그냥 한번 읽어 보세요. 외울 필요는 없어요. 프로그래밍 시 리스트에 대한 기억이 잘 안 날 때 이 페이지를 보면 됩니다.

06 PART

딕셔너리

01 딕셔너리란 무엇인가?

꾸준함의 중요성에 대한 고사성어 세 가지를 리스트에 담아 봤습니다.

'수적천석', '우보만리', '노마십가'

그리고 이 고사성어의 뜻을 별개의 리스트에 저장했습니다.

'물방울이 바위를 뚫는다.', '소걸음으로 만리를 가다.', '걸음이 느린 말도 빠른 말의 하룻길을 열흘에 갈 수 있다.'

이제 고사성어와 그 뜻을 서로 매핑시키고자 합니다. 그런데 리스트만으로는 이 둘을 매핑하기가 어렵습니다. 이를 쉽게 매핑하는 파이썬의 데이터 저장 형식이 바로 '딕셔너리'입니다.

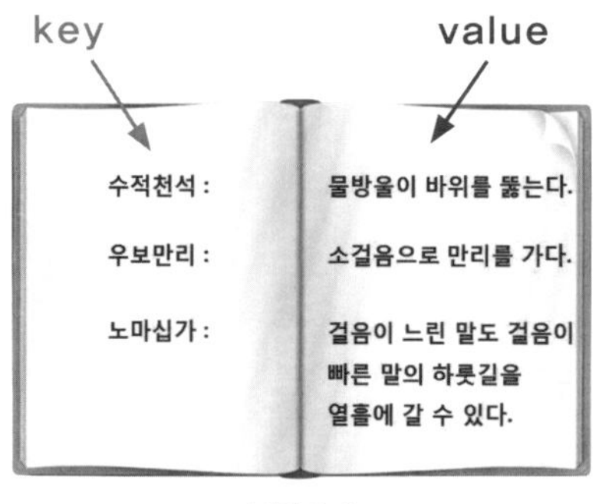

그림 6-1

고사성어가 **key**가 되고 고사성어의 뜻이 **value**가 됩니다. 이를 파이썬의 딕셔너리로 구성하면 다음과 같습니다.

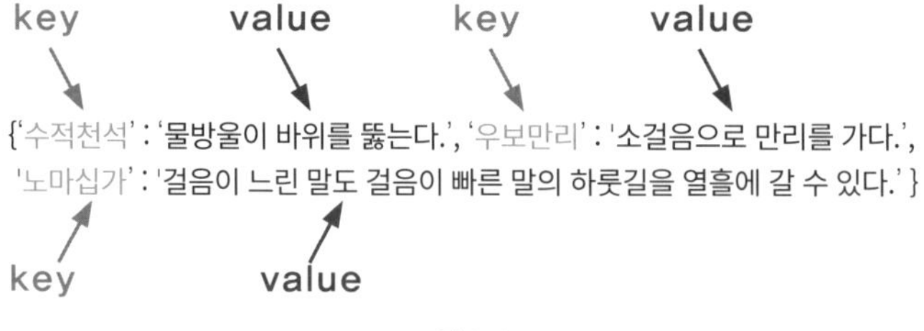

그림 6-2

리스트는 대괄호([ ]), 딕셔너리는 중괄호({ })를 사용해 데이터를 구성합니다.

중괄호({ }) 안에는 **키(key): 값(value)** 형태로 데이터를 저장합니다.

이제 키(key)로 값(value)을 가져와 보겠습니다.

```
a ={'수적천석': '물방울이 바위를 뚫는다.', '우보만리': '소걸음으로 만리를 가다.',
     '노마십가': '걸음이 느린 말도 걸음이 빠른 말의 하룻길을 열흘에 갈 수 있다.' }

a['수적천석']

출력 결과: '물방울이 바위를 뚫는다.'
```

a['수적천석']처럼 **딕셔너리명['키']**로 값을 가져올 수 있습니다. 해당 '키'와 '값'이 서로 매핑돼 있으므로 정확하게 관련된 뜻을 출력할 수 있습니다. 그럼 다음 문제를 풀어 보세요.

문제 1

다음 사람 이름을 키(key)로 하고 명언을 값으로 해 딕셔너리를 구성하시오. 딕셔너리명은 a라고 하시오.

```
마이클 잭슨: 하루 6시간씩 꾸준히 춤 연습을 했어요.
김연아: 공중 세 바퀴 회전 1번 실패하면 65번씩 연습했어요.
박태환: 하루에 15,000km 이상 수영해야 세계적인 선수들과 겨룰 수 있어요.
```

답

예제 1

```
a= {'마이클 잭슨': '하루 6시간씩 꾸준히 춤 연습을 했어요.',
'김연아': '공중 세 바퀴 회전 1번 실패하면 65번씩 연습했어요.',
'박태환': '하루에 15,000km 이상 수영해야 세계적인 선수들과 겨룰 수 있어요'}

A
```

```
{'마이클 잭슨': '하루 6시간씩 꾸준히 춤 연습을 했어요.',
'김연아': '공중 세 바퀴 회전 1번 실패하면 65번씩 연습했어요.',
'박태환': '하루에 15,000 km 이상 수영해야 세계적인 선수들과 겨룰 수 있어요'}
```

이제 김연아 선수의 명언을 출력해 봅니다.

문제 2

문제 1번에서 만든 a 딕셔너리에서 김연아 선수의 명언을 출력하시오.

출력 결과: 공중 세 바퀴 회전 1번 실패하면 65번씩 연습했어요.

답

 # 예제 2

```
a= {'마이클 잭슨': '하루 6시간씩 꾸준히 춤 연습을 했어요.',
'김연아': '공중 세 바퀴 회전 1번 실패하면 65번씩 연습했어요.',
'박태환': '하루에 15,000 km 이상 수영해야 세계적인 선수들과 겨룰 수 있어요'}

a['김연아']
```

```
'공중 세 바퀴 회전 1번 실패하면 65번씩 연습했어요.'
```

02 리스트와 딕셔너리의 차이 이해하기

리스트에서 리스트의 요소에 접근하려면 자리 번호(인덱스 번호)를 이용해야 합니다. 그런데 딕셔너리는 key를 이용해 접근할 수 있습니다. 예를 들어 다음과 같이 과자명과 과자 가격을 딕셔너리로 만들었다면 과자의 가격을 찾기가 리스트로 구성했을 때보다 훨씬 수월합니다.

snack = { '새우깡' : '1400원', '포카칩' : '1500원', '빼빼로' : '1700원', '커피우유' : '1650원' }

snack['커피우유'] # 1650원

그림 6-3

만약, 리스트로만 구성했다면 다음과 같이 자리 번호(인덱스 번호)로 접근해야 합니다.

snack = ['1400원', '1500원', '1700원', '1650원']

snack[3] # 1650원

그림 6-4

과자명으로 가격을 찾는 딕셔너리가 리스트보다 훨씬 정확하고 안정된 느낌이 들죠?

딕셔너리에서 데이터 검색하기

● 딕셔너리에서 데이터를 검색하는 방법

다음은 금융권 쪽 프리랜서 개발자의 단가를 초급, 중급, 고급으로 나눠 딕셔너리로 정리한 것입니다.

key value key value key value

salary = { '초급' : '500만 원~600만 원', '중급' : '600만 원~700만 원', '고급' : '700만 원~900만 원' }

그림 6-5

위 딕셔너리를 이용해 딕셔너리의 데이터 검색 함수 세 가지 공부해 보겠습니다.

번호	문법	예제	설명
1	딕셔너리.keys( )	salary.keys( )	딕셔너리에서 키(key) 데이터를 검색
2	딕셔너리.values( )	salary.values( )	딕셔너리에서 값(value) 데이터를 검색
3	딕셔너리.items( )	salary.items( )	딕셔너리에서 키(key)와 값(value) 데이터를 함께 검색

번호	결과
1	dict_keys(['초급', '중급', '고급'])
2	dict_values(['500만 원~600만 원', '600만 원~700만 원', '700만 원~900만 원'])
3	dict_items([('초급', '500만 원~600만 원'), ('중급', '600만 원~700만 원'), ('고급', '700만 원~900만 원')])

위와 같이 딕셔너리에서 키(key) 데이터만 추출하려면 `keys( )` 함수를 이용해야 합니다. 값(value) 데이터를 추출하려면 `values( )` 함수, 키(key)와 값(value) 데이터를 함께 출력하려면 `items( )` 함수를 사용하면 됩니다.

그런데 출력되는 결과가 리스트 형태가 아니어서 조금 당황스럽습니다. 따라서 리스트로 변환해 보겠습니다. 다음과 같이 `list( )` 함수를 이용하세요.

```
salary = {'초급': '500만 원~600만 원', '중급': '600만 원~700만 원',  '고급': '700만 원~
900만 원' }
list(salary.keys())
출력 결과: ['초급', '중급', '고급']
```

(개발자 단가 출처: https://whereisyourwork.com/금융-프리랜서-단가/)

values는 다음과 같습니다.

```
salary = {'초급': '500만 원~600만 원', '중급': '600만 원~700만 원',  '고급': '700만 원~
900만 원' }
list(salary.values())
출력 결과: ['500만 원~600만 원', '600만 원~700만 원', '700만 원~900만 원']
```

마지막으로 items( )는 다음과 같이 리스트 안의 요소들이 튜플로 구성돼 있습니다.

```
salary = {'초급': '500만 원~600만 원', '중급': '600만 원~700만 원', '고급': '700만 원~
900만 원' }
list(salary.items())
출력 결과: [('초급', '500만 원~600만 원'), ('중급', '600만 원~700만 원'), ('고급', '700만 원~
900만 원')]
```

이렇게 딕셔너리를 이용해 키와 값으로 저장하면 데이터베이스에 데이터를 저장하듯이 데이터를 체계적으로 저장할 수 있습니다. 다음 문제를 풀어 보면서 세 가지 함수를 활용해 보겠습니다.

문제 1

다음 salary 딕셔너리에서 데이터를 추출해 다음 결과를 출력하시오.

```
salary = {'초급': '500만 원~600만 원', '중급': '600만 원~700만 원', '고급': '700만
원~900만 원'}
```

출력 결과: 초급, 중급, 고급

답

예제 3

```
1 salary = {'초급': '500만 원~600만 원', '중급': '600만 원~700만 원', '고급':
2 '700만 원~900만 원'}
3 a = list(salary.keys( ))
4 print(','.join(a))
```

초급, 중급, 고급

2 salary 딕셔너리에서 키(key) 데이터를 추출해 'a' 변수에 리스트 형태로 할당합니다. ['초급', '중급', '고급']입니다.

3 리스트 a의 요소를 하나씩 뽑아 콤마(,)를 구분자로 해 문자열로 출력합니다.

● 딕셔너리의 데이터를 출력하는 방법

문제 2

다음 salary 딕셔너리를 이용해 다음 결과를 출력하시오.

```
salary = {'초급': '500만 원~600만 원', '중급': '600만 원~700만 원',  '고급': '700만 
원~900만 원'}
```

결과:
초급 개발자 단가는 500만 원~600만 원
중급 개발자 단가는 600만 원~700만 원
고급 개발자 단가는 700만 원~900만 원

답

 # 예제 4

```
1  salary = {'초급': '500만 원~600만 원', '중급': '600만 원~700만 원',  '고급': 
2  '700만 원~900만 원'}
3  
4  for i in list(salary.items( )):
5      print(i[0], '개발자 단가는', i[1])
```

```
초급 개발자 단가는 500만 원~600만 원
중급 개발자 단가는 600만 원~700만 원
고급 개발자 단가는 700만 원~900만 원
```

4 items( ) 함수를 사용해 salary 딕셔너리에서 키(key)와 값(value)을 함께 가져옵니다. 그리고 list( ) 함수를 이용해 요소를 튜플로 구성합니다.

```
[('초급', '500만 원~600만 원'), ('중급', '600만 원~700만 원'), ('고급', '700만 원~900만 원')]
```

그리고 for loop문을 사용해 요소를 하나씩 불러옵니다.

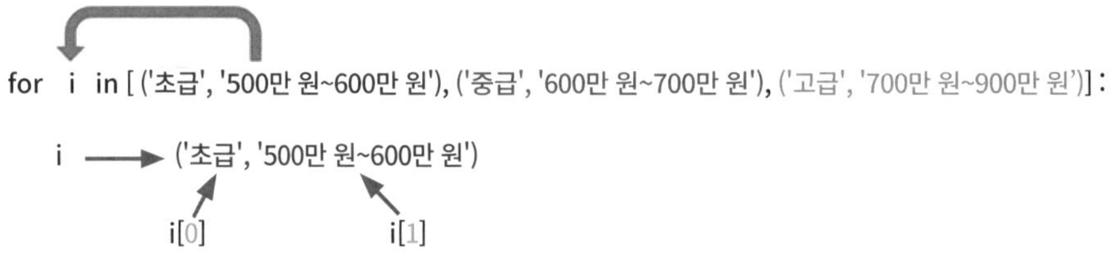

for i in [('초급', '500만 원~600만 원'), ('중급', '600만 원~700만 원'), ('고급', '700만 원~900만 원')]:

i → ('초급', '500만 원~600만 원')

i[0] i[1]

그림 6-6

튜플의 0번째 요소와 1번째 요소를 각각 불러오면서 출력합니다.

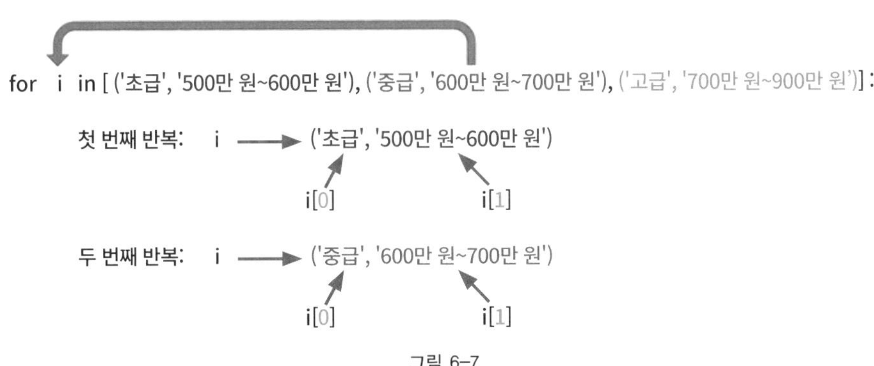

그림 6-7

계속 두 번째 반복문을 실행하면서 ('중급', '600만 원~700만 원')을 가져옵니다. 그리고 튜플의 0번째 요소인 '중급'과 1번째 요소인 '600만 원~700만 원'을 선택해 출력합니다.

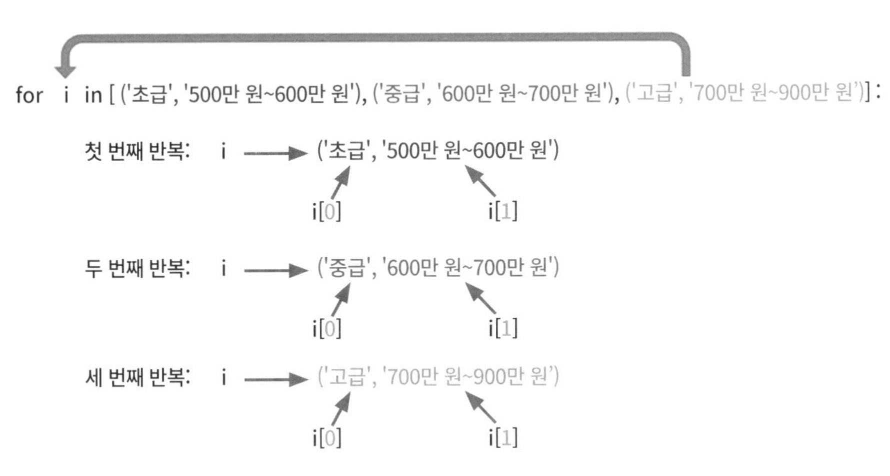

그림 6-8

마지막으로 세 번째 반복문을 실행하면서 ('고급', '700만 원~900만 원')을 가져옵니다. 그리고 튜플의 0번째 요소인 '고급'과 1번째 요소인 '700만 원~900만 원'을 선택해 출력합니다.

이렇게 세로로 출력해 보니 마치 표처럼 생겼습니다. 이를 데이터베이스에서는 **테이블**이라고 합니다.

초급	500만 원~600만 원
중급	600만 원~700만 원
고급	700만 원~900만 원

데이터를 테이블로 관리하면 중요한 정보를 차곡차곡 잘 저장할 수 있습니다. 파이썬의 **딕셔너리**는 **테이블**의 기초 골격이라고 생각하면 됩니다. 데이터를 테이블처럼 잘 정돈된 형태로 저장하면 데이터를 검색하기가 좋습니다. 중급 개발자의 단가를 알고 싶다면 salary['중급']이라고만 하면 되니까요.

딕셔너리에는 새로운 데이터도 입력할 수 있는데요. 특급 개발자의 단가가 새로 들어올 경우, 다음과 같이 입력하면 됩니다.

예제 5

```
1  salary = {'초급': '500만 원~600만 원', '중급': '600만 원~700만 원', '고급': '700만
2  원~900만 원'}
3  salary['특급'] = '900만 원~1000만 원'
4  salary
```

```
{'초급': '500만 원~600만 원',
 '중급': '600만 원~700만 원',
 '고급': '700만 원~900만 원',
 '특급': '900만 원~1000만 원'}
```

3 딕셔너리 이름['키'] = '값'을 이용하면 딕셔너리에 새로운 키와 새로운 값을 추가할 수 있습니다.

이렇게 하면 데이터가 차곡차곡 쌓이고 데이터가 쌓이면 정보가 됩니다. 더 좋은 정보가 되려면 데이터가 더 수집돼야 하는데요. 더 수집할 데이터에는 무엇이 있을까요? 혹시 개발자 경력 '몇년 차'까지가 초급, 중급, 고급, 특급인지 궁금하지 않으세요?

키	값 1	값 2
초급	500만 원~600만 원	
중급	600만 원~700만 원	
고급	700만 원~900만 원	
특급	900만 원~1000만 원	

이어서 '값 2'에 경력 연차를 채워 넣어 보겠습니다.

● 여러 개의 값으로 딕셔너리를 구성하기

'값 2'에 데이터를 채워 넣고 싶습니다.

키	값 1	값 2
초급	500만 원~600만 원	
중급	600만 원~700만 원	
고급	700만 원~900만 원	
특급	900만 원~1000만 원	

다음과 같이 말이죠.

키	값 1	값 2
초급	500만 원~600만 원	0~3년
중급	600만 원~700만 원	3~6년
고급	700만 원~900만 원	6~9년
특급	900만 원~1000만 원	9~12년

(개발자 경력 기간 단가표 참고 데이터: https://zibsin.net/294)

'값 2'가 하나 더 생겼습니다. 이렇게 구성하려면 딕셔너리 값을 구성할 때 리스트를 사용하면 됩니다. 리스트의 요소로 '연차'와 '경력'을 구성합니다.

예제 6

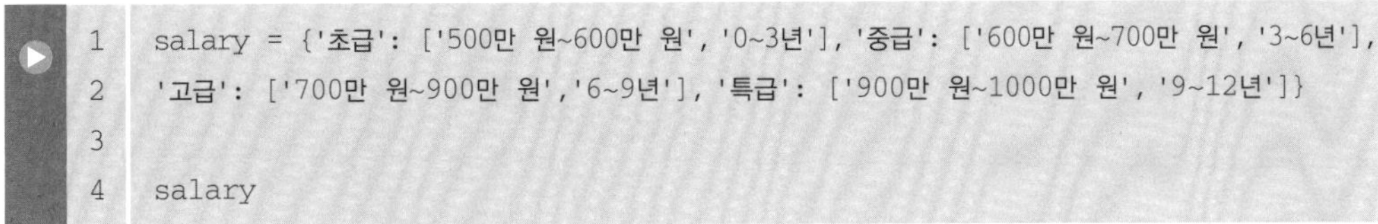

```
salary = {'초급': ['500만 원~600만 원', '0~3년'], '중급': ['600만 원~700만 원', '3~6년'],
'고급': ['700만 원~900만 원','6~9년'], '특급': ['900만 원~1000만 원', '9~12년']}

salary
```

```
{'초급': ['500만 원~600만 원', '0~3년'],
 '중급': ['600만 원~700만 원', '3~6년'],
 '고급': ['700만 원~900만 원', '6~9년'],
 '특급': ['900만 원~1000만 원', '9~12년']}
```

그럼 배운 내용을 바탕으로 문제를 풀어 보겠습니다.

문제 3

다음 딕셔너리를 choice라는 이름으로 구성하시오.

키(key)	값 1	값 2	값3
성공	열정	끈기	도전
실패	포기	변명	남탓

답

 # 예제 7

```
1 choice = {'성공': ['열정', '끈기', '도전'],
2           '실패': ['포기', '변명', '남탓']}
3
4 choice
```

```
{'성공': ['열정', '끈기', '도전'], '실패': ['포기', '변명', '남탓']}
```

1~2 '성공'과 '실패'를 키(key)로 구성합니다. '성공'은 ['열정', '끈기', '도전'] 리스트, '실패'는 ['포기', '변명', '남탓'] 리스트를 값으로 구성합니다.

딕셔너리 변경하기

● 딕셔너리에 새로운 값 추가하기

값을 추가해 보겠습니다. 값을 추가하려면 다음과 같이 append를 이용하면 됩니다.

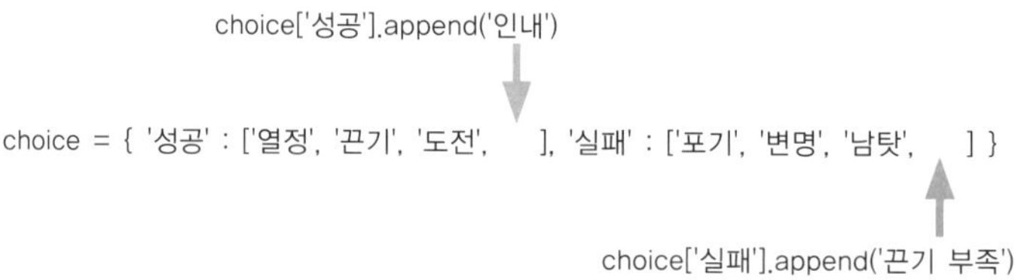

그림 6-9

append는 리스트의 메서드(함수)로, 리스트에 값을 추가하는 메서드입니다. 위와 같이 값이 맨 끝의 요소로 추가됩니다.

예제 8

```
1  choice = {'성공': ['열정', '끈기', '도전'],   '실패': ['포기', '변명', '남탓']}
2
3  choice['성공'].append('인내')
4  choice['실패'].append('끈기 부족')
5  choice
```

```
{'성공': ['열정', '끈기', '도전', '인내'], '실패': ['포기', '변명', '남탓', '끈기 부족']}
```

4 ········ '성공' 키에 새로운 값으로 '인내'를 추가합니다.

5 ········ '실패' 키에 새로운 값으로 '끈기 부족'을 추가합니다.

하나의 요소만 추가해 봤습니다. 그런데 여러 개의 요소를 한 번에 추가하려면 어떻게 해야 할까요?

문제 6

딕셔너리 choice의 **'성공'** 키(key) 값으로 다음 리스트의 내용을 모두 추가하시오.

```
choice = {'성공': ['열정', '끈기', '도전', '인내'],  '실패': ['포기', '변명', '남탓', '끈기
부족']}

추가해야 할 내용:
[ '믿음', '긍정', '즐거운 상상', '양보다는 질', '부지런함', '서두르지 않음', '매일 꾸준히']
```

답

예제 9

```
choice = {'성공': ['열정', '끈기', '도전', '인내'],  '실패': ['포기', '변명', '남탓',
'끈기 부족']}

a = [ '믿음', '긍정', '즐거운 상상', '양보다는 질', '부지런함', '서두르지 않음', '매일
꾸준히']

for i in a:
    choice['성공'].append(i)
choice
```

```
{'성공': ['열정',
   '끈기',
   '도전',
   '인내',
   '믿음',
   '긍정',
   '즐거운 상상',
   '양보다는 질',
   '부지런함',
   '서두르지 않음',
   '매일 꾸준히'],
 '실패': ['포기', '변명', '남탓', '끈기 부족']}
```

7 a 리스트의 요소를 하나씩 불러옵니다.

8 불러온 요소를 choice 딕셔너리의 '성공' 키(key) 값으로 추가합니다.

● **딕셔너리에 새로운 키와 값 추가하기**

신조어로 데이터 딕셔너리를 구성해 보겠습니다.

key	value
과즙상	상큼 발랄한 인상
꾸안꾸	꾸미지 않은 듯 꾸민 것
비담	비주얼 담당
애빼시	애교 빼면 시체

키(key)를 신조어로 하고 값(value)을 그 뜻으로 하겠습니다.

 # 예제 10

```
new_word = {'과즙상': '상큼 발랄한 인상',   '꾸안꾸': '꾸미지 않은 듯 꾸민 것',
                       '비담': '비주얼 담당',   '애빼시': '애교 빼면 시체'}

new_word
```

```
{'과즙상': '상큼 발랄한 인상', '꾸안꾸': '꾸미지 않은 듯 꾸민 것', '비담': '비주얼 담당', '애빼시':
'애교 빼면 시체'}
```

그런데 다른 신조어 **댕댕이**를 new_word 딕셔너리에 추가하고 싶습니다.

key	value
과즙상	상큼 발랄한 인상
꾸안꾸	꾸미지 않은 듯 꾸민 것
비담	비주얼 담당
애빼시	애교 빼면 시체
댕댕이	**멍멍이**

딕셔너리['새로운 키'] = '새로운 값'으로 작성하면 바로 추가할 수 있습니다.

예제 11

```
new_word['댕댕이']='멍멍이'
new_word
```

```
{'과즙상': '상큼 발랄한 인상',
 '꾸안꾸': '꾸미지 않은 듯 꾸민 것',
 '비담': '비주얼 담당',
 '애빼시': '애교 빼면 시체',
 '댕댕이': '멍멍이'}
```

● 딕셔너리에 새로운 딕셔너리 추가하기

다른 신조어를 여러 개 저장하고 있는 딕셔너리는 다음과 같습니다. 이 딕셔너리를 **한 번에** new_word에 등록하고 싶습니다.

```
new_word2 ={'맥날': '맥도날드',  '세젤행': '세상에서 제일 행복',
            '따아': '따뜻한 아메리카노',  '혼코노': '혼자 코인 노래방에 가다',
            '버카충': '버스 카드 충전'}
```

이 경우, 딕셔너리의 `update` 함수를 이용하면 한 번에 등록할 수 있습니다.

예제 12

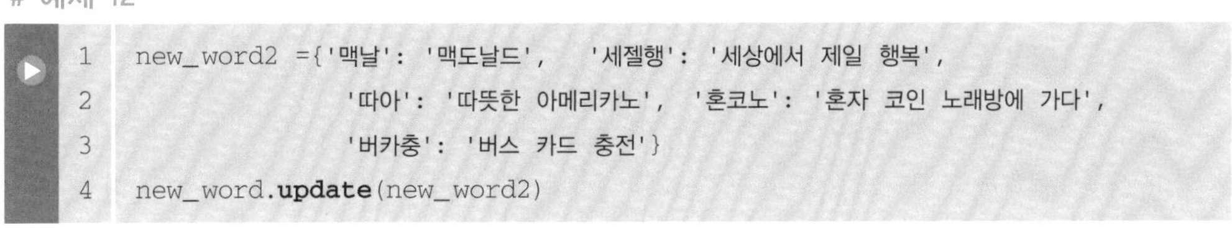

```
new_word2 ={'맥날': '맥도날드',  '세젤행': '세상에서 제일 행복',
            '따아': '따뜻한 아메리카노',  '혼코노': '혼자 코인 노래방에 가다',
            '버카충': '버스 카드 충전'}
new_word.update(new_word2)
```

```
5
6  new_word
```

```
{'과즙상': '상큼 발랄한 인상',
 '꾸안꾸': '꾸미지 않은 듯 꾸민 것',
 '비담': '비주얼 담당',
 '애빼시': '애교 빼면 시체',
 '댕댕이': '멍멍이',
 '맥날': '맥도날드',
 '세젤행': '세상에서 제일 행복',
 '따아': '따뜻한 아메리카노',
 '혼코노': '혼자 코인 노래방에 가다',
 '버카충': '버스 카드 충전'}
```

4 new_ word 딕셔너리에 new_ word2 딕셔너리의 요소를 추가합니다.

신조어를 계속 추가하고 싶습니다. 새로운 신조어 '아아:' '**아이스 아메리카노**'가 있어서 new_ word 딕셔너리에 '**따아**': '**따뜻한 아메리카노**', 다음 순서로 '**아아**': '**아이스 아메리카노**'를 추가하고 싶습니다. 그런데 딕셔너리는 리스트처럼 특정 위치에 값을 할당할 수 없습니다. 그냥 무조건 맨 마지막에만 추가될 뿐입니다. 설사 그렇다 하더라도 우리가 알고 싶은 신조어를 찾는 데는 아무런 지장이 없습니다. '따아'의 뜻이 궁금하다면 **new_ word['따아']**라고 하면 되고 '아아'의 뜻이 궁금하다면 **new_ word['아아']**라고 하면 됩니다. 딕셔너리에 특정 키와 값이 어디에 위치하고 있든 아무런 상관이 없습니다.

```
new_word['아아'] = '아이스 아메리카노'
print(new_word['따아'])  # 따뜻한 아메리카노
print(new_word['아아'])  # 아이스 아메리카노
```

그냥 새로운 요소가 생기면 추가하면 되고, 혹시 키나 값을 잘못 입력했으면 수정하면 됩니다. 이제 여러분이 만들고 싶은 신조어를 입력해 보세요.

문제 5

여러분이 입력하고 싶은 신조어를 추가해 보시오.

답

예제 13

```
new_word['혼브카'] = '혼자서 브런치 카페에 가다'
new_word
```

```
{'과즙상': '상큼 발랄한 인상',
 '꾸안꾸': '꾸미지 않은 듯 꾸민 것',
 '비담': '비주얼 담당',
 '애빼시': '애교 빼면 시체',
 '댕댕이': '멍멍이',
 '맥날': '맥도날드',
 '세젤행': '세상에서 제일 행복',
 '따아': '따뜻한 아메리카노',
 '혼코노': '혼자 코인 노래방에 가다',
 '버카충': '버스 카드 충전'
'혼브카': '혼자서 브런치 카페에 가다'}
```

딕셔너리 지우기

● 딕셔너리의 특정 요소 지우기

미국의 사회학자 제러미 리프킨(Jeremy Rifkin)은 1995년 『노동의 종말』이라는 책에서 기술 발전이 몰고 올 음울한 노동의 미래를 예측했습니다. 그가 예측한 미래에 사라질 직업 다섯 가지를 딕셔너리로 구성해 봤습니다.

```
job= {'사라질 직업': ['텔레마케터', '법률 보조원', '운전기사', '소방관'],
     '새로운 직업': ['인공지능 개발자', '자동화 구현 개발자', '딥러닝 개발자', '데이터 엔지니어']}
```

여기서 사라질 직업 중 운전기사를 지워 보겠습니다. 일단 job 딕셔너리에서 운전기사만 검색해 보겠습니다. 주어진 'job' 딕셔너리에서 키가 '사라질 직업' 키의 값을 출력하는 작업이 필요합니다.

이를 위해 다음과 같은 코드를 사용할 수 있습니다. 다음 코드를 실행하면 'job' 딕셔너리에서 '사라질 직업' 키의 값을 출력하고 해당값에 할당된 리스트가 출력됩니다.

예제 14

```
job= {'사라질 직업': ['텔레마케터', '법률 보조원', '운전기사', '소방관'],
        '새로운 직업': ['인공지능 개발자', '자동화 구현 개발자', '딥러닝 개발자']}

job['사라질 직업']
```

```
['텔레마케터', '법률 보조원', '운전기사', '소방관']
```

['텔레마케터', '법률 보조원', '운전기사', '소방관'] 리스트에서 '**운전기사**'만 출력하려면 어떻게 해야 할까요?

예제 15

```
job= {'사라질 직업': ['텔레마케터', '법률 보조원', '운전기사', '소방관'],
        '새로운 직업': ['인공지능 개발자', '자동화 구현 개발자', '딥러닝 개발자']}

job['사라질 직업'][2]
```

```
'운전기사'
```

그러면 이제 '운전기사'를 지워 봅시다.

예제 16

```
1  job= {'사라질 직업': ['텔레마케터', '법률 보조원', '운전기사', '소방관'],
2          '새로운 직업': ['인공지능 개발자', '자동화 구현 개발자', '딥러닝 개발자']}
3
4  del job['사라질 직업'][2]
5  job
```

```
{'사라질 직업': ['텔레마케터', '법률 보조원', '소방관'],
 '새로운 직업': ['인공지능 개발자', '자동화 구현 개발자', '딥러닝 개발자']}
```

4 del을 사용하면 지울 수 있습니다.

● 딕셔너리의 특정 키와 값을 모두 지우기

이번에는 **사라질 직업**의 키와 값들을 통째로 사라지게 해 보겠습니다.

예제 17

```
1  job= {'사라질 직업': ['텔레마케터', '법률 보조원', '운전기사', '소방관'],
2          '새로운 직업': ['인공지능 개발자', '자동화 구현 개발자', '딥러닝 개발자']}
3
4  del job['사라질 직업']
5  job
```

```
{'새로운 직업': ['인공지능 개발자', '자동화 구현 개발자', '딥러닝 개발자']}
```

4 **del 딕셔너리 이름['키']**로 하면 해당 키와 값이 모두 지워집니다.

● 딕셔너리의 모든 요소 지우기

딕셔너리의 모든 데이터가 사라지게 해 보겠습니다.

예제 18

```
1  job= {'사라질 직업': ['텔레마케터', '법률 보조원', '운전기사', '소방관'],
2  '새로운 직업': ['인공지능 개발자', '자동화 구현 개발자', '딥러닝 개발자']}
3
4  job.clear( )
5  job
```

```
{}
```

4 `clear( )` 함수를 이용하면 한 번에 지울 수 있습니다. `clear( )`는 딕셔너리의 함수, `del`은 파이썬 내장 함수입니다.

문제 6

다음 딕셔너리를 구성한 후 새로운 자동화 구현 개발자를 지우시오.

```
job= {'사라질 직업': ['텔레마케터', '법률 보조원', '운전기사', '소방관'],
        '새로운 직업': ['인공지능 개발자', '자동화 구현 개발자', '딥러닝 개발자']}
```

답

예제 19

```
job= {'사라질 직업': ['텔레마케터', '법률 보조원', '운전기사', '소방관'],
        '새로운 직업': ['인공지능 개발자', '자동화 구현 개발자', '딥러닝 개발자']}

del job['새로운 직업'][1]
job
```

```
{'사라질 직업': ['텔레마케터', '법률 보조원', '운전기사', '소방관'],
 '새로운 직업': ['인공지능 개발자', '딥러닝 개발자']}
```

● 주요 딕셔너리 함수 총정리

```
choice = {'성공': ['열정', '끈기', '도전'], '실패': ['포기', '변명', '남탓']}
choice2 = {'성공': ['아무튼 이를 악물고 끝을 봄'], '실패': ['조금 어려우면 나에게 안 맞는다고 생각함']}
```

	예제	결과
1	choice.keys()	['성공', '실패']
2	choice.values()	[['열정', '끈기', '도전'],['포기', '변명', '남탓']]
3	choice.items()	[('성공', ['열정', '끈기', '도전']),('실패', ['포기', '변명', '남탓'])]
4	choice['성공'][0]='인내'	{'성공': ['인내', '끈기', '도전'],'실패': ['포기', '변명', '남탓']}
5	choice['실패'].append('끈기 부족')	{'성공': ['열정', '끈기', '도전'], '실패': ['포기', '변명', '남탓', '끈기 부족']}
6	choice.update(chioce2)	{'성공': ['아무튼 이를 악물고 끝을 봄'], '실패': ['조금 어려우면 나에게 안 맞는다고 생각함']}

메모하세요

07 PART

함수

"여러 가지 일을 다 한다는 것은 한 개도 제대로 하지 못하는 것과 같습니다. 한 가지만 하세요."

– 『onething』

01 함수가 필요한 이유

프로그래머 A는 오늘도 야근 중입니다. 옆 자리의 프로그래머 B는 일찌감치 자기 할 일을 마치고 퇴근했습니다. 프로그래머 A가 팀장님으로부터 받은 일의 양은 프로그래머 B와 비슷했습니다. 그런데 왜 A는 오늘도 야근을 하고 있을까요?

다음날 A는 B가 개발한 코드를 받아 천천히 살펴봤습니다. B의 코드는 아주 간결하고 짧아 보였습니다. 결국 짧은 코딩을 가능하게 해 준 것이 바로 '함수'였다는 것을 깨닫게 됐습니다.

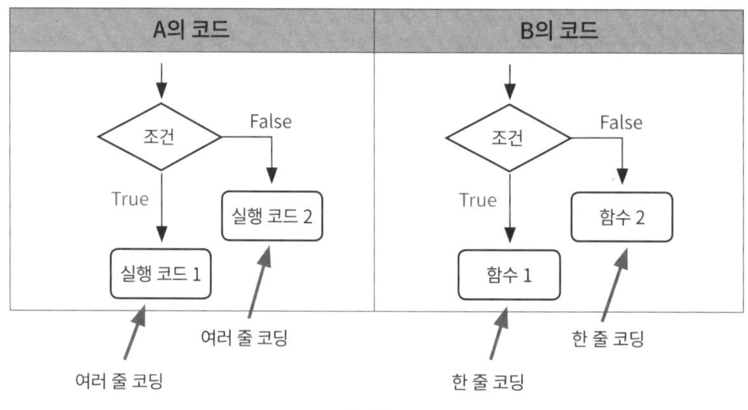

그림 7-1

B의 코드는 자주 반복되는 기능이 함수로 돼 있었습니다. A의 코드는 여러 줄로 돼 있는 반면, B의 코드는 한 줄 코딩이었습니다. 한 줄 코딩이 가능했던 것은 긴 코드를 함수로 만들어 놓았기 때문입니다.

A는 함수가 무엇인지는 알고 있었지만, 자주 사용하지는 않았습니다. 그러다 보니 예전에 언젠가 작성했던 적이 있었던 긴 코드를 다시 처음부터 작성하는 일을 반복하고 있었습니다.

B는 돈을 저축하듯이 함수를 하나하나 모아 저축하고 있었습니다. 그리고 프로그램을 개발할 일이 생기면 갖고 있는 함수를 활용했습니다. 그러다 또 새로운 좋은 코드를 만들게 되면 함수로 만들어 저축했습니다. 반면, B는 저축해 놓은 함수가 없었습니다. 그냥 그때그때 필요한 코드를 만들어 사용했습니다. 그래서 매일매일 코딩을 해야만 했습니다.

여러분들도 프로그래머 B가 만든 함수가 무엇인지 함께 만들어 보겠습니다.

02 함수는 어떻게 만들까?

팀장님은 프로그래머 A와 B에게 구구단을 출력하는 코드를 작성하라는 업무를 줬습니다.

프로그래머 A는 구구단 2단을 출력하는 코드를 다음과 같이 작성했습니다.

예제 1

```
1  a = 1
2  while a < 10:
3      print('2 x ', a, ' = ', 2*a)
4      a = a + 1
```

```
2 x  1  =  2
2 x  2  =  4
2 x  3  =  6
2 x  4  =  8
2 x  5  =  10
2 x  6  =  12
2 x  7  =  14
2 x  8  =  16
2 x  9  =  18
```

1 변수 a에 1을 할당합니다. a라는 변수는 while loop문에서 반복문을 종료시키는 데 사용할 변수입니다.

2 a가 10보다 작을 때만 반복문의 실행문을 실행하라고 합니다.

4 a에 값을 1씩 증가시킵니다. 전체적인 수행은 다음과 같습니다.

a < 10	print(a)	a = a + 1	print (' 2 x', a, '=', 2*a)
1 < 10	1	2 = 1 + 1	2 x 1 = 2
2 < 10	2	3 = 2 + 1	2 x 2 = 4
3 < 10	3	4 = 3 + 1	2 x 3 = 6
4 < 10	4	5 = 4 + 1	2 x 4 = 8
5 < 10	5	6 = 5 + 1	2 x 5 = 10
6 < 10	6	7 = 6 + 1	2 x 6 = 12
7 < 10	7	8 = 7 + 1	2 x 7 = 14
8 < 10	8	9 = 8 + 1	2 x 8 = 16
9 < 10	9	10 = 9 + 1	2 x 9 = 18
10 < 10			

그림 7-2

3단을 출력하는 코드도 다음과 같이 작성했습니다.

예제 2

```
a = 1
while a < 10:
    print('3 x ', a,  ' = ', 3*a)
    a = a + 1
```

```
3 x  1  =  3
3 x  2  =  6
3 x  3  =  9
3 x  4  =  12
3 x  5  =  15
3 x  6  =  18
3 x  7  =  21
3 x  8  =  24
3 x  9  =  27
```

나머지 9단까지 이렇게 코딩할 생각이었습니다.

반면, 프로그래머 B는 다음과 같이 함수로 작성했습니다.

예제 3

```
1  def gugu_dan(num):
2      a = 1
3      while a < 10:
4          print(num, ' x ', a,  ' = ', num*a)
           a = a + 1
```

```
3 x  1  =  3
3 x  2  =  6
3 x  3  =  9
3 x  4  =  12
3 x  5  =  15
3 x  6  =  18
3 x  7  =  21
3 x  8  =  24
3 x  9  =  27
```

1 함수 생성문의 첫 시작은 **def**입니다. **def**는 **define**의 약자로 '**정의하다**'라는 뜻입니다. 지금부터 작성하는 코드를 gugu_dan라는 이름으로 정의하겠다는 것입니다. 함수 이름 옆에 있는 괄호는 어떤 값을 입력받기 위해 작성하는 코드입니다. 괄호 안에 **num**이라는 **입력 매개변수**를 통해 값을 입력받습니다.

그리고 끝에 **콜론(:)**을 입력합니다. 함수 생성 시 **콜론(:)**은 반드시 입력해야 합니다. 그다음 Enter를 누르고 **4칸 들여쓰기**를 한 후 실행 코드를 작성합니다.

2 변수 a에 숫자 1을 할당합니다. a라는 변수는 while loop문에서 반복문을 종료시키는 데 사용할 변수입니다.

3 변수 a에 할당된 값이 10보다 작을 때만 반복문의 실행문을 반복하라고 합니다.

4 print(**num**, ' x ', a, ' = ', **num***a)가 **num**에 들어가는 숫자의 해당 구구단의 모양을 만들어 출력되게 합니다.

생성한 함수를 다음과 같이 실행합니다.

예제 4

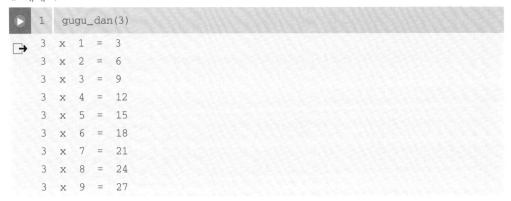

```
1  gugu_dan(3)
```

```
3 x 1 = 3
3 x 2 = 6
3 x 3 = 9
3 x 4 = 12
3 x 5 = 15
3 x 6 = 18
3 x 7 = 21
3 x 8 = 24
3 x 9 = 27
```

1 ········ gugu_dan 함수를 실행합니다. 실행할 때는 입력 매개변수에 3을 넣었습니다. 입력 매개변수 num에 숫자 3이 할당되면서 구구단 3단을 출력합니다.

함수로 만들어 놓으니 4단을 출력하든, 5단을 출력하든 gugu_dan(**숫자**)의 **숫자**만 바꿔 주면 됩니다.

프로그래머 B는 이렇게 구구단을 생성하는 함수를 만들어 쉽게 코딩했습니다.

03 함수를 사용하면 코드가 더 간결해진다

이번에는 팀장님이 구구단 전체를 출력하라는 문제를 줬습니다. 구구단 출력을 함수로 만들지 않은 A는 코드를 다음과 같이 작성했습니다.

예제 5

```
1  a = 1
2  b = 2
3  while b < 10:
4      a = 1
5      while a < 10:
6          print( b ,' x ', a,  ' = ', b*a)
7          a = a + 1
8      b = b + 1
```

```
2  x  1  =  2
2  x  2  =  4
2  x  3  =  6
2  x  4  =  8
2  x  5  =  10
:
9  x  5  =  45
9  x  6  =  54
9  x  7  =  63
9  x  8  =  72
9  x  9  =  81
```

1 a 는 곱하기 다음에 나오는 숫자 1~9까지를 표현하기 위한 변수입니다. 여기에 1을 할당합니다.

2 2단부터 시작할 것이므로 변수 b에는 숫자 2를 할당합니다.

3 b가 10보다 작은 동안에만 반복문을 수행합니다.

4 a = 1로 작성해 안쪽 반복문이 돌 때마다 변수 a를 1로 초기화해 줘야 합니다. a = 1의 위치가 while a 〈 10:과 동일한 위치에 있어야만 안쪽 while a 〈 10이 수행되기 전에 a에 1을 할당해 줄 수 있습니다.

5 while a 〈 10을 수행하면서 a가 10보다 작을 때만 반복문을 반복시킵니다.

6 print(b ,' x ', a, ' = ', b*a)를 수행하면서 구구단 전체를 출력합니다.

7 a의 값을 1씩 누적시킵니다.

8 b의 값을 1씩 누적시킵니다. 전제적인 반복문의 수행 과정은 다음과 같습니다.

b	b < 10	a	a < 10	print(b ,' x ', a, ' = ', b*a)
2	2 < 10	1	1 < 10	print(2 ,' x ', 1, ' = ', 2*1)
2	2 < 10	2	2 < 10	print(2 ,' x ', 2, ' = ', 2*2)
2	2 < 10	3	3 < 10	print(2 ,' x ', 3, ' = ', 2*3)
2	2 < 10	4	4 < 10	print(2 ,' x ', 4, ' = ', 2*4)
2	2 < 10	5	5 < 10	print(2 ,' x ', 5, ' = ', 2*5)
2	2 < 10	6	6 < 10	print(2 ,' x ', 6, ' = ', 2*6)
2	2 < 10	7	7 < 10	print(2 ,' x ', 7, ' = ', 2*7)
2	2 < 10	8	8 < 10	print(2 ,' x ', 8, ' = ', 2*8)
2	2 < 10	9	9 < 10	print(2 ,' x ', 9, ' = ', 2*9)
3	3 < 10	1	1 < 10	print(3 ,' x ', 1, ' = ', 3*1)
3	3 < 10	2	2 < 10	print(3 ,' x ', 2, ' = ', 3*2)
:	:	:	:	:
9	9 < 10	7	7 < 10	print(9 ,' x ', 7, ' = ', 9*7)
9	9 < 10	8	8 < 10	print(9 ,' x ', 8, ' = ', 9*8)
9	9 < 10	9	9 < 10	print(9 ,' x ', 9, ' = ', 9*9)

그림 7-3

while loop문을 두 번이나 쓰면서 좀 복잡하게 코드를 작성했습니다. 반면, 함수로 구구단을 생성했던 프로그래머 B는 만들었던 함수를 이용해 다음과 같이 수행했습니다.

예제 6

```
for i in range(2,10):
    gugu_dan(i)
```

```
2  x  1  =  2
2  x  2  =  4
2  x  3  =  6
2  x  4  =  8
2  x  5  =  10
:
9  x  5  =  45
9  x  6  =  54
9  x  7  =  63
9  x  8  =  72
9  x  9  =  81
```

두 줄로 끝냈습니다. `gugu_dan` 함수에 해당 단수에 대한 숫자만 for loop문으로 제공해 줬습니다.

프로그래머 A의 코드도 훌륭하지만, B의 코드가 더 간략합니다. B는 함수로 만들었기 때문입니다.

04 언제 return절을 사용하고 언제 print를 사용할까?

함수를 생성하면서 함수 안에서 만들어진 값을 내보내는 경우에는 print를 사용할 수도 있고 return절을 사용할 수도 있는데요. 이전 예제에서 만든 구구단 함수처럼 반복문에 의해 여러 개의 값을 출력할 경우에는 print를 사용해야 합니다. 그런데 다음과 같은 경우에는 return절을 사용해야 합니다.

다음 2개의 함수 생성문을 비교해 보면 알 수 있습니다. 왼쪽에 생성한 함수는 print를 사용한 경우, 오른쪽에 생성한 함수는 return절을 사용한 경우입니다.

print를 사용한 경우	return절을 사용한 경우

def gugu_dan(num):
  a = 1
  while a < 10:
    print (num, ' x ', a, ' = ', num*a)
    a = a + 1
gugu_dan(3)
	def gugu_dan(num):
	  a = 1
	  while a < 10:
	    return (num, ' x ', a, ' = ', 3*a)
	    a = a + 1
	gugu_dan(3)

실행 결과	실행 결과
3 x 1 = 3 3 x 2 = 6 3 x 3 = 9 3 x 4 = 12 3 x 5 = 15 3 x 6 = 18 3 x 7 = 21 3 x 8 = 24 3 x 9 = 27	(3, ' x ', 1, ' = ', 3)

그림 7-4

위의 경우 중 왼쪽 print는 while 반복문이 반복되면서 print가 반복 수행돼 실행 결과로 구구단 3단 전체가 제대로 출력됐습니다. 반면, 오른쪽 return절의 경우에는 반복문이 수행될 때 맨 처음에 수행되는 하나의 값만 리턴하고 출력합니다. 그래서 3단 전체를 모두 출력하지 못하고 하나만 출력하고 끝났습니다. 그래서 함수 안에서 반복문에 의해 반복되는 값을 출력해야 한다면 return을 사용하면 안 되고 print를 사용해야 합니다. 그런데 함수 생성 시 print가 아니라 return절을 사용해야 하는 경우가 있는데요. print를 사용한 경우와 return절을 사용한 경우를 비교해 보세요.

print를 사용한 경우	return절을 사용한 경우
`def gob_print(a,b):` `  print (a*b)`	`def gob_return(a,b):` `  print (a*b)`
`result1 = gob_print(2,3)` `print( result1 + 10 )`	`result1 = gob_return(2,3)` `print( result2 + 10 )`
실행 결과	**실행 결과**

16
`TypeError                Traceback (most recent call last)`
`~WAppDataWLocalWTempWipykernel_14932W3145064363.py in <module>`
`      1 result2 = gob_print(2,3)`
`      2`
`----> 3 print (result2 + 10 )`
`TypeError: unsupported operand type(s) for +: 'NoneType' and 'int'`
	16

그림 7-5

왼쪽 print를 쓴 gop_print 함수는 출력을 해버리고 끝나기 때문에 result1 변수에 아무것도 반환하지 않습니다. gob_print(2, 3)을 실행할 때 print로 인해 숫자 6은 출력됐지만, result1에는 어떤 값도 반환되지 않았습니다. 그래서 print(result1 + 10)의 실행 결과로 에러 메시지가 출력됐습니다.

반면, 오른쪽 gob_return(2, 3)의 경우에는 print가 아니라 return절로 함수를 생성했기 때문에 gob_retrun(2, 3)을 수행하면 계산된 값이 result2에 할당됩니다. 그래서 result2에 숫자 6이 할당될 수 있었고 10과 덧셈이 가능해졌습니다. 결과적으로 16이 출력됐습니다.

함수 내에 반복문이 사용되는 경우, 반복되는 값을 출력해야 한다면 print를 사용하세요. 만약, 함수에서 계산된 값을 반환해 또 다른 계산을 해야 한다면 return절을 사용하면 됩니다.

지역 변수와 전역 변수

● 스타벅스 매장 내의 머그컵은 밖으로 가져갈 수 없다, 지역 변수

변수는 자신이 생성된 범위(코드 블록) 안에서만 유효합니다. 함수 안에서 만든 변수는 함수 안에서 살아 있다가 함수 코드의 실행이 종료되면 그 생명(?)을 다하는데, 이를 '**지역 변수**'라고 합니다. 이와 반대로 함수 외부에서 만든 변수는 프로그램이 살아 있는 동안 함께 살아 있다가 프로그램이 종료되면 함께 소멸됩니다. 이렇게 프로그램 전체를 유효 범위로 갖는 변수를 '**전역 변수**'라고 합니다.

지역 변수	전역 변수

def StarBucks(): 함수 안에서 생성 !
    mug_cup ='Americano' **# 지역 변수**
    return **mug_cup**
	tumbler ='water' **# 전역 변수** 함수 밖에서 생성 !
	def StarBucks():
	    global tumbler
	    tumbler ='Americano'
	    return **tumbler**

그림 7-6

예를 들어 프랜차이즈 커피점인 **스타벅스**를 **함수**, 스타벅스 매장 내에서 사용하는 **머그컵**을 **변수**라고 가정해 보겠습니다.

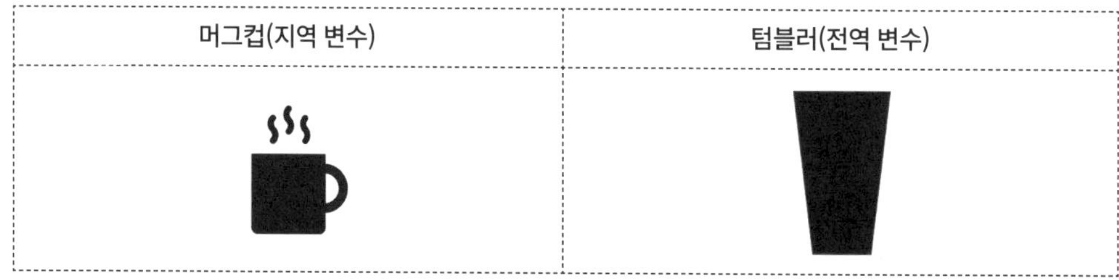

그림 7-7

스타벅스 매장 내에서 사용하는 머그컵은 스타벅스 밖으로 가져갈 수 없습니다. 즉, 스타벅스 내에서만 사용할 수 있습니다. 이 머그컵이 **지역 변수**입니다. 그런데 개인용 텀블러가 있다고 가정해 보겠습니다. 이 텀블러는 **전역 변수**입니다. 스타벅스 내에서도 사용할 수 있고 외부에서도 사용할 수 있습니다.

스타벅스 함수를 만들어 확인해 보겠습니다.

 # 예제 7

```
tumbler ='water'            # 전역 변수

def  StarBucks( ):
    mug_cup ='Americano'   # 지역 변수
    return  mug_cup

print(mug_cup)
```

```
----> 8 print(mug_cup)

NameError: name 'mug_cup' is not defined
```

1 함수 밖에서 따로 선언된 변수는 **전역 변수**입니다. tumbler 전역 변수에 water를 담습니다.

4 StarBucks 함수 내에서 생성된 mug_cup은 **지역 변수**입니다. 지역 변수 mug_cup에 Americano를 담습니다

7 Starbucks 함수 내에 사용한 mug_cup은 함수 밖에서 사용할 수 없습니다. 따라서 에러가 발생했습니다. 즉, 함수 내에서 생성된 지역 변수는 함수 밖에서 사용할 수 없습니다.

이번에는 전역 변수인 텀블러를 스타벅스 함수 안으로 갖고 들어가 보겠습니다

예제 8

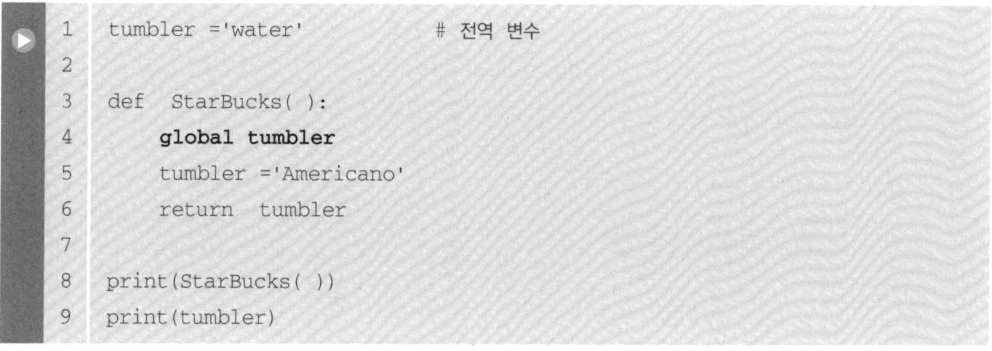

```
1  tumbler ='water'            # 전역 변수
2
3  def  StarBucks( ):
4      global tumbler
5      tumbler ='Americano'
6      return  tumbler
7
8  print(StarBucks( ))
9  print(tumbler)
```

```
Americano
Americano
```

4 전역 변수 tumbler를 Starbucks 함수 내에서 사용하겠다고 선언합니다. 전역 변수를 함수 내에서 사용하려면 global이라는 키워드를 앞에 붙여야 합니다.

5 tumbler에 Americano를 할당합니다.

8 StarBucks 함수를 실행합니다. Americano가 출력됐습니다.

9 tumbler에는 원래 water가 담겨 있었는데, Starbucks 함수가 실행되면서 Americano가 담겼습니다. 그래서 그 수행 결과로 Americano가 출력됐습니다.

이번에는 텀블러를 들고 스타벅스에 들렀다가 블루보틀(Bluebottle)로 가 보겠습니다.

예제 9

```
1  tumbler ='water'     # 전역 변수
2
3  def  StarBucks( ):
4      global tumbler
5      tumbler ='Americano'
6      return  tumbler
7
8  def BlueBottle( ):
9      global tumbler
10     tumbler='Cappuccino'
11     return tumbler
12
13 print(StarBucks( ))
14 print(BlueBottle( ))
15 print(tumbler)
```

```
Americano
Cappuccino
Cappuccino
```

8 `BlueBottle( )` 함수를 생성합니다.

9 전역 변수 tumbler를 사용하겠다고 선언합니다.

10 tumbler에 'Cappuccino'를 담습니다.

11 tumbler의 값을 리턴합니다.

15 마지막에 `BlueBottle( )` 함수를 실행했으므로 tumbler에 Cappuccino가 담기게 됩니다. 전역 변수 tumbler를 출력해 보면 Cappuccino가 출력됩니다.

이렇게 전역 변수는 global 키워드만 사용하면 어느 함수에서든 사용할 수 있습니다.

● 스타벅스 카페라떼의 맛은 어디서나 동일하다, 전역 변수

전역 변수가 필요한 이유는 무엇일까요? 어떤 함수에서 사용하든 절대로 변하지 않는 일관된 데이터가 필요할 때가 있기 때문입니다. 스타벅스를 예로 든다면 스타벅스 강남 매장과 종로 매장의 카페라떼 맛이 서로 똑같은 이유는 본사에서 정한 일관된 레시피를 따르기 때문입니다. 즉, 일관된 데이터를 전역 변수를 통해 여러 함수에 제공해 줍니다.

예제 10

```
1 espresso = 17.24
2 milk = 105.61
3
4 def  Gangnam_StarBucks( coffee_type, cup_size):
5     global espresso
6     global milk
7
8     if coffee_type =='카페라떼' and cup_size=='숏':
9         result = coffee_type + ' ' + str(1.5 * espresso + 2 * milk) + ' ml'
10
11     elif coffee_type =='카페라떼' and cup_size=='그란데':
12         result = coffee_type + ' ' + str(3 * espresso + 4 * milk) + ' ml'
13
14     return result
15
16
17 def  Jongro_StarBucks( coffee_type, cup_size):
18     global espresso
19     global milk
20
21     if coffee_type =='카페라떼' and cup_size=='숏':
22         result = coffee_type + ' ' + str(1.5 * espresso + 2 * milk) + ' ml'
23
24     elif coffee_type =='카페라떼' and cup_size=='그란데':
25         result = coffee_type + ' ' + str(3 * espresso + 4 * milk) + ' ml'
26
27     return result
28
29 print(Gangnam_StarBucks('카페라떼', '숏'))
30 print(Jongro_StarBucks('카페라떼', '숏'))
```

```
카페라떼 237.07999999999998 ml
카페라떼 237.07999999999998 ml
```

1~2 커피 제조에 필요한 전역 변수를 2개 선언합니다.

4 Gangnam_StarBucks 함수를 만듭니다. 입력받는 매개변수는 2개로, 하나는 커피 종류(coffee_ type), 다른 하나는 컵 사이즈(cup_ size)입니다.

5~6 전역 변수 espresso와 milk를 이 함수 내에서 사용하겠다고 선언합니다.

8 만약, 커피의 종류(coffee_type)가 '카페라떼'이고 컵 사이즈(cup_size)가 '숏'이라면

9 전역 변수 espresso에 할당된 17.24와 milk에 할당된 105.61을 사용해 산술 연산을 합니다. 그리고 결과를 문자(str)로 변환합니다. 문자로 변환하는 이유는 계산된 숫자의 앞과 뒤에 문자를 붙이기 위해서입니다. 계산된 값의 앞에는 coffee_type, (+) 뒤에는 'ml'을 붙입니다. 그리고 그 수행 결과를 result에 담아 냅니다.

11~12 만약, 커피의 종류(coffee_type)가 '카페라떼'이고 컵 사이즈(cup_size)가 '그란데'라면 '숏'보다 많은 용량으로 산술 연산하기 위해 4를 곱합니다. 그리고 곱한 값을 문자로 변환한 후 앞뒤로 coffee_type과 ml을 붙여 result에 담아 냅니다.

17 `Jongro_StarBucks` 함수를 생성합니다. 입력받는 매개변수는 `Gangnam_StarBucks` 함수와 똑같이 커피의 종류(coffee_type), 다른 하나는 컵 사이즈(cup_size)입니다.

18~19 전역 변수 espresso와 milk를 이 함수 내에서 사용하겠다고 선언합니다.

21~25 8~12번 라인의 설명과 동일합니다.

이렇게 전역 변수를 사용하면 강남 스타벅스의 함수에서든, 종로 스타벅스의 함수에서든 같은 레시피로 음료를 만들 수 있게 됩니다.

전역 변수는 이름 그대로 **모든 함수에서 전역적으로 사용할 수 있는 변수**입니다. 모든 함수에서 공통적으로 사용해야 하는 데이터가 있는데, 이 데이터가 어디에 쓰이든 절대로 차이가 나서는 안 된다면 전역 변수로 사용하는 것을 권장합니다.

함수의 활용

● 키오스크! 노동의 종말의 시작

"피곤을 모르는 기계들이 인간의 직업을 빼앗고 있습니다."

미래학자 제레미 리프킨이 그의 저서 『노동의 종말』에서 한 말입니다.

그는 과학 기술의 발전으로 다양한 영역에서 인간이 하던 일의 많은 부분이 기계로 대체될 것이라고 예견했습니다. 그의 예견은 현실화돼 실제로 패스트푸드점, 카페, 식당, 병원, 공공 기관 등에서 사람이 하던 일을 키오스크가 대신하고 있습니다. 기계가 대체하지 못한 영역은 아직 사람이 하고 있지만, 이 자리도 언젠가 기계가 대신할지 모릅니다. 특히, 사람들이 기피하는 일은 기계가 대신하게 될 것입니다. 기피하는 일 중에는 위험한 일도 있지만, 단순한 일을 반복해야 하는 일도 있습니다.

키오스크 업계 관계자는 키오스크 한 대는 인건비 1.5명을 절감하는 효과가 있다고 합니다.

이번에는 키오스크를 함수로 만들어 보겠습니다. 자전거 대여 키오스크를 만들어 볼 텐데요. 다음 가격 이미지를 파이썬 화면에 출력되도록 해 보겠습니다. 다음 이미지는 이 책의 예제에서 다운로드한 실습 폴더의 'bc.png'입니다. 이 이미지를 C 드라이브의 data 폴더 밑에 저장하세요.

그림 7-8

그런 다음 `show_img( )` 함수를 생성하고 호출해 이미지가 주피터 노트북에서 보이는지 확인하세요.

예제 11

```
def show_img( ):
    import  PIL.Image  as  pilimg
    import  matplotlib.pyplot  as  plt

    im = pilimg.open("c:\\data\\bc.png")
    plt.imshow(im)

    ax = plt.gca( )  # x, y축 안나오게 하는 방법
    ax.axes.xaxis.set_visible(False)
    ax.axes.yaxis.set_visible(False)

    plt.show( )

show_img( )
```

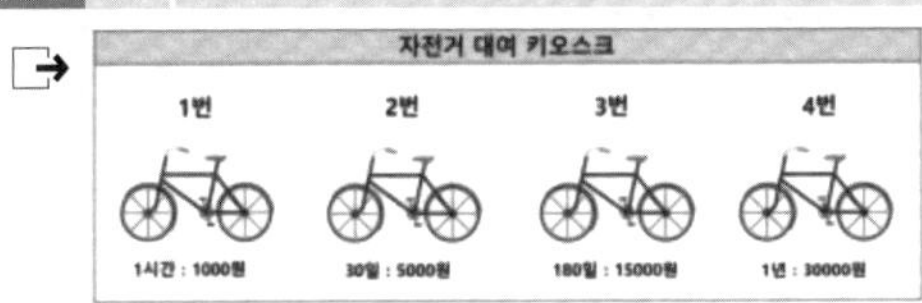

그림 7-9

1 shpw_img( )라는 이름으로 함수를 생성합니다. 입력값은 받지 않은 함수입니다.

2 PIL 패키지 안에 있는 lmage 모듈을 이 코드에서 사용하겠다고 합니다. 사용하기 좋도록 별칭을 부여해 as 다음에 나오는 pilimg라는 이름으로 이 코드에서 사용하겠다고 지정합니다. 이 모듈은 os의 이미지를 파이썬에서 시각화하기 위한 것입니다.

3 matplotlib 패키지의 pyplot 모듈을 이 코드에서 사용하겠다고 지정합니다. 사용하기 좋도록 별칭을 부여해 as 다음에 나오는 문장인 plt로 사용하겠다고 합니다.

5 pilimg 모듈의 `open` 함수를 이용해 C 드라이브 밑의 data 폴더 밑에 있는 bc.png 그림 파일을 불러와 im 변수에 넣습니다.

6 plt 모듈의 `imshow( )` 함수를 이용해 im을 시각화합니다.

8 시각화할 결과에서 x축과 y축이 출력되지 않도록 plt 모듈의 축에 관련 설정을 할 수 있는 gca( )를 불러와 ax라고 지정합니다.

9 x축이 안 보이게 지정합니다.

10 y축이 안 보이게 지정합니다.

12 `show_img( )` 함수를 실행합니다.

위에서 만든 `show_img( )` 함수의 코드를 이용해 다음 이미지도 화면에 출력되게 하세요. 다음 이미지는 실습 폴더에 price.png라는 이름으로 저장돼 있습니다. 이 이미지는 다음과 같이 이용권의 가격과 번호를 입력하라는 의미입니다.

이 책의 실습 예제에서 price.png를 복사해 C 드라이브의 data 폴더 밑에 저장하세요.

```
1시간 이용권은 1000원입니다. 1시간을 이용하시려면 1번을 입력해 주세요.
30일 이용권은 5000원입니다. 30일을 이용하시려면 2번을 입력해 주세요.
180일 이용권은 15000원입니다. 180일을 이용하시려면 3번을 입력해 주세요.
1년 이용권은 30000원입니다. 1년을 이용하시려면 4번을 입력해 주세요.
```

그림 7-10

예제 12

```
1  def show_price( ):
2      import PIL.Image as pilimg
3      import matplotlib.pyplot as plt
4
5      im = pilimg.open("c:\\data\\price.png")
6      plt.imshow(im)
7
8      ax = plt.gca( )
9      ax.axes.xaxis.set_visible(False)
10     ax.axes.yaxis.set_visible(False)
11
12     plt.show( )
13
14 show_price( )
```

```
1시간 이용권은 1000원입니다. 1시간을 이용하시려면 1번을 입력해 주세요.
30일 이용권은 5000원입니다. 30일을 이용하시려면 2번을 입력해 주세요.
180일 이용권은 15000원입니다. 180일을 이용하시려면 3번을 입력해 주세요.
1년 이용권은 30000원입니다. 1년을 이용하시려면 4번을 입력해 주세요.
```

그림 7-11

5 C 드라이브의 data 폴더 밑에 price.png 파일을 불러와 im 변수에 넣습니다.

8~10 8~10번 라인의 코드를 지정하지 않으면 x축과 y축이 보이면서 다음과 같이 출력됩니다.

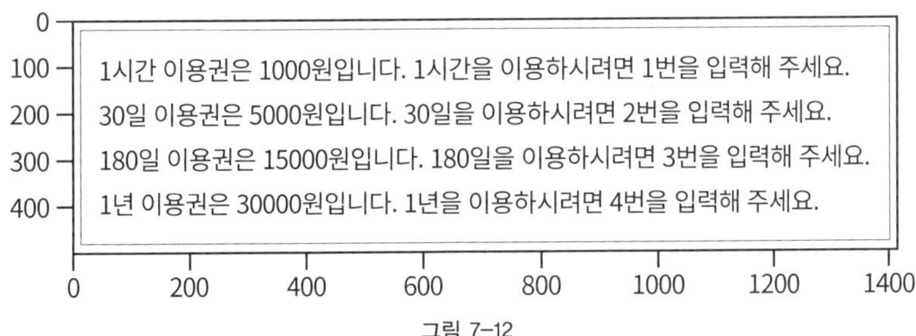

그림 7-12

깔끔하게 보이도록 축을 제거해서 출력합니다. 이번에는 번호를 선택하는 함수를 만들어 보겠습니다. 함수명은 `select_num( )`으로 지정하겠습니다.

예제 13

```
1   def select_num( ):
2
3       num = int( input('선택하신 번호를 입력하세요 ') )
4
5       if num == 1:
6           print('  ')
7           print( '1시간 이용권을 선택하셨습니다')
8       elif num == 2:
9           print('  ')
10          print( '30일 이용권을 선택하셨습니다')
11      elif num == 3:
12          print('  ')
13          print( '180일 이용권을 선택하셨습니다')
14      elif num == 4:
15          print('  ')
16          print( '1년 이용권을 선택하셨습니다')
17
18      return  num
19
20  select_num( )
```

```
선택하신 번호를 입력하세요 [          ]
```

그림 7-13

3 '선택하신 번호를 입력하세요.'라는 메시지를 출력한 후 입력받은 숫자를 num이라는 변수에 넣습니다. 이때 입력받은 숫자는 문자로 받아지므로 `int` 함수를 이용해 숫자로 변환합니다.

5 만약, num 변수의 값이 1이라면

6 조금 여유 있게 출력하기 위해 공백 한 라인을 넣습니다.

7 '1시간 이용권을 선택하셨습니다.'라는 메시지를 출력합니다.

8~16 나머지 2, 3, 4번을 넣었을 때의 메시지 처리도 이와 동일한 방법으로 지정합니다.

20 `select_num( )` 함수를 실행합니다.

'선택하신 번호를 입력하세요'라고 물어보고 있는 네모 박스에 숫자 **1**을 입력한 후 Enter을 누르세요.

이번에는 결제 관련 함수를 payment라는 이름으로 생성해 보겠습니다.

예제 14

```
1  def payment(num):
2      card = input('결제하실 카드를 카드 투입구에 넣어 주세요 ')
3  
4      price = ['1000원', '5000원', '15000원', '30000원']
5  
6      if  card=='입력':
7          print('                    ')
8          print(price[num-1],'결제가 완료됐습니다.')
9  
10     else:
11         print('결제가 되지 않았습니다. 결제하실 카드를 다시 카드 투입구에 넣어 주세요')
12 
13 payment(3)
```

```
결제하실 카드를 카드 투입구에 넣어주세요
입력
```

그림 7-14

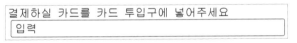

1 input 함수는 "결제하실 카드는 카드 투입구에 넣어 주세요."라는 메시지를 출력합니다. 네모 박스에 값을 '입력'이라고 적고 Enter를 누르면 '입력'이라는 문자가 card 변수에 담기게 됩니다.

```
결제하실 카드를 카드 투입구에 넣어주세요
입력
```

그림 7-15

4 price라는 이름으로 가격 4개를 리스트의 요소로 구성합니다.

6 만약, card라는 변수의 값이 '입력'이라면

7 공백 한 라인을 출력합니다. 이렇게 하면 결과를 출력할 때 메시지들이 위아래로 맞붙지 않아 여유가 있어 보입니다.

8 payment 함수를 실행할 때 입력받은 번호(num)에서 1을 뺀 숫자는 price 리스트의 해당 가격 자리 번호(인덱스 번호)입니다. price[num-1]로 '해당 가격을 출력하면서 결제가 완료됐습니다.'라는 메시지를 출력합니다.

10 만약, '입력'이 입력되지 않았다면

11 '결제가 되지 않았습니다. 결제하실 카드를 다시 투입구에 넣어 주세요.'라는 메시지를 출

력합니다.

13 payment(3)으로 실행하면 함수를 실행할 때 숫자 3을 넣어 실행했으므로 **입력**을 네모 박스에 입력했다면 그 결과로 '**15000원이 결제가 완료됐습니다.**'가 출력됩니다.

그럼 지금까지 만든 함수 4개를 조립해 키오스크를 작동시켜 보겠습니다.

예제 15

```


while True:

    show_img( )
    show_price( )
    num = select_num( )
    print('    ')
    payment(num)
```

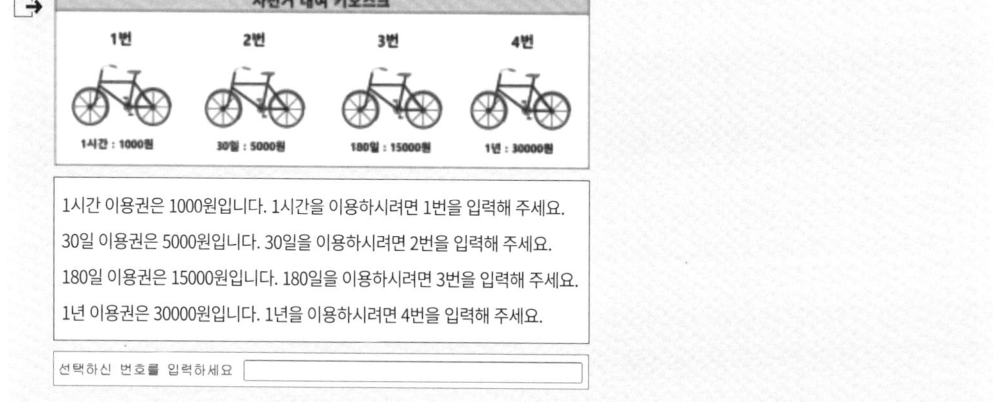

그림 7-16

1 while True는 무한 반복을 수행한다는 뜻입니다. while True 다음에 나오는 코드를 무한 반복합니다.

3 자전거 이미지를 출력하는 함수를 실행합니다.

4 자전거 대여 가격 이미지를 출력하는 함수를 실행합니다.

5 번호를 선택하게 하는 메시지를 출력하게 하고 입력받은 값을 리턴 함수인 `select_num( )` 함수를 호출하고 리턴한 숫자를 num 변수에 담습니다.

6 빈 공간 라인을 출력합니다.

7 결제하는 함수인 payment에 입력값 **num**을 입력한 후 결제를 진행합니다.

그럼 실행해 보세요. '**선택하신 번호를 입력하세요.**'라고 물어보면 숫자 1과 4 중에서 선택해 입력하고 '**결제하실 카드를 카드 투입구에 넣어 주세요.**'라는 메시지가 나오면 '입력'을 네모 박스에 넣어 주세요.

잘 수행되면 중지 버튼[■]을 눌러 무한 루프를 종료하세요.

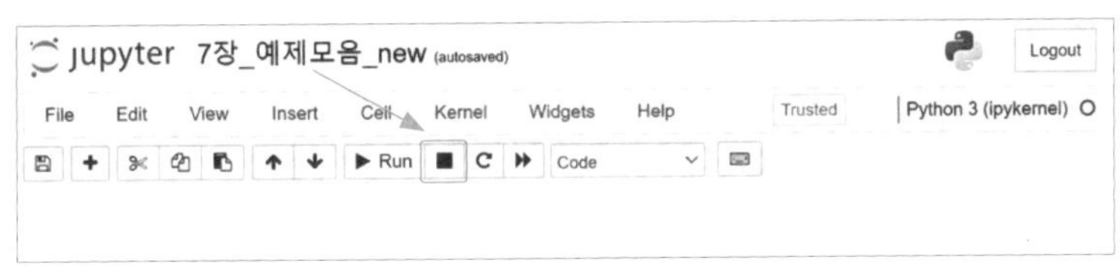

그림 7-17

지금까지 함수 4개를 이용해 자전거 키오스크를 만들어 봤습니다.

여기서 만든 함수 4개의 기능은 모두 하나입니다. `show_img( )` 함수, `show_price( )` 함수는 이미지를 출력하는 기능을 수행합니다. `select_num( )`은 번호를 물어보는 함수, `payment( )`는 결제를 진행하는 함수입니다. 이렇게 함수를 생성할 때 기능을 하나씩만 수행하도록 만들면 나중에 이 함수를 재사용하기가 쉽습니다.

이렇게 함수는 특정 기능을 수행하는 코드의 모음입니다. 어떤 기능을 구현하고 싶을 때 꺼내 쓰기 좋으려면 함수로 만들어 두는 것이 편리합니다.

자, 그럼 함수 생성 시 항상 염두에 둬야 할 사항을 두 가지로 정리해 보겠습니다.

1. 함수의 기능은 하나여야 한다.
2. 함수는 재사용할 수 있어야 한다.

함수는 가능한 한 기능이 하나여야 합니다. 장난감 레고를 생각해 보세요. 우리가 레고를 조립할 때도 레고 조각 하나의 기능은 하나입니다. 기능이 여러 개면 어디에 써야 할지 몰라 망설이게 되겠죠. 그리고 한 번만 사용하고 말 가능성이 높아집니다. 그런데 **함수는 나중에 재사용할 수 있어야 합니다.** 한 번만 사용하는 함수가 아니라 나중에 재사용할 수 있는 함수로 만들어야 합니다.

그런데 위 4개의 함수 중 show_img( )와 show_price( )의 기능이 중복됩니다. 이 두 함수는 출력되는 이미지만 다를 뿐, 이미지를 출력하는 공통된 실행 코드를 갖고 있습니다. 이미 같은 기능의 함수가 있었는데 재사용하지 못하고 새로 만들었습니다.

따라서 show_img( ) 함수 하나만 사용해도 되도록 show_img( ) 함수를 다시 만들어 보겠습니다.

예제 16

```
1   def show_img(image):
2       import PIL.Image as pilimg
3       import matplotlib.pyplot as plt
4   
5       im = pilimg.open(image)
6       plt.imshow(im)
7   
8       ax = plt.gca( )  # x, y축 안나오게 하는 방법
9       ax.axes.xaxis.set_visible(False)
10      ax.axes.yaxis.set_visible(False)
11  
12      plt.show( )
13  
14  img1='c:\\data\\bc.png'
15  show_img(img1)
```

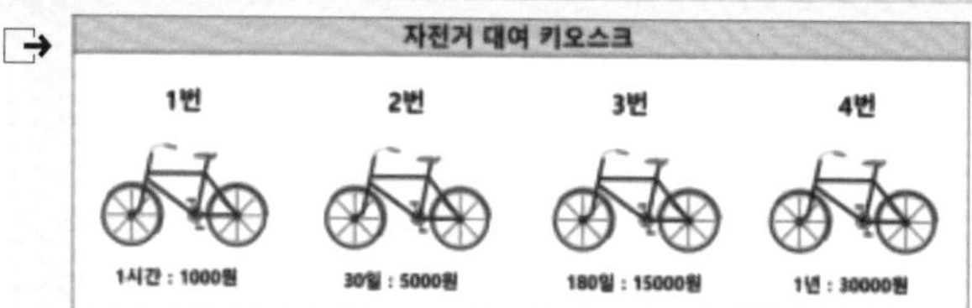

그림 7-18

1, 5 먼저 show_img 함수가 이미지의 위치 정보를 입력받을 수 있도록 image라는 입력 매개변수를 받을 수 있도록 합니다. 그러면 show_img는 이미지의 위치 경로만 입력받기만 하면 어떤 이미지도 출력할 수 있는 상태가 됩니다.

다음과 같이 다시 키오스크를 실행해 보겠습니다.

예제 17

```
1   img1='c:\\data\\bc.png'
2   img2='c:\\data\\price.png'
3
4   while True:
5
6       show_img(img1)
7       show_img(img2)
8       num = select_num( )
9       print('   ')
10      payment(num)
```

1시간 이용권은 1000원입니다. 1시간을 이용하시려면 1번을 입력해 주세요.
30일 이용권은 5000원입니다. 30일을 이용하시려면 2번을 입력해 주세요.
180일 이용권은 15000원입니다. 180일을 이용하시려면 3번을 입력해 주세요.
1년 이용권은 30000원입니다. 1년을 이용하시려면 4번을 입력해 주세요.

선택하신 번호를 입력하세요

그림 7-19

1 img1 변수에 'c:\\data\\bc.png'를 할당합니다.

2 img2 변수에 'c\\data\\price.png'를 할당합니다.

6 show_img 함수에 img1을 입력해 bc.png 이미지를 출력합니다.

7 show_img 함수에 img2를 입력해 price.png 이미지를 출력합니다.

show_img 함수만 있으면 되고 show_price 함수는 필요 없어졌습니다.

지금 수정한 show_img 함수처럼 함수는 만들 때부터 재사용이 가능한 상태로 만들어야 합니다. 이렇게 하면 불필요하게 코딩을 길게 할 필요가 없고 단순하고 간결하게 코딩할 수도 있습니다. show_img는 이 자전거 키오스크뿐 아니라 다른 코드에서도 사용할 수 있는 함수입니다.

나중에 이미지를 변경할 때도 함수의 코드를 건드릴 필요가 없고 1번 라인과 2번 라인의 변수에 변경된 이미지가 있는 경로만 변경해 주면 됩니다.

이렇게 함수를 생성해 놓으면 계속 코드가 저축되면서 나중에는 어떤 업무가 들어오든 프로그래밍을 쉽게 할 수 있게 됩니다.

이렇게 함수의 기능은 가능한 한 **하나**여야 하고 나중에 **재사용할 수 있도록** 생성해야 합니다.

메모하세요

08 PART

예외 처리

"영리한 사람은 문제를 해결하고 현명한 사람은 그 것을 피해간다."

– 알버트 아인슈타인(Albert Einstein)

01 개발자의 방어기제, exception

프로그램을 모두 완성한 후 실행하다 보면 뜻하지 않은 오류가 발생할 수 있습니다. 이는 코드를 잘못 작성해 발생한 오류가 아니라 프로그램에 입력되는 데이터 때문에 발생한 오류입니다.

사람도 음식을 잘못 먹으면 탈이 나듯이 프로그램도 이와 마찬가지입니다. 잘못된 데이터를 입력하면 그 기능을 제대로 수행하지 못합니다. 이때 필요한 것이 '**예외 처리**'입니다.

어떤 경우인지 살펴보겠습니다.

다음은 2개의 숫자를 각각 물어보게 한 후 나누기를 하는 함수입니다.

예제 1

```
def  my_devide( ):
    x = input('분자의 숫자를 입력하세요 ~ ')
    y = input('분모의 숫자를 입력하세요 ~ ')
    return  int(x) / int(y)

print(my_devide( ))
```

```
분자의 숫자를 입력하세요 ~ 10
분모의 숫자를 입력하세요 ~ 2

5.0
```

1 my_devide( )라는 이름으로 함수를 생성합니다.

2 '분자의 숫자를 입력하세요~'라는 메시지를 출력한 후 입력받은 값을 x 변수에 할당합니다.

3 '분모의 숫자를 입력하세요~'라는 메시지를 출력한 후 입력받은 값을 y 변수에 할당합니다.

4 input 함수를 이용해 입력받은 값 10은 문자형 형태로 변수 x에 할당됩니다. 나누기를 진행하려면 숫자형이어야 하므로 int 함수를 이용해 숫자형으로 변환합니다. 분모의 값을 입력받은 y 값도 숫자형으로 변환한 후 나누기를 진행합니다.

5 my_devide( ) 함수를 실행합니다.

결과로 5.0이 출력됐습니다. 수행이 잘됩니다.

이번에는 my_devide( ) 함수를 실행할 때 분모의 숫자에 0을 대입해 보겠습니다.

```
# 예제 2
def  my_devide( ):
    x = input('분자의 숫자를 입력하세요 ~ ')
    y = input('분모의 숫자를 입력하세요 ~ ')
    return  int(x) / int(y)

print(my_devide( ))
```

```
분자의 숫자를 입력하세요 ~ 10
분모의 숫자를 입력하세요 ~ 0

ZeroDivisionError: division by zero
```

그러면 위와 같이 에러가 나면서 잘 수행되지 않습니다.

위 경우에는 프로그램 코드에 오류가 있는 것이 아니라 입력되는 데이터에 있는 것입니다. 이 함수를 만든 작성자와 이 함수를 사용하는 사용자가 서로 다른 사람이라고 가정해 보겠습니다. 사용하는 사람은 자신이 직접 이 함수를 만들지 않았기 때문에 이런 에러가 나면 코드상에 문제가 있다고 생각할 수 있습니다. 사실은 데이터 오류인데 말이죠. 10을 0으로 나눌 수 없으니까요.

개발자의 잘못이 아니라 사용자의 잘못입니다.

이 경우에 사용하는 **개발자의 방어기제**가 바로 '**예외 처리**'입니다.

파이썬에서는 try ~ except를 이용해 예외 처리를 합니다.

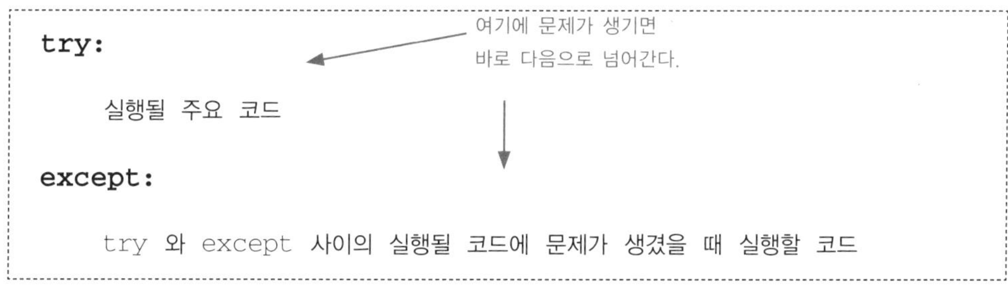

try:
여기에 문제가 생기면
바로 다음으로 넘어간다.
실행될 주요 코드
except:
try 와 except 사이의 실행될 코드에 문제가 생겼을 때 실행할 코드

그림 8-1

try 다음에 4칸 들여쓰기를 하고 실행될 주요 코드를 작성합니다. 만약, 어떤 문제로 인해 실행될 주요 코드에 문제가 생기면 except절 다음의 코드를 실행합니다.

나누기를 하는 프로그램에 예외 처리 코드를 추가해 보겠습니다.

예제 3

```
1  def  my_devide( ):
2      try:
3          x = input('분자의 숫자를 입력하세요 ~')
4          y = input('분모의 숫자를 입력하세요 ~')
5          return  int(x) / int(y)
6      except:
7          return  '잘못된 값을 입력했기 때문에 나누기를 할 수 없습니다.'
8
9  print(my_devide( ))
```

```
분자의 숫자를 입력하세요 ~10
분모의 숫자를 입력하세요 ~0

잘못된 값을 입력했기 때문에 나누기를 할 수 없습니다.
```

2~3 try와 except 사이에 2개의 숫자를 입력받아 나누기를 실행하는 실행 코드를 작성합니다.

6~7 try와 except 사이에 문제가 생겼을 때 except 다음의 실행문인 return절을 실행합니다.

잘못된 값을 입력했기 때문에 나누기를 할 수 없다는 메시지를 보여 줌으로써 사용자의 잘못을 상기시켜 줍니다.

숫자를 입력받아 제곱값을 출력하는 함수를 만들어 보겠습니다.

예제 4

```
def  gegop( ):
    num = int(input('숫자를 입력하세요 ~'))
    return  num ** 2

print(gegop( ))
```

```
숫자를 입력하세요 ~  2

4
```

1 gegop( )이라는 이름으로 함수를 생성합니다.

2 '숫자를 입력하세요~'라는 메시지를 출력한 후 값을 입력받아 숫자형으로 변환하고 변수 num에 할당합니다.

3 num에 할당된 숫자를 제곱해 리턴합니다.

5 gegop( ) 함수를 실행합니다.

이제 gegop( ) 함수를 실행한 후 다음과 같이 숫자 대신 문자 **a**를 입력해 보세요.

예제 5

```
def  gegop( ):
    num = int(input('숫자를 입력하세요 ~ '))
    return  num ** 2

print(gegop( ))
```

```
숫자를 입력하세요 ~ a ←

ValueError: invalid literal for int( ) with base 10: 'a'
```

그럼 위와 같이 에러가 발생합니다. 숫자를 입력해야 하는데 문자를 입력했기 때문입니다. 이 오류의 원인은 잘못된 코드가 아니라 입력되는 데이터입니다.

이런 경우, 예외 처리를 해야 합니다. 문자가 입력되면 오류가 발생하면서 프로그램을 종료시키지 말아야 합니다. 그 대신 '**잘못된 값을 입력하셨습니다.**'라는 메시지를 출력해 '사용자의 잘못'을 알려 줘야 합니다.

예제 6

```
1  def  gegop( ):
2      try:
3          num = int(input('숫자를 입력하세요 ~'))
4          return  num ** 2
5      except:
6          return  '잘못된 값을 입력했습니다. 숫자로 입력하셔야 합니다. '
7
8  print(gegop( ))
```

```
숫자를 입력하세요 ~a

잘못된 값을 입력했습니다. 숫자로 입력하셔야 합니다.
```

2~5 try와 except 사이에 문제가 없을 경우, 실행할 코드를 적습니다.

5~6 except 다음 라인의 try와 except 사이에 문제가 생겼을 때 실행할 코드를 적습니다.

에러가 발생하면서 프로그램이 종료되지 않고 예외 처리를 해 줬습니다. 이렇게 예외 처리는 데이터 오류로 인해 프로그램이 종료되지 않게 합니다.

02 개발자의 또 다른 방어기제, try ~ except ~ else

그런데 이렇게 예외 처리로 방어를 하다 보니 어떤 데이터를 입력하든 에러 메시지 없이 결과가 잘 출력됩니다. 그러다 보니 지금 작동되고 있는 상황이 그냥 정상적으로 작동되고 있는 것인지, 예외 처리로 인한 것인지가 불분명하게 느껴집니다.

이런 점 때문에 파이썬에서는 try ~ except 다음에 else절을 사용할 수 있게 해 줬는데요.

else절을 사용하면 다음과 같이 '**except절을 만나지 않았을 경우에 실행하는 코드 블록**'을 작성할 수 있습니다.

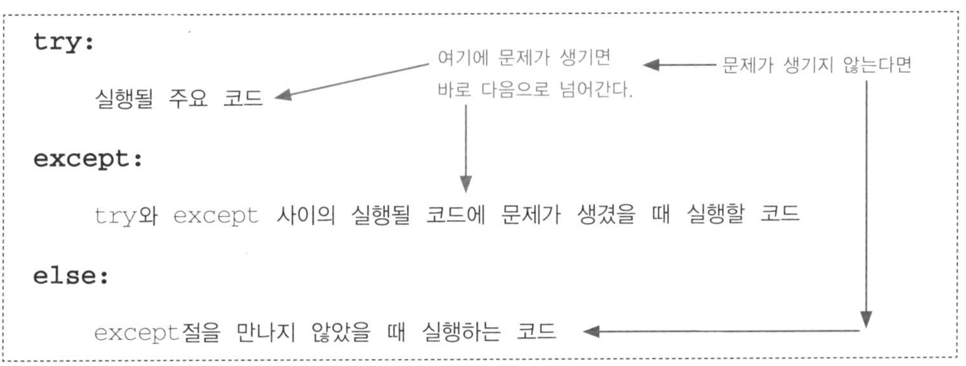
try:
실행될 주요 코드
여기에 문제가 생기면
바로 다음으로 넘어간다.
문제가 생기지 않는다면
except:
try와 except 사이의 실행될 코드에 문제가 생겼을 때 실행할 코드
else:
except절을 만나지 않았을 때 실행하는 코드

그림 8-2

else를 추가로 작성하면 try와 except 사이의 코드에 에러가 발생하지 않았을 때 else 이후의 문장을 실행합니다.

다음 코드를 실행해 보세요.

예제 7

```
1  try:
2      num = int(input('숫자를 입력하세요. ~'))
3      print(num ** 2)
4  except:
5      print('잘못된 값을 입력하셨습니다.')
6  else:
7      print('예외 처리가 아닙니다. 계산에 성공했습니다.')
```

```
숫자를 입력하세요 ~10
100
예외 처리가 아닙니다. 계산에 성공했습니다.
```

1~4 try와 except 사이에 숫자를 입력받아 제곱값을 출력하는 코드를 작성합니다.

5 try와 except 사이에 문제가 발생했을 때 실행할 코드를 작성합니다.

6~7 try와 except 사이에 문제가 발생하지 않았을 때 실행할 코드를 작성합니다.

여기까지 이해됐으면 다음 문제를 풀어 보세요.

문제 1

앞의 예제에서 작성한 `my_devide( )` 함수의 코드를 수정해 나누기를 성공적으로 수행하면 다음과 같은 결과가 출력되게 하시오.

```
my_devide( )

  분자를 입력하세요 ~  10
  분모를 입력하세요 ~   2

결과:
  5.0

성공적으로 나누기를 했습니다.
```

예제 8

```
1  def  my_devide( ):
2      try:
3          x =  input('분자의 숫자를 입력하세요 ~')
4          y =  input('분모의 숫자를 입력하세요 ~')
5          print(int(x) / int(y))
6      except:
7          print('잘못된 값을 입력했기 때문에 나누기를 할 수 없습니다.')
8      else:
9          print('성공적으로 나누기를 했습니다.')
10
11 my_devide( )
```

```
분자의 숫자를 입력하세요 ~10
분모의 숫자를 입력하세요 ~2
5.0
성공적으로 나누기를 했습니다.
```

2~6 try와 except 사이에 2개의 숫자를 각각 입력받아 나누기를 하는 코드를 작성합니다.

7 try와 except 사이에 문제가 발생했을 때 실행할 코드를 작성합니다.

9 try와 except 사이에 문제가 발생하지 않았을 때 실행할 코드를 작성합니다.

이렇게 해서 예외 처리가 발생하지 않았다는 것을 확실히 알 수 있게 됐습니다.

03 문제가 생기기 전에 문제를 만들지 않기, raise Exception

앞에서 데이터 오류로 인해 프로그램이 종료되지 않도록 예외 처리를 했습니다. 그런데 예외 처리가 꼭 프로그램을 종료시키지 않도록 하기 위해서만 사용하는 것은 아닙니다. 이와 반대로 프로그램을 일부러 종료시키기 위해서도 사용합니다.

지금까지의 코드로는 분모에 0이 들어가 문제가 된다는 것을 나누기를 직접 해 봐야 알 수 있었습니다. 그런데 나누기를 하기 전에 미리 손을 쓸 수는 없는 것일까요? 분모의 숫자 값을 저장하는 변수 y에 0이 입력되면 바로 예외 처리가 수행되도록 하고 싶습니다. 그러면서 뒤에 이어지는 코드들이 아예 실행되지 않게 하고 싶습니다. 예외 처리를 하는 또 다른 이유는 계산이 잘못되는 것을 막기 위해서입니다.

이번에는 아예 y 값에 숫자 0이 입력되면 바로 프로그램이 중단되면서 '**분모에 0을 입력했기 때문에 나누기를 할 수 없습니다.**'라는 메시지가 출력되도록 해 보겠습니다.

예제 9

```
def  my_devide( ):

    x =  input('분자의 숫자를 입력하세요. ~')
    y =  input('분모의 숫자를 입력하세요. ~')

    if  y == '0' :
        raise  Exception('분모에 0을 입력했기 때문에 나누기를 할 수 없습니다.')

    else:
        print( int(x) / int(y))
        print('성공적으로 나누기를 했습니다.')

my_devide( )
```

```
분자의 숫자를 입력하세요. ~10
분모의 숫자를 입력하세요. ~0

---------------------------------------------------------------------------
Exception                                 Traceback(most recent call
last)
<ipython-input-73-8ae620afabcf> in <module>
     10         print('성공적으로 나누기를 했습니다.')
     11
---> 12 my_devide( )

<ipython-input-73-8ae620afabcf> in my_devide( )
      4     y = int(input('분모의 숫자를 입력하세요. ~'))
      5     if y == 0 :
----> 6         raise  Exception('분모에 0을 입력했기 때문에 나누기를 할 수 없습니다.')
      7
      8     else:

Exception: 분모에 0을 입력했기 때문에 나누기를 할 수 없습니다.
```

3 '분자의 숫자를 입력하세요~'라는 메시지를 출력하고 입력받은 값을 x 변수에 할당합니다.

4 '분모의 숫자를 입력하세요~'라는 메시지를 출력하고 입력받은 값을 y 변수에 할당합니다.

6 만약, y에 할당된 값이 '0'이라면

7 '분모에 0을 입력했기 때문에 나누기를 할 수 없습니다.'라는 에러 메시지가 출력되면서 함수가 종료돼 버렸습니다. 만약, raise Exception 대신 print를 사용했다면 메시지는 출력하지만, 프로그램이 종료되지는 않았을 것입니다.

다음은 raise Exception 대신 print를 사용한 예제입니다.

예제 10

```
def  my_devide( ):

    x =  input('분자의 숫자를 입력하세요. ~')
    y =  input('분모의 숫자를 입력하세요. ~')

```

```
6         if  y == '0' :
7              print('분모에 0을 입력했기 때문에 나누기를 할 수 없습니다.')
8
9         else:
10             print( int(x) / int(y))
11             print('성공적으로 나누기를 했습니다.')
12
13   my_devide( )
```

```
분자의 숫자를 입력하세요. ~10
분모의 숫자를 입력하세요. ~0
분모에 0을 입력했기 때문에 나누기를 할 수 없습니다.
```

7 raise Exception을 사용하지 않고 print를 사용했더니 '분모에 0을 입력했기 때문에 나누기를 할 수 없습니다.'라는 메시지만 출력하고 에러가 발생하지 않았습니다.

9 여기서 else는 try ~ except절이 없기 때문에 try ~ except의 else가 아니라 if문의 else입니다. 만약, if문의 실행문이 실행되지 않았다면 else 다음의 문장을 실행합니다.

그렇다면 print와 raise Exception 중 어떤 것을 사용하는 것이 더 나을까요?

print는 뭔가 에러 없이 결과가 잘 수행되는 것 같아 결과가 깔끔해 보입니다. 반면, raise Exception은 y에 '0'이 들어오면 에러 메시지를 출력하면서 아예 프로그램을 종료시켜 버립니다. 공통점이 있다면 둘 다 9번 라인 이후로는 실행하지 않았다는 것입니다.

그런데 '0'은 뒤에서 계산될 print(int(x) / int(y)) 실행 오류의 원인입니다. **0**이 입력됨으로써 입력 이후에 벌어질 어떤 계산에 잘못된 영향을 미칠 것이 예상된다면 그냥 프로그램 자체를 종료시켜 버리는 것이 낫습니다. 잘못된 값으로 인해 앞으로 수행될 계산이 잘못되지 않도록 하기 위해서입니다.

지금은 이 코드가 짧지만, 만약 변수 x와 y에 값을 받은 이후 이뤄지는 계산이 매우 길고 복잡하다고 가정해 보겠습니다. 그리고 이 프로그램을 사용하는 곳이 1원의 오차도 있어서는 안 된다고 가정해 보겠습니다. **이 경우, 잘못된 값이 들어오면 그냥 프로그램을 종료시켜 버리고 아무것도 하지 않는 것이 낫습니다. 그래야만 나중에 계산이 틀릴 경우, 어디서 잘못 됐는지 찾기가 쉽기 때문입니다.**

print문도 9번 라인 이후를 실행하지는 않습니다. 그러나 raise Exception의 수행 결과처럼 코드상의 **어느 부분을 수행하다가 프로그램을 종료했다는 메시지를 보여 주는 것**처럼 확실하지는 않습니다.

다음은 raise Exception으로 코드를 작성한 후 분모에 **0**을 입력한 경우입니다.

```
<ipython-input-73-8ae620afabcf> in my_devide( )
      4     y = int(input('분모의 숫자를 입력하세요 ~'))
      5     if y == 0 :
----> 6         raise  Exception('분모에 0을 입력했기 때문에 나누기를 할 수 없습니다.')
      7
      8     else:

Exception: 분모에 0을 입력했기 때문에 나누기를 할 수 없습니다.
```

파이썬이 "저는 여기서 멈추고 더 이상 아무것도 수행하지 않았어요."라고 말하고 있습니다.

프로그램이 죽으면서 위와 같이 유서를 남겼습니다. 이보다 확실한 것은 없겠죠.

09 PART

클래스

“크게 성공한 사람은 그 성공에 비례할 만큼의 큰 노력이 숨어 있다.”

– 데이비드 로런스(David Lawrence)

01 하마터면 열심히 코딩할 뻔했다, class

프로그래머 A는 카드를 입력하면 총이 작동되는 프로그램을 만들어야만 했습니다. 충전된 카드를 총의 하단에 투입한 후 충전된 금액 내에서 쏠 수 있는 총입니다.

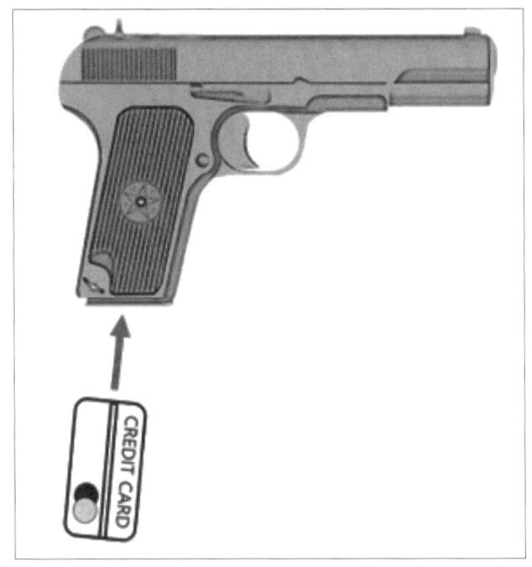

그림 9-1

프로그래머 A는 총에 대한 기능과 충전 카드에 대한 기능이 필요했습니다. 그래서 총이 작동되기 위한 여러 기능(함수)과 카드를 사용하기 위한 여러 기능(함수)을 만들었습니다.

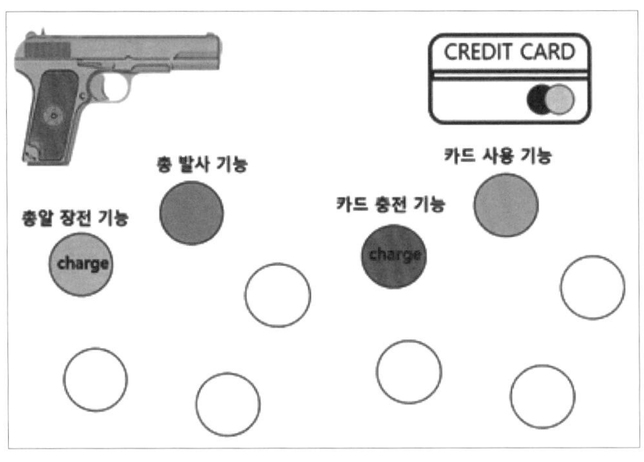

그림 9-2

프로그래머 A는 함수를 모두 완성한 후 함수를 사용해 총이 잘 발사되는지 테스트해 봤습니다. 그리고 큰 문제 없이 잘 작동되는지 확인했습니다.

그런데 이후 같은 기능의 총과 카드를 하나 더 만들어야 하는 일이 생겼습니다.

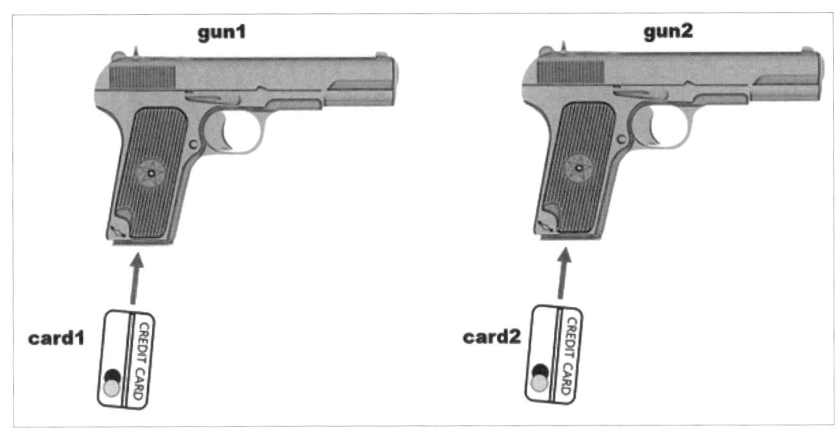

그림 9-3

그래서 기존 코드를 복사해 이름만 바꾸기로 했습니다.

총 gun1에 대한 함수들은 함수명 옆에 숫자 1, 총 gun2에 대한 함수들은 함수명 옆에 숫자 2를 붙이기로 했습니다.

gun1	gun2

def **charge1**(num):
  bullet = num
  print (bullet, '발이 장전되었습니다')
 	
def **shoot1**(num):
    for i in range(1, num+1):
      print('탕!')
	def **charge2**(num):
	  bullet = num
	  print (bullet, '발이 장전되었습니다')
	
	def **shoot2**(num):
	    for i in range(1, num+1):
	      print('탕!')

그림 9-4

그런데 얼마 지나지 않아 이런 총과 카드를 여러 개를 만들어야 하는 상황이 발생했습니다.

프로그래머 A는 같은 코드를 수십 번 반복해 복사와 붙여 넣기를 했습니다. 그리고 함수명을 일일이 변경했습니다.

gun1	......	gun2

def charge1(num):
  bullet = num
  print (bullet, '발이 장전되었습니다.')
 	
def shoot1(num):
  for i in range(1, num+1):
    print('탕!')
	......	def charge2(num):
		  bullet = num
		  print (bullet, '발이 장전되었습니다.')
		
		def shoot2(num):
		  for i in range(1, num+1):
		    print('탕!')

그림 9-5

상당한 시간을 들여 힘들게 코딩을 마친 프로그래머 A는 자신이 작성한 코드가 뭔가 비효율적이라는 생각이 들었습니다. 그리고 고심하게 됐습니다.

옆 자리에 A와 비슷한 일을 하고 있는 프로그래머 B는 처음부터 이 프로그램의 시작을 클래스로 설계했습니다. 그리고 새로운 총과 카드를 그냥 편하게 찍어 내고 있었습니다. 별로 힘들어 보이지 않는 B가 부러워 보였습니다. 그래서 B가 어떻게 했는지 살펴봤습니다.

프로그래머 B가 사용한 **클래스**가 무엇인지 알아보겠습니다.

먼저 총을 쏘는 함수를 생성해 보겠습니다.

예제 1

```
1  def shoot(num):
2      for i in range(1, num+1):
3          print('탕!')
4
5  shoot(3)
```

```
탕!
탕!
탕!
```

1 shoot이라는 이름으로 함수를 생성합니다.

2 for 반복문을 이용해 shoot 함수를 실행할 때 입력된 숫자 num의 개수만큼 반복문의 실행문을 반복시킵니다.

3 '탕!'이라는 문자를 반복 횟수만큼 출력합니다.

총알을 장전해 총을 쏠 수 있도록 charge라는 함수를 생성합니다.

예제 2

```
1  def  charge(num):
2      bullet = num
3      print ( bullet, '발이 장전됐습니다')
4
5  charge(3)
```

```
3발이 장전됐습니다
```

1 charge라는 이름으로 함수를 생성합니다.

2 입력된 num의 숫자 값을 bullet 변수에 할당합니다.

3 bullet 변수에 할당된 숫자 값을 출력합니다.

이렇게 두 가지 함수를 만들어 실행해 봤습니다. 그럼 이 2개의 함수를 모아 실행해 보겠습니다.

예제 3

```
def  charge(num):
    bullet = num
    print ( bullet, '발이 장전됐습니다.')

charge(2)

def  shoot(num):
    for  i  in  range(1, num+1):
        print('탕!')

shoot(3)
```

```
2발이 장전됐습니다.
탕!
탕!
탕!
```

이 두 함수는 서로 아무런 연관이 없어 보입니다. 총알을 2발을 장전했지만 3발이 발사되니까요.

각 함수는 함수 본연의 기능은 잘 수행하고 있습니다. 하지만 각각의 함수가 독립적으로 수행되면서 따로 작동되고 있습니다.

이 2개의 함수는 서로 데이터를 교환해야 합니다. 교환해야 할 데이터는 총알이 몇 발 장전돼 있느냐는 것입니다. 그래야만 `shoot` 함수가 총알을 장전한 만큼만 발사할 수 있으니까요.

그러려면 이 2개의 함수가 하나의 설계도 안에서 각각의 요소로 구성돼야 합니다.

파이썬은 이 설계도를 **클래스(class)**라고 합니다.

그러면 class 문법을 살펴보겠습니다.

예제 4

```
1   class  Gun( ):                                  # 총 설계도를 만듭니다.
2       def  charge( self,  num ):                  # 총알을 충전하는 함수입니다.
3           self.bullet = num                       # 총알을 num 숫자만큼 장전합니다.
4           print( self.bullet, '발이 장전됐습니다')
5
6       def  shoot( self, num ):                    # 총을 쏘는 함수입니다.
7           for  i  in  range( 1, num+1):           # 입력된 숫자만큼 반복합니다.
8               if  self.bullet > 0:                # 총알이 있다면
9                   print( '탕!' )                  # 한 발 쏩니다.
10                  self.bullet = self.bullet - 1       # 그리고 한 발 차감합니다.
11              elif  self.bullet == 0:             # 총알이 없다면
12                  print('총알이 없습니다.')        # 없다는 메시지를 출력하고
13                  break                           # loop문을 종료시킵니다.
```

1 총 설계도를 만듭니다. class로 시작한 후 클래스명을 적습니다. 클래스명의 첫 번째 철자를 대문자로 했는데, 강제 사항은 아니지만 가독성을 위해 대문자로 적습니다. 그 뒤에 나오는 괄호는 반드시 적어야 하는 문법입니다. 그런 다음 콜론(:)을 적습니다.

2 charge는 총알을 충전하는 함수입니다. 이 함수를 class에 메서드로 구성합니다. 메서드는 클래스 내에서 특정 기능을 수행하는 역할을 합니다. charge 메서드는 총이라는 전체 제품에서 충전하는 기능을 담당합니다. 그런데 클래스 밖에서 함수를 단독으로 만들었을 때와 달리, 'self'라는 키워드가 있습니다. 이 'self'가 매우 중요한데, 이 PART의 끝에서 설명하겠습니다.

3 self.bullet에 num의 값을 할당합니다. 이 self에 해당 제품의 이름이 들어갑니다.

gun1의 bullet이면 self.bullet이 gun1.bullet이 되고 gun2의 bullet이면 self.bullet이 gun2.bullet이 됩니다. 따라서 자기 자신의 총에만 총알이 장전되고 다른 총에는 장전되지 않습니다.

4 몇 발이 장전됐는지 출력합니다.

6 총을 쏘는 메서드를 생성합니다. 메서드는 함수입니다. 역시 이번에도 자기 자신의 총을 쏜다는 것을 명확하게 하기 위해 self를 입력 매개변수로 사용했습니다.

7 num에 입력된 숫자만큼 반복해서 loop문을 수행합니다.

8 만약, 자기 자신의 총알이 있다면

9 '탕!'이라는 문자를 출력합니다.

10 그리고 장전된 총알에서 한 발 차감합니다.

11 만약, 장전돼 있는 총알이 없다면

12 '총알이 없습니다.'라는 메시지를 출력합니다.

13 break문으로 반복문을 종료시킵니다.

이번에는 지금까지 만든 설계도로 총을 하나 만들어 보겠습니다.

\# 예제 5

```
1  gun1 = Gun( )
```

1 객체명 = 클래스명이라고 해서 Gun( ) 클래스로 gun1이라는 객체를 생성했습니다. 여기서 클래스와 객체는 설계도로 만든 제품입니다.

그러면 총알을 10발 충전해 보겠습니다.

\# 예제 6

```
1  gun1.charge(10)
```

```
10발이 장전됐습니다.
```

1 객체.메서드(10)처럼 객체명 다음에 점(.)을 찍은 후 메서드명을 적습니다. 객체는 제품이고 메서드는 그 객체 안에 들어가는 기능입니다.

10발을 장전했으므로 총을 쏴 보겠습니다.

예제 7

```
1  gun1.shoot(3)

탕!
탕!
탕!
```

1 gun1 객체의 shoot 함수를 이용해 총을 쏘면 됩니다.

잘되네요. 그럼 장전한 만큼만 쏠 수 있는지 테스트해 보세요.

예제 8

```
1  gun1.shoot(8)

탕!
탕!
탕!
탕!
탕!
탕!
탕!
총알이 없습니다.
```

앞에서 3발을 이미 쏘았고 또 8발을 쏘았으므로 마지막은 총알이 없다는 메시지가 출력됩니다. self.bullet이라는 변수를 통해 charge 함수에서 장전된 총알 만큼 shoot 함수에서 사용됐습니다.

이제 배운 내용을 바탕으로 문제를 풀어 보겠습니다.

문제 1

충전된 총에 총알이 몇 발 남았는지 총을 쏠 때마다 다음과 같이 출력되게 하시오.

```
gun1=Gun( )

gun1.charge(10)

gun1.shoot(2)
```

탕!

탕!

8발 남았습니다.

예제 9

```
1  class  Gun( ):                                   # 총 설계도를 만듭니다.
2      def  charge( self,  num ):                   # 총알을 충전하는 함수입니다.
3          self.bullet = num                        # 총알을 num 숫자만큼 장전합니다.
4          print( self.bullet, '발이 장전됐습니다')
5
6      def  shoot( self, num ):                     # 총을 쏘는 함수입니다.
7          for  i  in  range( 1, num+1):            # 입력된 숫자만큼 반복합니다.
8              if  self.bullet > 0:                 # 총알이 있다면
9                  print( '탕!' )                   # 한 발 쏩니다.
10                 self.bullet = self.bullet - 1    # 그리고 한 발 차감합니다.
11             elif  self.bullet == 0:              # 총알이 없다면
12                 print('총알이 없습니다.')          # 없다는 메시지를 출력하고
13                 break                            # loop문을 종료시킵니다.
14         print(  self.bullet, '발 남았습니다.')
```

14 print를 사용해 총알이 몇 발 남았는지 출력합니다. 이때 print 함수의 위치는 for문이 모두 수행되고 나서 수행될 수 있도록 for문과 위치를 똑같이 맞춰 줍니다.

이제 설계도로 총을 만든 후 총알을 10발 장전해 보겠습니다.

예제 10

```
gun1=Gun( )
gun1.charge(10)
```

```
10발이 장전됐습니다.
```

총을 쏴 보고 남은 총알이 몇 발 남았는지 확인합니다.

예제 11

```
gun1.shoot(2)
```

```
탕!
탕!
8발 남았습니다.
```

잘 작동되네요.

이제 클래스를 생성할 때 적었던 self가 무엇인지 설명하겠습니다. 우리가 총 설계도를 모두 만들고 나면 이 설계도로 개별적인 '제품'들을 생성할 것인데, 다음과 같이 총의 이름을 달리 해 제품을 여러 개를 찍어 낼 수 있습니다.

예제 12

```
1  gun1 = Gun( )
2
3  gun2 = Gun( )
4
```

1 Gun( ) 클래스(설계도)로 gun1이라는 이름의 '제품'을 생성했습니다.

3 Gun( ) 클래스(설계도)로 gun2라는 이름의 '제품'을 생산했습니다.

이 gun1과 gun2는 같은 설계도로 만들었지만 서로 다른 제품입니다. self가 별도의 제품이라는 것을 명확히 해 주는 역할을 합니다.

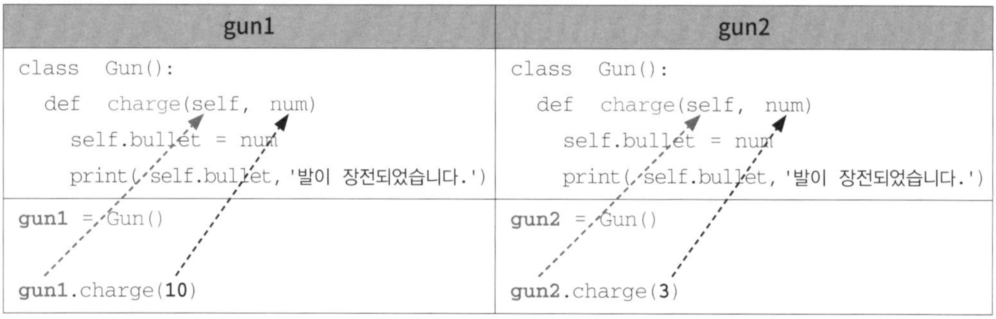

gun1	gun2

class Gun():
  def charge(self, num)
    self.bullet = num
    print(self.bullet, '발이 장전되었습니다.')
	class Gun():
	  def charge(self, num)
	    self.bullet = num
	    print(self.bullet, '발이 장전되었습니다.')

gun1 = Gun() **gun1**.charge(**10**)	**gun2** = Gun() **gun2**.charge(**3**)

그림 9-6

Gun( ) 클래스로 gun1이라는 객체를 만든 후 charge(10) 함수를 사용했습니다. 그러면 [그림 9-6]처럼 gun1은 클래스의 self, 숫자 10은 num에 입력됩니다.

gun2.charge(3)도 이와 마찬가지로 gun2는 self, 숫자 3은 num에 입력됩니다. 그러면 gun1에는 10발, gun2에는 3발이 장전된 것이 명확해집니다.

누구의 charge인지를 self가 명확히 해 줌으로써 잘못 장전되지 않게 해 주는 것이죠.

클래스 사용하기

● 내가 만든 설계도로 제품 만들기, object

총의 **설계도**를 **클래스**라고 합니다. 총의 설계도인 클래스로 총을 만들었습니다. 이때 만들어진 **제품**인 총을 **객체**라고 합니다. 저희는 앞에서 총 클래스로 총을 여러 개 만들었습니다.

이번에는 카드를 만들기 위해 카드 클래스를 생성해 보겠습니다.

카드 설계도에 필요한 주요 기능은 총과 비슷하게 카드를 충전하는 기능과 카드를 사용하는 기능입니다.

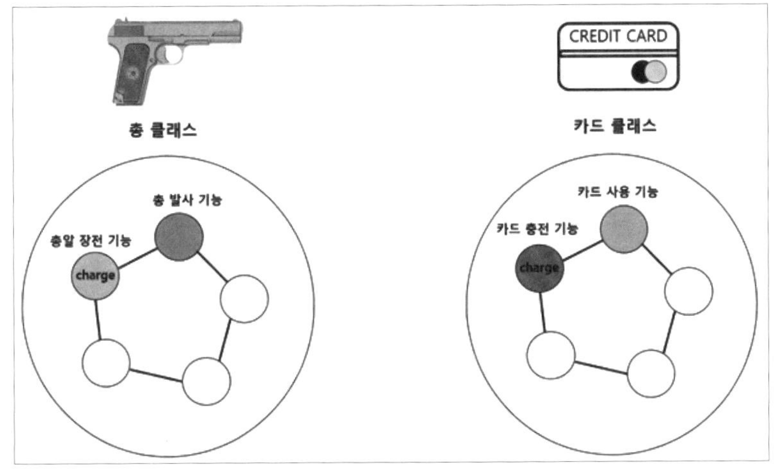

그림 9-7

그럼 카드 클래스를 생성해 보겠습니다.

예제 13

```
class  Card():
    def   charge( self,  num ):
        self.money = num
        print  ( self.money,  '원이 충전되었습니다')

    def  consume( self,  num ):
        self.money = self.money -  num
        if  self.money >= 0 :
            print(  num, '원이 사용되었습니다')
```

```
10            print(self.money, '원이 남았습니다.')
11
12        elif  self.money < 0 :
13            print('잔액이 모자랍니다')
```

1 Card( ) 클래스(설계도)를 생성합니다.

2 돈을 충전하는 함수를 charge라는 이름으로 생성합니다. 총 클래스를 만들었을 때와 동일하게 이번에도 입력 매개변수로 self를 지정합니다. self는 카드 설계도로, 카드를 생성했을 때 만들어지는 유일한 한 장의 카드가 되기 위해 필요합니다. 다른 카드가 대신 충전되면 안 되니까요. num 입력 변수에는 충전할 금액이 들어옵니다.

3 num 변수에 들어 있는 충전된 금액을 self.money에 할당합니다.

4 충전된 금액을 출력합니다.

6 카드를 사용하는 함수를 consume라는 이름으로 생성합니다. 이번에도 self를 사용합니다. 만약, 이 설계도의 card1 = Card( )라는 코드로 카드 card1이 만들어졌다면 이 self에 card1이 할당됩니다. card1의 consume를 사용하겠다는 의미입니다.

7 사용한 만큼(num) 가지고 있는 돈(self.money)을 차감합니다.

8 만약, self.money가 0보다 크거나 같다면, 즉 차감을 했어도 충전되어 있는 돈이 있거나 0이면

9 사용한 돈(num)이 사용되었다는 메시지를 출력합니다.

10 그리고 잔액을 출력합니다.

12 그렇지 않고 충전돼 있는 돈보다 사용할 돈이 많아서 self.money가 마이너스 값이 된다면

13 '잔액이 모자랍니다.'라는 메시지를 출력합니다.

앞서 만든 카드 클래스(설계도)로 카드를 발급해 보겠습니다.

예제 14

```
card1 = Card( )
```

카드를 충전해 보겠습니다.

예제 15

```
card1.charge(10000)
```

```
10000원이 충전됐습니다
```

카드를 사용해 보겠습니다.

예제 16

```
card1.consume(5000)
```

```
5000원이 사용됐습니다.
5000원 남았습니다.
```

이번에는 카드 클래스로 객체를 만들 때 '카드가 생성됐습니다.'라는 메시지가 출력되게 해 보겠습니다. 이를 위해서는 생성자 함수인 __init__를 사용해야 합니다.

__init__는 클래스로 객체를 만들 때 작동하는 함수입니다. 생성자 함수명은 __init__로 지정돼 있으므로 반드시 이 이름으로 작성해야 합니다. init의 양쪽에 언더바(_)를 2개씩 넣어 주세요.

다음과 같이 __init__ 함수를 Card 클래스의 처음에 위치시킵니다.

예제 17

```
class  Card():
    def  __init__( self ):
        self.money = 0
        print('카드가 발급됐습니다.', self.money, '원이 충전돼 있습니다')

    def   charge( self,  num ):
        self.money = num
        print ( self.money,  '원이 충전됐습니다')

    def  consume( self,  num ):
        self.money = self.money -  num
        if  self.money >= 0 :
            print(  num, '원이 사용됐습니다')
            print(self.money, '원이 남았습니다.')

```

```
        elif  self.money < 0 :
            print('잔액이 모자랍니다')
```

2 `__init__` 함수를 생성합니다. '카드가 발급됐습니다.'라는 메시지를 출력하는 실행문을 구성합니다.

3 카드를 처음 생성할 때는 잔액이 0원이 돼야 하므로 self.money에 0을 할당합니다.

카드를 발급해 보면 다음과 같이 카드가 발급됐다는 메시지가 출력됩니다.

예제 18

```
card1 = Card( )
```

```
카드가 발급됐습니다. 0원이 충전돼 있습니다.
```

그럼 문제를 풀어 보면서 카드를 사용해 보세요.

문제 1

발급된 카드에 10000원을 충전하고 5000원을 사용해 보시오.

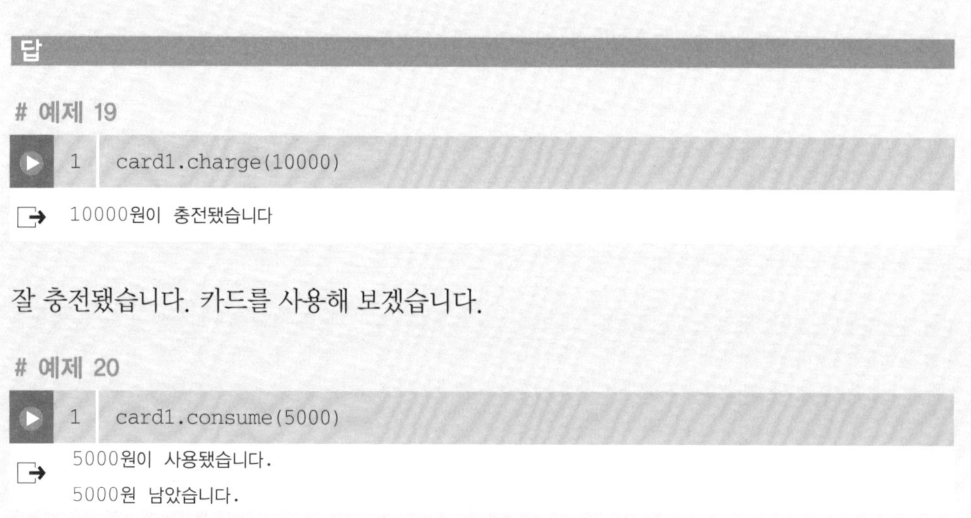

답

예제 19

```
card1.charge(10000)
```

```
10000원이 충전됐습니다
```

잘 충전됐습니다. 카드를 사용해 보겠습니다.

예제 20

```
card1.consume(5000)
```

```
5000원이 사용됐습니다.
5000원 남았습니다.
```

02 개발 후에 코드 수정을 요청하는 사람이 미워지지 않으려면

앞에서 우리는 gun 클래스와 card 클래스를 만들 때 총의 기능은 gun 클래스로 만들었고 카드의 기능은 card 클래스로 분리해 따로 만들었습니다. 이유는 클래스도 함수처럼 하고자 하는 목적이 하나여야 하기 때문입니다.

하나의 클래스에 너무 많은 기능을 넣어 두면 나중에 코드 수정이 생겼을 때 코드를 수정하기 어렵습니다. 총은 총의 기능만 있으면 되고 카드는 카드의 기능만 있으면 됩니다.

총 클래스에 구성된, 총에 관련된 기능들은 서로 강한 응집도를 보입니다. 카드도 이와 마찬가지입니다. 이렇게 클래스를 구성할 때는 서로 강한 응집도를 보이는 함수들끼리 구성해야 합니다.

그러면 추후 총의 기능에 수정이 생기면 총 클래스만 신경 쓰면 되고 카드 클래스는 신경 쓰지 않아도 됩니다.

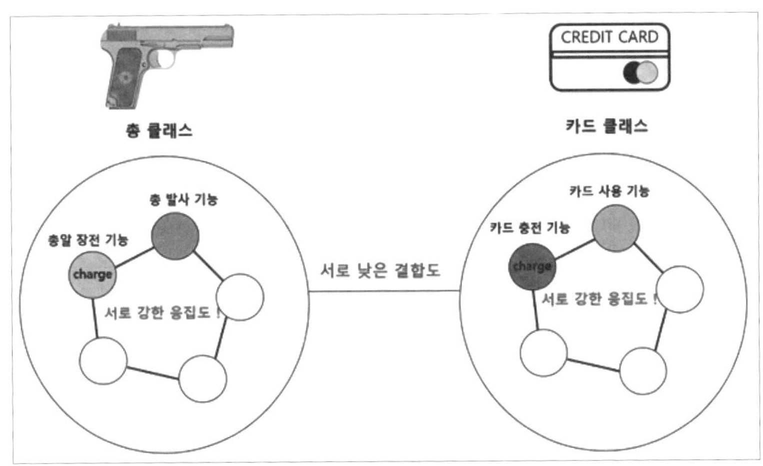

그림 9-8

어떤 문서를 하나 만들면 그 문서를 볼 때마다 수정할 것들이 계속 발견됩니다. 프로그램도 이와 마찬가지입니다. 코드를 모두 완성한 후에도 완성도를 높이기 위해 좀 더 수정할 일이 생깁니다. 하지만 코드를 수정할 때는 지금 수정된 이 코드가 다른 함수에 어떤 영향을 미치는지 잘 살피면서 수정해야 합니다.

개발 이후 코드를 쉽게 수정하려면 개발 초기에 응집도가 높은 함수들끼리 묶어 클래스로 구성해야 합니다. 총 클래스의 함수들은 카드 클래스의 함수들과 관련이 없습니다. 따라서 총 클래스는 총에 관련한 함수들만으로 클래스를 구성해야 합니다. 카드 클래스도 이와 마찬가지입니다.

총 클래스와 카드 클래스를 서로 분리할 경우, 총 클래스의 함수에 변화가 생기면 총 클래스와 관련된 함수들만 살피면 되고 카드 클래스의 함수들까지 신경 쓰지 않아도 되지요.

클래스 내의 함수 간에 응집도는 강할수록, 클래스와 클래스 간의 결합도는 약할수록 좋습니다

그래야만 프로그램 개발 이후 코드 수정 요청이 있을 때 수정을 요청하기가 쉬워집니다. 개발 이후에는 프로그램 수정이 빈번하게 발생합니다. 이로 인해 수정을 요청하는 사람과 프로그래머 사이에 갈등이 생기기도 합니다. 이 두 사람 누구에게나 프로그램 수정이 스트레스가 되지 않으려면 개발할 때 이 사항을 염두에 두고 개발하는 것이 바람직합니다.

클래스 변수

● 나는 개발하고 맘 편히 살기로 했다, 인스턴스 변수와 클래스 변수

클래스는 **변수**와 **함수**로 구성돼 있습니다.

클래스에서 선언된 변수에는 **인스턴스 변수**와 **클래스 변수**가 있습니다. **인스턴스 변수**는 클래스 메서드(함수) 안에서 self와 함께 선언되는 변수, **클래스 변수**는 클래스 메서드(함수) 바깥에서 선언되는 변수입니다.

<table>
<tr><th>인스턴스 변수</th><th>클래스 변수</th></tr>
<tr><td><pre>class Card():

  def __init__(self):
    self.money = 0
    self.raise_amount = 1.1 # 인스턴스 변수
def charge(num):
  num = int(num2 * self.raise_amount)
  ....
def consume(num):
  if self.money > 0:
  ....</pre></td><td><pre>class Card()():

raise_amount = 1.1   # 클래스 변수

def __init__(self):
  self.money = 0
  ....
def charge(num):
  num = int(num2 * Card.raise_amount)
  ....</pre></td></tr>
</table>

그림 9-9

클래스 변수에 할당된 값은 객체가 생성된 이후에는 절대로 변경할 수 없지만, 인스턴스 변수는 객체가 생성된 이후에도 생성된 객체를 이용해 인스턴스 변수의 값을 변경할 수 있습니다.

이렇게 설명하면 무슨 말인지 모를 것 같아 다음 코드를 보면서 설명하겠습니다.

설명을 위해 카드 클래스를 만들어 보겠습니다. 이 클래스는 앞에서 만든 카드 클래스와 달리, 카드를 충전하면 충전한 금액의 10%를 더 적립해 주는 클래스입니다. 얼마를 충전하든 무조건 충전한 금액의 10%가 더 충전되려면 앞에서 만든 카드 클래스에 **인스턴스 변수**를 추가하면 됩니다.

 # 예제 21

```
class  Card():                       # 카드 설계도 만듭니다.
    def  __init__(self):             # 설계도를 가지고 객체를 생성할 때 바로 작동되는 함수
        self.money = 0               # money라는 변수에 값을 0을 넣었습니다.

        self.raise_amount = 1.1                 # 인스턴스 변수(멤버)

        print('카드가 발급되었습니다. ', self.money, '원이 충전돼 있습니다.' )

    def  charge( self,  num2 ):                 # 돈을 충전하는 함수입니다.
        num = int( num2 * self.raise_amount)    # 적립율만큼 곱해서 충전합니다.
        print  ( num, '원이 충전되었습니다.')
        self.money = self.money + num           # 돈을 num 숫자만큼 장전합니다.
        print('현재 카드의 충전 금액은 ', self.money, '입니다.')

    def  consume( self, num ):                  # card를 쓰는 함수입니다.

        self.money =  self.money - num # 가지고 있는 돈에서 사용할 돈만큼 차감해도

        if  self.money > 0:                     # 돈이 있다면
            print( num, '원이 사용되었습니다.' )      # 돈을 씁니다.

        elif  self.money == 0 :                 # 돈이 없다면
            print('잔액이 없습니다.')               # 없다는 메시지를 출력합니다.

        print(  self.money, '원 남았습니다.')
```

5 클래스의 함수에서 **self와 함께 선언된 raise_ amount** 변수를 **인스턴스 변수**라고 합니다. 이 인스턴스 변수에 1.1을 할당합니다.

10 충전 금액이 있는 num2에 self.raise_ amount에 할당된 값인 1.1을 곱하면서 10% 더 인상된 값이 num 변수에 할당됩니다.

그러면 다음과 같이 카드를 발급하고 충전하면 충전 금액의 10%를 더 충전해 줍니다.

예제 22

```
card3 = Card( )

card3.charge(10000)
```

```
카드가 발급됐습니다. 0원이 충전돼 있습니다.
11000원이 충전됐습니다.
현재 카드의 충전 금액은 11000입니다.
```

그런데 어떤 손님은 매장의 VIP 고객이라서 충전할 때 특별히 20%를 적립해 충전해 드리고 싶습니다.

그렇게 하려면 두 가지 문제가 발생하는데, 첫 번째 문제는 raise_ amount 변수에 1.2를 할당하도록 설계도를 수정하고 변경한 클래스로 카드를 다시 발급해야 한다는 것이고 두 번째 문제는 변경한 클래스로 카드를 발급받은 다른 고객은 VIP 고객이 아닌 데도 모두 20%의 적립률을 받게 된다는 것입니다.

설계도를 변경하지 않아도 VIP 고객만 20% 적립되는 카드를 만드는 방법은 다음과 같습니다.

예제 23

```
1  card3 = Card( )
2
3  card3.raise_amount = 1.2
   card3.charge(10000)
```

```
카드가 발급됐습니다. 0원이 충전돼 있습니다.
12000원이 충전됐습니다.
현재 카드의 충전 금액은 12000입니다.
```

3 card3 객체의 인스턴스 변수인 raise_ amount 변수에 직접 1.2를 할당합니다.

4 그렇게 되면 10000원을 충전해도 12000원으로 충전됩니다.

이것이 가능한 이유는 클래스를 생성할 때 **인스턴스 변수**로 만들었기 때문입니다.

그런데 어느 날 본사에서 모든 고객의 포인트를 동일하게 적립하라는 지침이 내려왔습니다. 즉, 앞으로는 다음과 같이 충전하면 안 되는 것입니다.

```
card3.raise_amount = 1.2
card3.charge(10000)
```

그런데 본사에서 지침이 내려왔더라도 실수로 잘못 적립할 수 있습니다. 이를 막으려면 시스템적으로 아예 안 되게 하는 것이 좋습니다. 이를 위해서는 다음과 같이 **클래스 변수**를 사용하면 됩니다.

예제 24

```
class  Card():                              # 카드 설계도 만듭니다.

    raise_amount = 1.1                      # 클래스 변수를 선언합니다.
                                            # 클래스 변수 앞에는 self가 없습니다.

    def  __init__(self):
        self.money = 0
        print('카드가 발급되었습니다. ', self.money, '원이 충전돼 있습니다.' )

    def  charge( self,  num2 ):                     # 돈을 충전하는 함수입니다.
        num = int( num2 * Card.raise_amount)  # 적립률만큼 곱해서 충전합니다.
        print ( num, '원이 충전되었습니다.')
        self.money = self.money + num           # 돈을 num 숫자만큼 장전합니다.
        print('현재 카드의 충전 금액은 ', self.money, '입니다.')

    def  consume( self, num ):                  # card를 쓰는 함수입니다.
        self.money =  self.money - num          # 그리고 쓴 돈만큼 차감합니다.
        if  self.money >= 0:                    # 돈이 있다면
            print( num, '원이 사용되었습니다.' )     # 돈을 씁니다.

        elif  self.money < 0 :                  # 돈이 없다면
            print('잔액이 없습니다.')                # 없다는 메시지를 출력합니다.

        print(  self.money, '원 남았습니다.')
```

3 raise_amount라는 클래스 변수를 생성합니다. 클래스 변수는 인스턴스 변수와 달리, 앞에 self가 없습니다.

11 앞의 세 번째 라인에서 선언한 클래스 변수인 raise_amount를 함수 내에서 사용하려면 클래스명인 **Card**를 변수 앞에 접두어로 붙여야 합니다. 이 변수는 **인스턴스 변수**가 아니라 클래스 변수입니다. 이 클래스 변수에 할당된 1.1은 클래스 밖에서 절대로 수정될 수 없습니다.

진짜로 변경이 안 되는지 실행해 보겠습니다. 다음과 같이 수정된 클래스로 다시 카드를 발급해 보세요.

발급하기 전에 먼저 수정된 클래스 코드를 실행해야 합니다.

 # 예제 25

```
card3 = Card( )

card3.raise_amount = 1.2
card3.charge(10000)
```

```
카드가 발급됐습니다. 0원이 충전돼 있습니다.
11000원이 충전됐습니다.
현재 카드의 충전 금액은 11000입니다.
```

raise_amount 변수(멤버)를 클래스 변수로 만들었기 때문에 위와 같이 card3.raise_amount =1.2를 해도 12000원이 충전되지 않고 11000원이 충전됩니다. 이렇게 클래스 변수는 인스턴스 변수와 달리, 객체가 생성된 후에 클래스 밖에서 수정할 수 없습니다. 즉, 클래스 변수로 카드 객체가 만들어진 이후에는 **어떤 일이 있어도 적립률을 수정할 수 없습니다.**

이렇게 해야 개발한 후에 마음 편히 지낼 수 있습니다. 금액 계산과 관련된 프로그램을 개발하고 난 후에는 더더욱 그렇습니다.

클래스 상속

● 하마터면 모두 코딩할 뻔했다

프로그래머 A는 오늘 팀장님께 영화 할인 클래스를 만들라는 지시를 받았습니다. 영화 할인 카드는 카드의 기본 기능은 모두 갖춰야 하고 추가로 영화관에 갔을 때 할인되는 기능이 있으면 됩니다. 프로그래머 B도 이와 비슷한 지시를 받았습니다. B는 주유소에서 사용할 때 할인받을 수 있는 주유 할인 카드 클래스를 만드는 것이었습니다.

자리에 앉은 프로그래머 A는 클래스를 만들기 위해 class라는 단어를 쓰고 클래스명을 무엇으로 지을지 고민하고 있었습니다. Movie_Card로 할 것인지, MovieCard로 할 것인지 고민하고 있을 때 프로그래머 B는 팀장님께 몇 가지를 물어보는 것 같았습니다.

얼마 지나지 않아 프로그래머 B는 주유 할인 카드 클래스를 모두 완성했고 팀장님께 확인까지 받았습니다. 프로그래머 A는 초조해지기 시작했습니다.

하루가 지나고 퇴근할 때가 됐는데도 영화 할인은커녕 카드의 기본 기능도 미처 구현하지 못했습니다. 불안해진 A는 퇴근하려는 B를 붙잡고 물어봤습니다. 친절한 B는 A에게 자신이 어떻게 클래스를 구성했는지 자세히 알려 줬습니다.

프로그래머 B는 팀장님께 할 일을 지시받은 후 바로 카드의 기본 기능을 구현한 기존 클래스가 있는지 물어봤습니다. 그리고 자신의 클래스에 카드의 기본 기능을 상속받고 영화 할인 기능 코드만 작성했습니다. 사람도 부모의 특성이 자식에게 유전되고 부모로부터 상속을 받듯이 프로그램도 코드를 상속받을 수 있습니다.

그림 9-10

[그림 9-11]과 같은 부모 클래스에는 '**카드의 기본 기능**'이 구현돼 있습니다. 그러면 자식 클래스는 부모 클래스로부터 카드의 기본 기능을 상속받을 수 있습니다. 상속을 받게 되면 '**카드의 기본 기능**'에 대한 코딩은 자식 클래스에서 구현할 필요가 없어집니다.

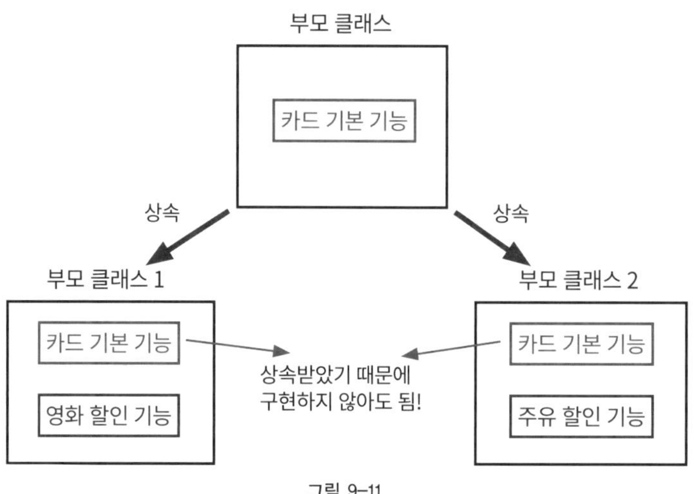

그림 9-11

프로그래머 B는 카드의 기본 기능은 상속으로 받고 카드의 기본 기능은 구현하지 않았습니다. 주유 할인 기능만 충실히 구현했습니다. 반면, 프로그래머 A는 카드의 기본 기능부터 영화 할인 기능까지 모두 작성하려고 했습니다.

[그림 9-11]처럼 카드의 기본 기능을 상속받으면 카드의 기본 기능은 구현하지 않아도 되는데 말이죠. 카드의 기본 기능과 같이 중요한 기능은 이미 팀장님이 만들어 놓았습니다. 팀원들은 다른 카드를 구현할 때 상속받기만 하면 됩니다.

자, 그럼 상속을 구현하기 위해 부모 클래스부터 만들어 보겠습니다. 구현하기 전에 C 드라이브의 data 폴더 밑에 card2.png 파일을 가져다 둡니다. card2.png는 이 책의 예제 소스 안에 있습니다.

예제 26

```
class  Card( ):

    raise_amount = 1.1

    def  __init__(self):
        self.money = 0

        print('카드가 발급됐습니다. ', self.money, '원이 충전돼 있습니다.' )

        import  PIL.Image  as  p
```

```
11          import  matplotlib.pyplot  as   plt
12
13          im = p.open("c:\\data\\card2.png")
14
15          ax = plt.gca( )
16          ax.axes.xaxis.set_visible(False)
17          ax.axes.yaxis.set_visible(False)
18
19          plt.imshow(im)
20
21      def  charge( self,  num2 ):                   # 돈을 충전하는 함수입니다.
22          num = int( num2 * Card.raise_amount)   # 적립률만큼 곱해 충전합니다.
23          print ( num, '원이 충전됐습니다.')
24          self.money = self.money +num           # 돈을 num 숫자만큼 장전합니다.
25          print('현재 카드의 충전 금액은 ', self.money, '입니다.')
26
27      def  consume( self, num ):                    # card를 쓰는 함수입니다.
28          if  self.money > 0:                        # card에 돈이 있다면
29              print( num, '원이 사용됐습니다.' )     # 돈을 씁니다.
30              self.money =  self.money - num     # 그리고 쓴 돈만큼 차감합니다.
31          elif  self.money == 0:                     # 돈이 없다면
32              print('잔액이 없습니다.')              # 없다는 메시지를 출력합니다.
33
34          print(  self.money, '원 남았습니다.')
35
36      def  amount(self):
37          print( '카드 충전 금액이 %d 남았습니다. ' %self.money )
```

10 이미지를 파이썬에서 인식할 수 있게 하는 PIL 모듈을 임포트받습니다.

11 이미지를 시각화하기 위해 matplotlib를 임포트받습니다.

13 C 드라이브의 data 폴더 밑에 있는 card2.png 파일을 읽어와 im에 넣습니다.

15 x축과 y축이 출력되지 않도록 하기 위해 gca( ) 함수를 ax로 지정합니다.

16 x축이 출력되지 않게 합니다.

17 y축이 출력되지 않게 합니다.

19 imshow( ) 함수를 이용해 이미지를 시각화합니다.

36 충전 금액을 확인할 수 있도록 amount 함수를 생성합니다.

37 카드 사용 잔액을 출력합니다.

이번에는 Movie_Card 클래스를 만들어 보겠습니다.

예제 27

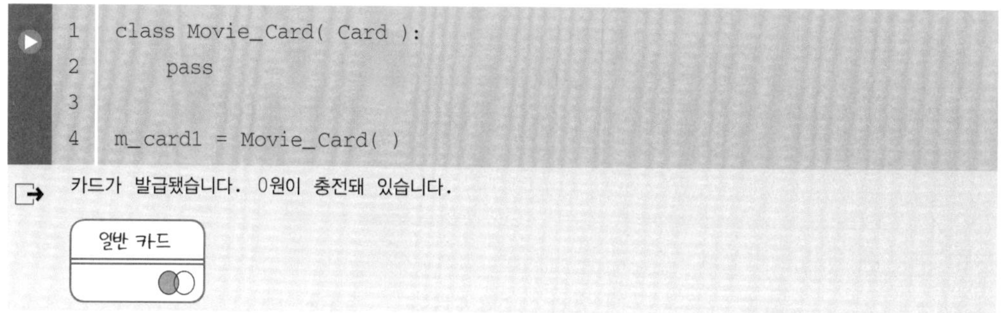

```
1  class Movie_Card( Card ):
2      pass
3
4  m_card1 = Movie_Card( )
```

```
카드가 발급됐습니다. 0원이 충전돼 있습니다.
```


1 Movie_Card 클래스를 생성하는 입력값으로 부모 클래스명인 **Card**를 입력합니다. 그러면 부모 클래스의 변수들과 메서드들을 상속받을 수 있게 됩니다. 이제 Movie_Card 클래스는 Card 클래스의 자식 클래스가 됩니다.

2 pass를 써서 아무것도 하지 않겠다고 합니다. 자식 클래스에는 그 어떤 변수와 메서드도 없다는 것을 나타내기 위해 일부러 pass만 썼습니다.

4 Movie_Card 클래스로 m_card1을 생성합니다.

자, 그러면 충전해 보겠습니다.

예제 28

```
1  m_card1.charge(10000)
```

```
11000원이 충전됐습니다.
현재 카드의 충전 금액은 11000입니다.
```

Movie_Card( ) 클래스는 pass만 코딩돼 있고 아무것도 코딩하지 않았지만, 부모 클래스로부터 상속받았기 때문에 charge 메서드를 이용해 충전할 수 있습니다.

그럼 카드를 사용해 보겠습니다.

예제 29

```
m_card1.consume(5000)
```

```
5000원이 사용됐습니다.
6000원 남았습니다.
```

카드가 잘 사용됩니다. consume 메서드 또한 부모 클래스로부터 상속받았기 때문에 자식 클래스에서 정의하지 않았지만, 사용할 수는 있습니다. 상속을 몰랐다면 모두 코딩할 뻔했습니다.

● 유전자의 한계를 극복하자

"무의식을 의식화하지 않으면 무의식이 우리 삶의 방향을 결정하게 되는데, 우리는 이를 '운명'이라고 부른다." – 칼융(Carl Jung)

우리는 부모님에게 유전적인 특징을 물려받았습니다. 물려받은 유전적 특징에는 좋은 것도 있지만, 개선해야 할 것들도 있죠. 그냥 운명대로 산다는 것은 이 개선해야 할 점이 있다는 것은 알지만, 의식적으로 개선하지 않고 산다는 것을 의미하죠.

자신의 운명을 극복하려 하지 않는 사람들은 그냥 정해진 운명대로 살아갑니다.

컴퓨터 프로그래밍에서도 이와 같은 이치가 작용합니다.

부모 클래스를 상속받은 자식 클래스에서 아무런 코딩을 하지 않는다면 부모 클래스로부터 상속받은 그대로 살게 됩니다. 부모 클래스에 프로그래밍된 그대로 자식 클래스가 작동하는 것이죠.

우리는 부모 클래스로부터 모든 기능을 물려받아 자식 클래스의 Movie_Card를 별다른 코딩 없이 편하게 만들었습니다. pass만 썼으니까요.

그런데 영화 카드는 일반 카드와 달리, 영화관에서 할인해 주는 특징이 있습니다.

당장 발급되는 카드의 이미지도 달라야 합니다. 그래서 영화 카드가 발급될 때의 카드 이미지가 '**일반 카드**'가 아니라 다음과 같은 '**영화 할인 카드**' 이미지로 출력되게 하고 싶습니다.

일반 카드 이미지	영화 할인 카드 이미지
일반 카드	영화 할인 카드

이를 위해서는 클래스의 **오버라이딩**(overriding) 기능을 이용해야 합니다. 오버라이딩은 부모 클래스의 기능 중 일부를 자식 클래스의 새로운 기능으로 **덮어쓰는** 것을 말합니다.

카드를 발급할 때 카드 이미지를 출력하는 코드는 클래스의 생성자인 __init__에 있습니다.

먼저, 이 책의 실습 예제 폴더 안에서 영화 할인 카드 이미지인 mcard.png를 찾으세요. 그런 다음 여러분 컴퓨터의 C 드라이브 밑에 data 폴더에 두세요.

그리고 다음과 같이 Movie_Card 클래스를 생성할 때 __init__ 함수만 넣어 작성하세요. 12번 라인에 카드 이미지를 불러오는 코드를 card.png가 아니라 mcard.png로 변경하세요.

예제 30

```
1  class Movie_Card( Card ):
2      def  __init__(self):
3          self.money = 0
4
5          print('영화 할인 카드가 발급됐습니다. ', self.money, '원이 충전돼 있습니다.' )
6
7          import  PIL.Image   as   p
8          import  numpy  as  np
9          import  matplotlib.pyplot  as   plt
10
11         im = p.open("c:\\data\\mcard.png")
12         pix = np.array(im)
13
14         ax = plt.gca( )                           # x, y축이 나오지 않게 하는 코드 3줄
15         ax.axes.xaxis.set_visible(False)
16         ax.axes.yaxis.set_visible(False)
17
18         plt.imshow(pix)
19
```

```
5000원이 사용됐습니다.
5000원 남았습니다.
```

그리고 전체 코드를 실행해 주세요. 프린트가 없기 때문에 위와 같이 별다르게 출력되는 것은 없습니다. 상속해 준 부모 클래스에 이미 __init__가 있는데 내가 똑같은 이름으로 __init__ 함수를 Movie_Card 클래스에 구현하면 상속받은 부모 클래스의 __init__ 함수를 덮어써 버리게 됩니다.

이를 프로그램 용어로 **오버라이딩**이라고 합니다. 영어의 뜻 그대로 **덮어쓰는 것**입니다.

이렇게 하면 부모 클래스 Card의 __init__ 함수가 지금 자식 클래스에서 작성한 새로운 __init__ 함수의 코드로 덮어써 버리게 됩니다.

자, 그러면 영화 할인 카드를 발급해 보겠습니다.

예제 31

```
m_card2 = Movie_Card( )

```

```
영화 할인 카드가 발급됐습니다. 0원이 충전돼 있습니다.
```

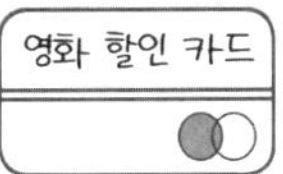

영화 할인 카드 이미지로 발급됐습니다.

이제 영화관에 가서 이 카드를 사용하면 30% 할인해 주도록 consume 함수를 오버라이딩되게 해 보겠습니다.

예제 32

```
class Movie_Card( Card ):
    def  __init__(self):
        self.money = 0

        print('영화 할인 카드가 발급됐습니다. ', self.money, '원이 충전돼 있습니다.' )

        import  PIL.Image   as   p
        import  numpy  as  np
        import  matplotlib.pyplot   as   plt

        im = p.open("c:\\data\\mcard.png")

        ax = plt.gca( )
        ax.axes.xaxis.set_visible(False)
        ax.axes.yaxis.set_visible(False)

        plt.imshow(im)
```

```
18
19     def  consume( self,  num, place ):
20         if  place =="영화관":
21             num = 0.7 * num
22             if  self.money >= num:
23                 self.money = self.money - num
24                 print(  place , '에서 ', num , '원이 사용됐습니다')
25             else:
26                 print(' 잔액이 부족합니다.')
27         else:
28             if  self.money >= num:
29                 self.money = self.money - num
30                 print( place, ' 에서 ', num, '원이 사용됐습니다.')
31             else:
32                 print('잔액이 부족합니다.')
33
34
```

반드시 위 코드를 실행한 후에 다음 작업을 실행하세요. 대부분 실행하지 않고 다음으로 넘어갑니다. 위와 같이 실행해도 별다르게 출력되는 것은 없습니다. 단순히 설계도를 만드는 것이니까요.

20 consume 함수에 카드 사용 장소를 입력받을 수 있는 place 입력 매개변수를 추가합니다.

21 만약, place가 '영화관'이라면

22 지불할 금액의 30%를 할인해 지불 금액 변수인 num에 담습니다.

23 만약, 갖고 있는 잔액(self.money)이 할인된 지불 금액보다 크면

24 갖고 있는 잔액을 차감합니다.

25 그리고 '영화관'에서 할인된 금액이 사용됐다는 메시지를 출력합니다.

26 잔고가 부족하다면

27 '잔액이 부족합니다.'라는 메시지를 출력합니다.

28 만약, 영화관에서 사용한 것이 아니라

29 갖고 있는 돈이 지불 금액 이상이면

30 지불 금액 만큼 갖고 있는 돈을 차감합니다.

31 그리고 영화관이 아닌 다른 장소에서 사용됐다고 출력합니다.

32 위와 같은 경우에 모두 해당하지 않는다면

33 '잔액이 부족합니다.'라는 메시지를 출력합니다.

자, 그럼 수정된 설계도를 실행해 새로운 카드를 다시 발급해 보겠습니다.

 # 예제 33

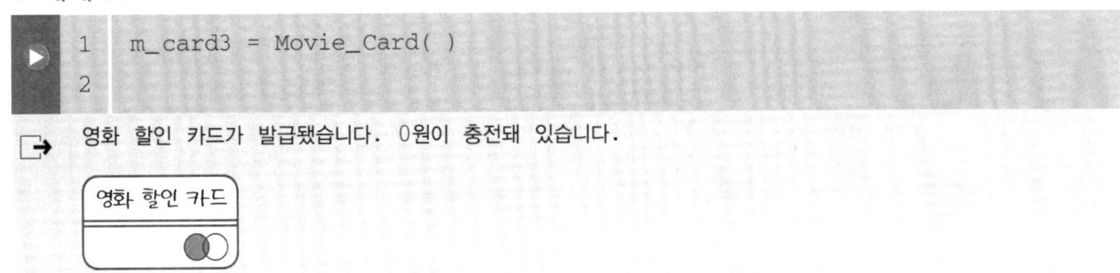

```
m_card3 = Movie_Card( )
```

```
영화 할인 카드가 발급됐습니다. 0원이 충전돼 있습니다.
```


충전해 보겠습니다.

 # 예제 34

```
m_card3.charge(10000)
```

```
11000원이 충전됐습니다.
현재 카드의 충전 금액은 11000입니다.
```

영화관에서 사용해 보겠습니다.

 # 예제 35

```
m_card3.consume(9000,'영화관')
```

```
영화관에서 6300.0원이 사용됐습니다
```

9,000원이 아니라 할인된 가격인 6,300원이 사용됐습니다.

● 자식의 삶을 더 윤택하게

상속은 하나의 클래스에서만 받을 수 있는 것이 아닙니다. [그림 9-12]와 같이 여러 클래스에서 동시에 상속받을 수 있습니다. Child는 Father1로부터 '지혜', Father2로부터 '지식'을 상속받았습니다. 이를 '**다중 상속**'이라고 합니다.

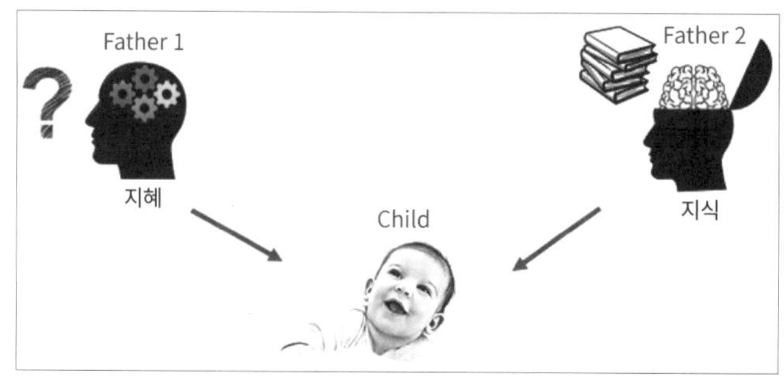

그림 9-12

다중 상속을 코드로 구현하면 다음과 같습니다.

예제 36

```
1  class Father1( ):
2      def __init__(self):
3          print('지식')
4
5  class Father2( ):
6      def __init__(self):
7          print('지혜')
8
9  class Grandchild(Father1, Father2):
10     pass
11
12 grandchild=Grandchild( )
```

```
지식
지혜
```

1 Father1 클래스를 생성합니다.

2 생성자 함수를 생성합니다.

3 Father1의 생성자 함수는 '지식'이라는 문자를 출력합니다.

5 Father2 클래스를 생성합니다.

6 생성자 함수를 생성합니다.

7 Father2의 생성자 함수는 '지혜'라는 문자를 출력합니다.

9 Father1 클래스와 Father2 클래스를 다중 상속받아 Grandchild 클래스를 생성합니다.

12 상속받았으므로 따로 코딩할 필요는 없습니다. 그런데 만약, 다음과 같이 Pass만 쓰면 '지식' 하나만 출력되고 '지혜'가 출력되지 않습니다.

이를 해결하는 방법은 다음과 같습니다.

예제 37

```
1  class Father1( ):
2      def __init__(self):
3          print('지식')
4
5  class Father2( ):
6      def __init__(self):
7          print('지혜')
8
9  class Grandchild(Father1, Father2):ㅠ
10     def __init__(self):
11         Father1.__init__(self)
12         Father2.__init__(self)
13
14 grandchild=Grandchild( )
```

```
지식
지혜
```

11~12 `__init__` 함수를 생성하면서 Father1.__init__(self)와 Father2.__init__(self)로 코딩해 `__init__` 함수 앞에 접두어로 Father1 클래스명과 Father2 클래스명을 적습니다. 이는 상위 클래스의 생성자 함수인 `__init__`를 가져와 사용하겠다고 지정하는 것입니다.

이렇게 해야 제대로 다중 상속이 됩니다.

● 다이아몬드 상속의 문제를 피하려면?

다중 상속은 여러 개의 클래스를 동시에 상속받아 여러 부모 클래스의 기능을 사용할 수 있게 합니다. 그런데 다중 상속에서 주의해야 할 점은 바로 '**다이아몬드 상속**' 문제입니다.

[그림 9-13]과 같이 앞 예제에서 사용한 Father1과 Father2 클래스가 GrandFather 클래스로부터 각각 상속받았고 GrandChild 클래스는 Father1과 Father2에게 다중 상속받았다고 가정하면 GrandChild 쪽에 어떤 문제가 생길 수 있습니다.

[그림 9-13]을 보면 Father1과 Father2는 GrandFather로부터 **튼튼한 두 팔**을 상속받았습니다. 그리고 GrandChild는 Father1과 Father2로부터 다중 상속을 받았고요.

이 모습이 다이아몬드 모양처럼 생겼다고 해서 '다이아몬드 상속'이라고 합니다.

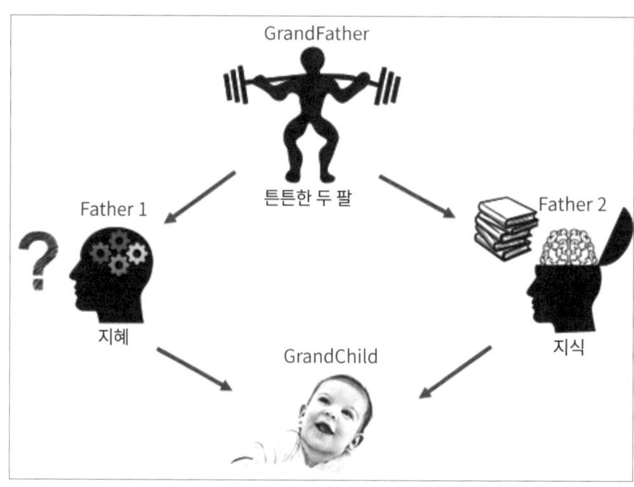

그림 9-13

이 구조를 코드로 구현해 보겠습니다.

예제 38

```
class Grandfather:
    def __init__(self):
        print('튼튼한 두 팔')

class Father1(Grandfather):
    def __init__(self):
        Grandfather.__init__(self)
        print('지식')

class Father2(Grandfather):
    def __init__(self):
        Grandfather.__init__(self)
        print('지혜')

class Grandchild(Father1, Father2):
    def __init__(self):
```

```
17         Father1.__init__(self)
18         Father2.__init__(self)
19         print('끈기 있게 노력하는 삶')
20 
21 grandchild=Grandchild( )
```

```
튼튼한 두 팔
지식
튼튼한 두 팔
지혜
끈기 있게 노력하는 삶
```

1~3 '튼튼한 두 팔'을 출력하는 __init__ 함수를 갖는 Grandfather 클래스를 생성합니다.

5 GrandFather 클래스를 상속받아 Father1 클래스를 생성합니다.

7~8 GrandFather의 __init__ 함수를 그대로 상속받으면서 Father1만의 새로운 기능인 print('지식')을 실행하기 위해 __init__ 생성자 함수를 만듭니다. 만약, 상속받지 않고 오버라이딩(덮어쓰기 할)할 것이라면 Grandfather.__init__(self) 없이 새로운 코드를 작성하면 되는데, Grandfather의 __init__ 함수를 상속받을 것이므로 Grandfather.__init__(self)를 써 주고 Father1만의 새로운 기능인 print('지식')을 추가합니다.

10~13 Father2 클래스도 Grandfather 클래스를 상속받는 코드로 구현하는데, Grandfather.__init__(self)를 사용해 Grandfather의 __init__ 함수를 덮어쓰지 않고 그대로 사용하면서 print('지혜')라는 기능을 추가합니다.

15~19 GrandChild는 Father1과 Father2로부터 다중 상속받았습니다. 그리고 '끈기 있게 노력하는 삶'이라는 메시지를 출력하게 했습니다.

21 그랬더니 **튼튼한 두 팔이 두 번 출력돼 버렸습니다.** 결국 팔이 4개가 돼 버리는 기형이 되고 말았습니다. 이것이 바로 다이아몬드 상속의 문제점입니다.

이 문제를 해결하는 방법은 super( ) **함수**를 사용하는 것입니다.

예제 39

```
class Grandfather:
    def __init__(self):
        print('튼튼한 두 팔')

```

```
5  class Father1(Grandfather):
6      def __init__(self):
7          super( ).__init__( )
8          print('지식')
9
10 class Father2(Grandfather):
11     def __init__(self):
12         super( ).__init__( )
13         print('지혜')
14
15 class Grandchild(Father1, Father2):
16     def __init__(self):
17         super( ).__init__( )
18         print('끈기 있게 노력하는 삶')
19
20 grandchild=Grandchild( )
```

```
튼튼한 두 팔
지혜
지식
끈기 있게 노력하는 삶
```

7 Grandfather.__init__(self) 대신 **super( ).__init__( )**를 기술합니다.

12 Grandfather.__init__(self) 대신 **super( ).__init__( )**를 기술합니다.

17 Father1.__init__(self)와 Father2.__init__(self) 대신 **super( ).__init__( )**를 기술합니다.

20 **튼튼한 두 팔이 중복되지 않고 한 번만 출력됐습니다.**

이렇게 다이아몬드 상속은 관계의 복잡도로 인해 중복 호출되는 문제가 발생합니다. 이를 방지하기 위해서는 반드시 `super( )` 함수를 사용해야 합니다.

메모하세요

10 PART

노동의 종말을 위한 자동화

"사랑하는 친구여, 그대의 영혼이 건강한 것처럼 몸도 건강하고, 하고자 하는 모든 일이 잘되기를 기도합니다."

– 요한 삼서 1장 2절

01 내가 컴퓨터로 하는 일을 모두 기계가 대신 해 줄 수 있을까?

『노동의 종말』은 미국의 경제학자인 제러미 리프킨이 저술하고 1990년대에 출간된 책입니다. 그 당시 제러미 리프킨이 예측한 미래가 현실로 나타나고 있습니다.

20세기 초 미국의 농민 대부분은 흑인이었습니다. 그들은 오랜 시간 동안 노예 신분으로 살아왔기 때문에 농토가 없었습니다. 그래서 백인 농장주들의 농토를 빌리고 그들이 빌려 준 씨앗과 농기구를 이용해 열심히 농사를 지었습니다.

그런데 어느 날 '목화 따는 기계'가 등장합니다.

사람은 한 시간 동안 20파운드의 목화를 딸 수 있는 반면, 기계는 1,000파운드의 목화를 딸 수 있었습니다. 기계 하나가 사람 50여 명분의 일을 할 수 있게 된 것입니다. 그때부터 흑인들의 노동이 기계로 대체하기 시작합니다. 목화 따는 기계가 흑인들의 노동력을 전부 대체하는 데는 23년밖에 걸리지 않았습니다.

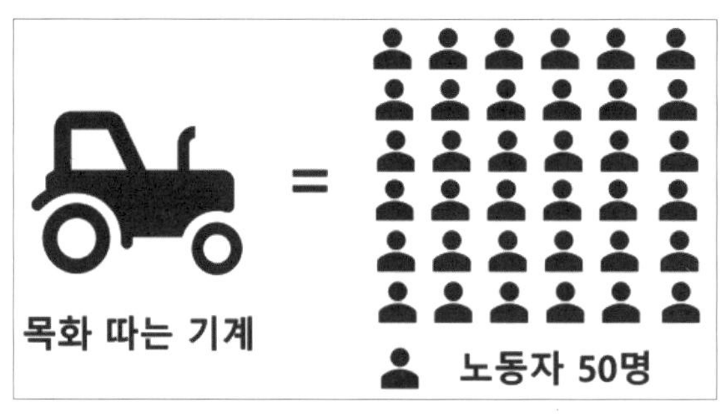

그림 10-1

1, 2차 산업혁명 때는 '목화 따는 기계'와 같은 기계들이 농민과 노동자들의 일자리를 빼앗았습니다. 3차 산업혁명의 아이콘인 '컴퓨터'는 서비스업과 전문직의 일자리를 빼앗았고 4차 산업혁명의 주역인 '인공지능'은 지금 이 순간에도 인간의 직업을 빼앗고 있습니다.

컴퓨터와 스마트폰으로 인해 우리 주변에서 사라진 것들은 우리가 실제로 체감할 수 있을 정도입니다.

대표적인 예로는 '은행 점포'를 들 수 있습니다. 요즘에는 스마트폰으로 은행 업무를 봅니다.

그러다 보니 은행 점포에서 고객을 응대하는 직원들이 점점 사라지고 있습니다. 직업이 없어지기만 하는 것은 아닙니다. 새로운 직업도 생겨나고 있습니다. 은행의 경우, 사람들이 컴퓨터와 스마트폰으로 은행 서비스를 이용하다 보니 이 서비스를 더 편리하게 만드는 직업들이 생겨나고 있습니다.

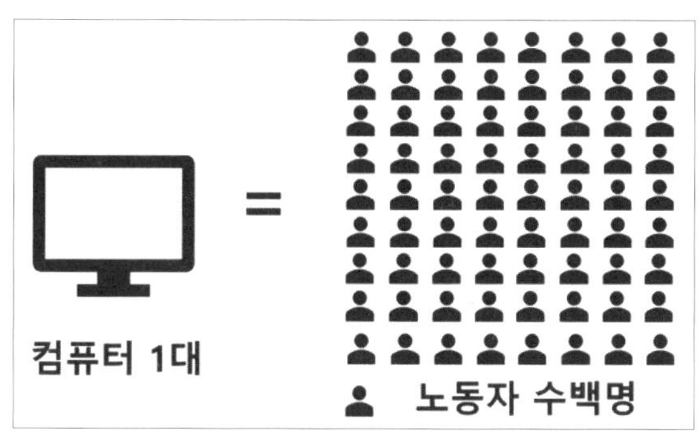

그림 10-2

『노동의 종말』에서는 1990년대를 기준으로 미국에서 10년 동안 300만 개 이상의 화이트칼라 일자리가 사라졌다고 합니다. 이러한 현상은 현재도 진행 중이고 그 속도도 점점 빨라지고 있습니다.

사라지고 있는 일자리는 다른 직업으로 대체되고 있습니다. 새로운 직업이 우리가 준비해야 할 미래의 직업이 됐습니다.

이렇게 변해가는 시대에 우리는 지금 미래를 위해 정말 중요한 것을 하고 있는 것일까요?

지금까지 배운 파이썬은 자동화를 위한 훌륭한 도구입니다. 지금 당장 거대한 것이 아니어도 좋습니다. 우리가 하루를 살면서 늘 반복적으로 하는 일이 있을 것입니다. 그것을 좀 더 생산적으로 만들고 싶습니다. 여러분이 컴퓨터를 켜고 가장 먼저 하는 일은 무엇인가요? 그 일은 먼저 자동화해 보겠습니다.

다음은 필자가 새벽에 일어나 컴퓨터를 켠 후에 하는 일입니다.

1. 파이썬 주피터 노트북을 켠다.
2. 일 또는 공부에 관련한 워드 문서를 열고 맨 아래 페이지로 이동한다.
3. 유튜브를 이용해 잔잔한 음악을 튼다.
4. 구글 날씨를 열고 오늘의 날씨를 확인한다.

그런 다음 필자에게 가장 소중한 일을 시작합니다.

여러분도 컴퓨터를 켜고 가장 먼저 하는 일을 적어 보세요.

저는 위 4개의 작업이 10분 정도 걸립니다. 만약, 10분이 걸린다고 가정하면 일주일이면 70분, 한 달이면 300분, 1년이면 3,650분입니다. 이를 시간으로 나타내면 60시간이 넘습니다. 하루 10분은 매우 짧은 시간이지만, 1년으로 보니 이틀이 넘는 시간을 쓰고 있었습니다.

저는 이 작업을 이제 기계에게 맡기고 그냥 모니터만 쳐다보고 싶습니다.

02 자동화 준비 작업

컴퓨터가 여러분을 대신해 마우스를 이곳저곳 옮겨 다니면서 일하게 하려면 먼저 pyautogui 모듈을 설치해야 합니다. pyautogui는 마우스와 키보드를 자동으로 움직이게 해 주는 모듈입니다.

주피터 노트북에서 다음과 같이 바로 설치할 수 있습니다.

```
# 예제 1
!pip install pyautogui
```

```
Collecting pyautogui
  Downloading PyAutoGUI-0.9.53.tar.gz (59 kB)
     -------------------------------------- 59.0/59.0 kB ? eta 0:00:00
  Preparing metadata (setup.py): started
  Preparing metadata (setup.py): finished with status 'done'
Collecting pymsgbox
  Downloading PyMsgBox-1.0.9.tar.gz (18 kB)
  Installing build dependencies: started
  Installing build dependencies: finished with status 'done'
  Getting requirements to build wheel: started
  Getting requirements to build wheel: finished with status 'done'

  :
  :
중간 생략
  :
  :

1b\c1\cc\3d6515746ab138a303b6b5d38181399703488f8109b734e768
Successfully built pyautogui pygetwindow pyscreeze PyTweening mouseinfo
pymsgbox pyperclip pyrect
Installing collected packages: PyTweening, pyrect, pyperclip, pymsgbox,
pyscreeze, pygetwindow, mouseinfo, pyautogui
Successfully installed PyTweening-1.0.4 mouseinfo-0.1.3 pyautogui-0.9.53
pygetwindow-0.0.9 pymsgbox-1.0.9 pyperclip-1.8.2 pyrect-0.2.0
pyscreeze-0.1.28
```

1 느낌표(!)를 먼저 쓰고 pip를 적습니다. pip는 설치 명령어입니다. 이 명령어를 파이썬 주피터 노트북에서 수행하려면 앞에 느낌표를 붙여 줘야 합니다. pip 명령어를 이용해 pyautogui 모듈을 설치합니다.

`Successfully installed`라는 메시지가 나타나면 잘 설치된 것입니다.

먼저 컴퓨터 모니터 화면의 전체 크기를 확인해 보겠습니다.

예제 2

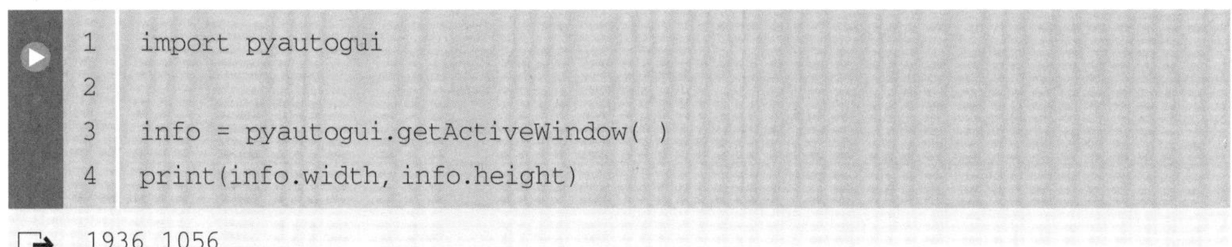

```
1  import pyautogui
2
3  info = pyautogui.getActiveWindow( )
4  print(info.width, info.height)
```

```
1936 1056
```

1 pyautogui 모듈을 임포트합니다.

3 현재 활성화된 윈도우 창의 정보를 불러와 info에 입력합니다.

4 윈도우 창의 넓이와 높이를 확인합니다. 필자는 가로 넓이가 1,936PX, 세로 넓이가 1,056PX입니다.

여러분과 필자는 모니터의 크기가 서로 다르기 때문에 값이 다를 수 있습니다.

이제 모니터 스크린에서 마우스를 특정 위치로 올려놓았을 때 그 위치의 좌표를 얻어 보겠습니다. 스크린 아래쪽에 윈도우 시작 버튼이 보이죠? 시작 버튼의 x축과 y축 좌표를 확인해 보겠습니다.

다음 코드를 실행하면 마우스를 움직일 때마다 마우스 커서가 가리키고 있는 곳의 좌표 정보를 얻을 수 있는 창이 나타납니다.

예제 3

```
import pyautogui

pyautogui.mouseInfo( )
```

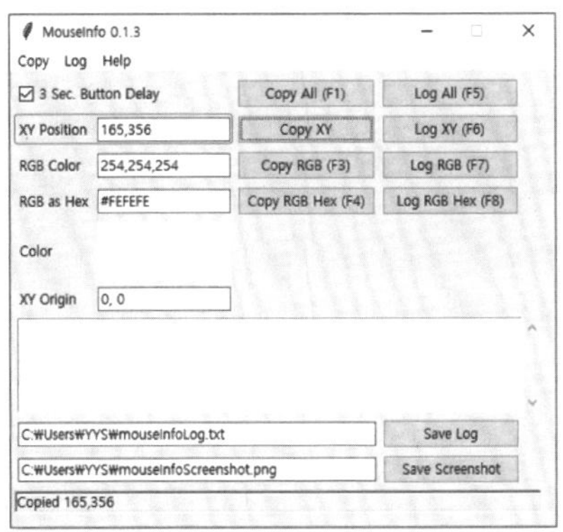

그림 10-3

파란색 박스 안에 있는 XY Position의 좌표가 마우스를 움직일 때마다 변경될 것입니다. 마우스 커서를 시작 버튼에 올려놓고 x, y 좌표를 구해 메모하세요. 필자는 종이에 메모했습니다. 마우스 커서를 작업 표시줄의 윈도우 시작 버튼 쪽에 올려놓고 위치를 확인해 보겠습니다. 필자의 시작 버튼 좌표 정보는 x축이 19, y축이 1,058입니다.

마우스 커서가 있는 곳의 좌표를 쉽게 확인할 수 있는 무료 소프트웨어가 몇 가지 있는데, 구글에서 **마우스 트레이서**로 검색해 보세요.

그럼 다음과 같이 프로그램을 무료로 다운로드할 수 있는 웹 사이트가 나타납니다. 프로그램이 있는 홈페이지 주소는 다음과 같습니다.

https://kinfolksoft.com/마우스-트레이서mouse-tracer-마우스-좌표/

아래쪽으로 내리면 [다운로드(최신 버전)]이 있습니다. 다운로드해 설치하세요.

사용 환경

- 윈도우 7, 8, 8.1, 10 (32비트, 64비트)
- 닷넷 프레임워크 4.6.2 버전 이상이 사전 설치되어 있어야 합니다(대부분의 컴퓨터에 이미 설치되어 있습니다)

라이센스

- 개인, 회사, 단체, 공공 기관, 교육기관 등에서 사용 가능한 무료 소프트웨어입니다.

다운로드

구 버전을 미리 삭제 후 새 버전을 설치하세요.

다운로드(최신 버전)

버전 : 1.0.7a (최근 업데이트 - 2021년 11월 7일)

다운로드(구 버전)

그림 10-4

바탕화면의 마우스 트레이서 아이콘을 실행한 후 다음과 같이 좌표 표시 방식을 [커서 주변에 표시]로 변경하면 마우스 커서가 움직일 때 좌표가 바로 옆에 나타납니다.

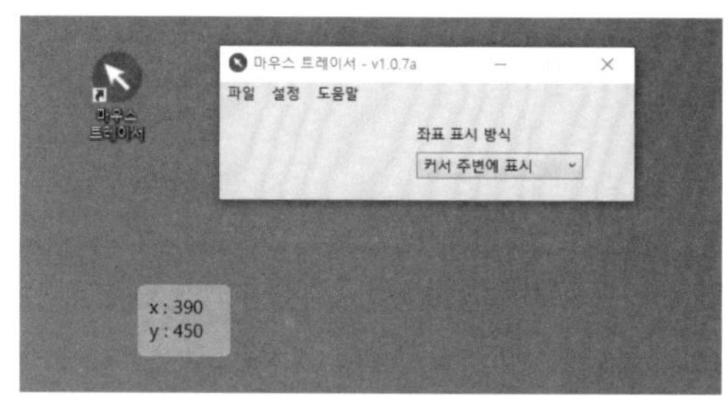

그림 10-5

그럼 편리하게 좌표를 확인할 수 있게 됩니다.

그런데 좌표들을 매번 따로 노트하기가 번거롭습니다. 한두 개면 모르겠는데, 5개가 넘어가면 손으로 기록하기보다 그냥 좌표를 복사하고 싶은 마음이 듭니다. 이 경우에는 다음과 같이 하면 됩니다. 처음에 mouseInfo를 실행했을 때 보이는 여러 개의 버튼을 활용해 보겠습니다.

mouseInfo를 다시 실행하세요.

예제 4

```
import pyautogui

pyautogui.mouseInfo( )
```

먼저 처음으로 mouseInfo 창의 왼쪽에 있는 [Copy XY] 버튼을 누른 후 마우스 커서의 좌표를 알기 원하는 곳에 위치시킵니다. 2초 정도 대기하고 있으면 다음과 같이 mouseInfo의 맨 아래에 해당 좌표가 카피됐다는 메시지가 나타납니다([그림 10-6]의 ❸).

이것이 좌표가 복사된 상태입니다.

이제 Ctrl+V를 눌러 주피터 노트북의 코딩 창에 바로 붙여 넣기만 하면 됩니다.

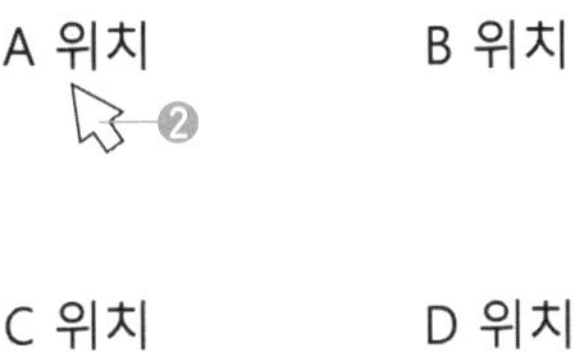

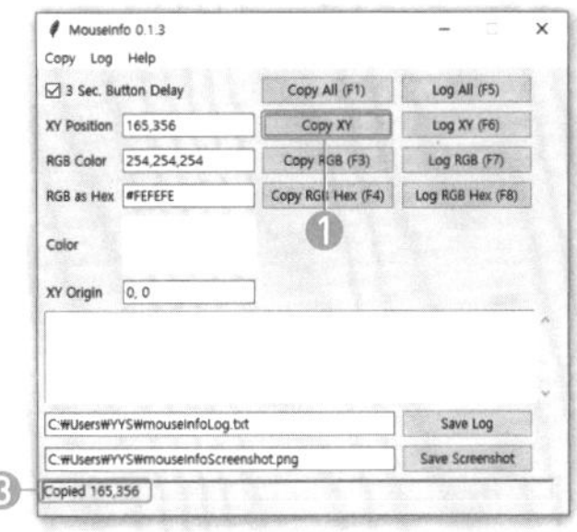

그림 10-6

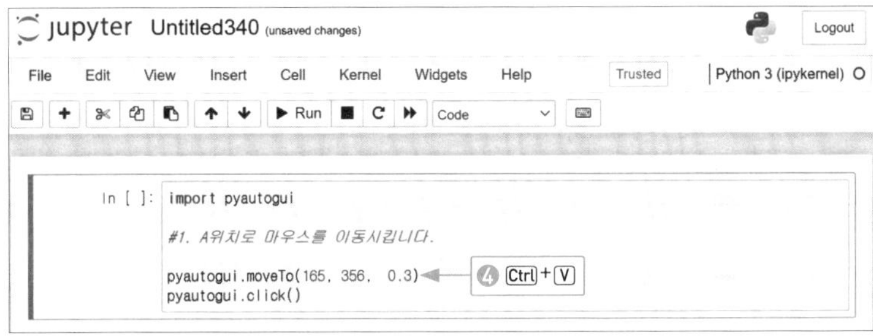

그림 10-7

위 코드는 이제 곧 배울 내용입니다. 위의 좌표를 적는 부분([그림 10-7]의 ❹)에 위치를 바로 붙여 넣기하면 됩니다.

이 좌표 정보는 마우스를 자동으로 움직이게 할 때 필요합니다. 마우스가 자동으로 움직이면서 여러분 대신 컴퓨터가 일을 하게 하려면 마우스가 이동해야 할 좌표 정보를 미리 확인해야 합니다.

03 마우스와 키보드를 기계가 움직이게 하려면?

컴퓨터가 마우스를 움직이게 해 보겠습니다. 작업 표시줄의 윈도우 시작 버튼을 스스로 눌러 보도록 해 볼 텐데요. 이를 위해서는 가장 먼저 윈도우 시작 버튼이 있는 곳의 좌표를 알아야 합니다. mouseInfo를 통해 좌표 정보를 얻었다면 mouseInfo 화면이 계속 무한 루프가 돌면서 실행되고 있을 것입니다.

이 상태에서 다른 코드를 실행하려면 다른 주피터 새 노트를 열고 실행하거나 mouseInfo를 종료한 후에 작업해야 합니다. mouseInfo를 종료했다면 이어서 다음 코드를 실행해 보겠습니다.

다음은 마우스를 특정 위치로 이동시키는 코드입니다.

예제 5

```
1  import pyautogui
2  import time
3
4  pyautogui.moveTo( 19, 1058, duration=0.3)
5  pyautogui.click( )
6  time.sleep(1)
```

1 pyautogui 모듈을 임포트합니다.

2 time 모듈을 임포트합니다. 이 모듈을 임포트하는 이유는 중간에 잠시 멈추는 시간을 주기 위해서입니다. 이때는 sleep 함수를 이용하면 되는데, 그 이유는 마우스가 너무 빨리 움직이지 않고 사람이 손으로 움직이는 속도와 비슷하게 움직이도록 하기 위해서입니다.

4 moveTo는 마우스 커서를 지정된 좌표로 자동으로 이동시키는 함수입니다. 필자의 경우에는 시작 버튼이 있는 쪽의 좌표가 (19, 1058)이라서 이렇게 지정했습니다. 여러분도 컴퓨터 시작 버튼의 좌표를 확인해 입력하세요. duration=0.3은 마우스 커서가 움직이는 속도입니다.

5 pyautogui 모듈의 click( ) 함수를 이용하면 마우스 클릭을 할 수 있습니다.

6 1초 동안 멈추게 합니다. 다음 작업이 없으므로 굳이 1초 동안 멈추지 않아도 되지만, time.sleep이 무엇인지 알기 위해 넣어 봤습니다.

이번에는 컴퓨터 스스로 시작 버튼 옆에 있는 검색 창에 'jupyter notebook'이라는 글씨를 입력하고 주피터 노트북을 실행하도록 해 보겠습니다.

그림 10-8

모니터 스크린 왼쪽 하단의 윈도우 시작 버튼 옆에 '돋보기' 아이콘 보이죠? 특정 프로그램을 바로 검색해 실행하려면 여기에 프로그램명을 입력하면 됩니다. 마우스를 여기로 자동으로 이동시켜 보겠습니다. 돋보기 옆에 있는 검색 창의 네모 박스 어디든 좌표를 미리 확인하세요. 그리고 다음 코드를 작성하세요.

예제 6

```
1  import pyautogui
2  import time
3  
4  #1. 윈도우 시작 버튼 옆의 검색 창으로 갑니다.
5  pyautogui.moveTo(128, 1062, duration=0.3)
6  pyautogui.click( )
7  time.sleep(1)
8  
9  #2. 검색 창에 jupyter notebook이라고 적습니다.
10 import pyperclip
11 
12 pyperclip.copy("jupyter notebook")
13 pyautogui.hotkey("ctrl", "v")
14 
15 #3. 주피터 노트북을 실행합니다.
16 pyautogui.moveTo(184, 534, duration=0.3)
17 pyautogui.click( )
18 time.sleep(7)
```

5 마우스 커서를 시작 버튼 옆의 검색 창이 있는 쪽으로 이동시킵니다.

6 클릭합니다.

10 글씨를 자동으로 써지게 하기 위해 pyperclip 모듈을 임포트합니다.

12 jupyter notebook 글씨를 복사합니다.

13 Ctrl + V를 눌러 복사한 jupyter notebook 글씨를 붙여 넣습니다.

16 주피터 노트북 아이콘 있는 곳으로 이동합니다. 좌표는 여러분과 다를 수 있습니다. 미리 확인하세요.

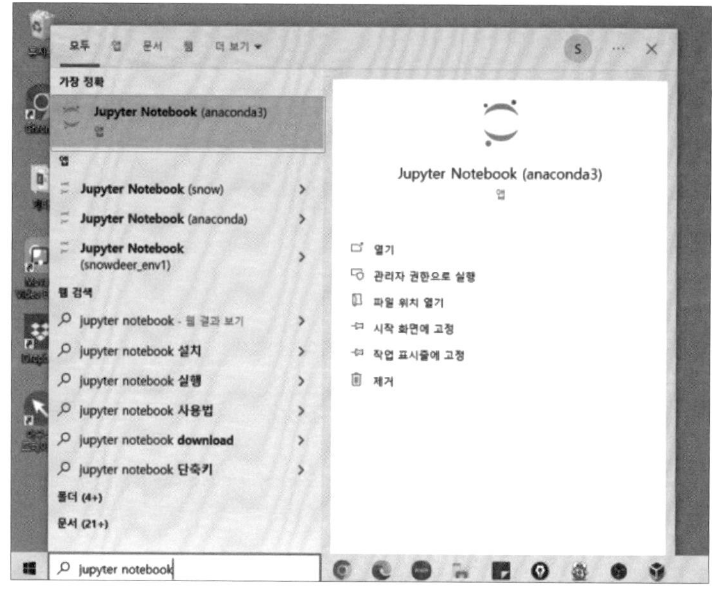

그림 10-9

17 클릭합니다.

18 주피터 노트북이 켜지는 시간을 기다리기 위해 약 7초 정도 대기합니다.

주피터 노트북을 실행하면 주피터 노트북의 메인 페이지가 나타납니다.

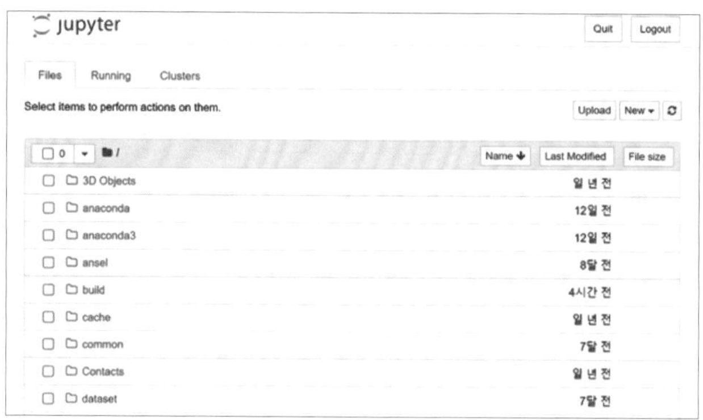

그림 10-10

이제 코딩할 수 있는 창을 열어 보겠습니다. 위 코드에 이어 20번 라인부터 작성하면 됩니다.

예제 7

```
1  import pyautogui
2  import time
3
4  #1. 윈도우 시작 버튼 옆의 검색 창으로 갑니다.
5  pyautogui.moveTo(128, 1062, duration=0.3)
6  pyautogui.click( )
7  time.sleep(1)
8
9  #2. 검색 창에 jupyter notebook이라고 적습니다.
10 import pyperclip, pyautogui
11
12 pyperclip.copy("jupyter notebook")
13 pyautogui.hotkey("ctrl", "v")
14
15 #3. 주피터 노트북을 실행합니다.
16 pyautogui.moveTo(184, 534, duration=0.3)
17 pyautogui.click( )
18 time.sleep(7)
19
20 #4. New를 누르러 갑니다.
21 pyautogui.moveTo(1639, 294, duration=0.5)
22 pyautogui.click( )
23 time.sleep(1)
24
25 #5. Python3을 누릅니다.
26 pyautogui.moveTo(1593, 379, duration=0.3)
27 pyautogui.click( )
28 time.sleep(5)
29
30 #6. 코딩 input 창으로 가서 글씨를 쓸 수 있도록 클릭합니다.
31 pyautogui.moveTo(474, 406, duration=0.3)
32 pyautogui.click( )
33 time.sleep(1)
```

21 ········ 마우스 커서를 주피터 노트북 메인 페이지의 New가 있는 쪽으로 이동시킵니다.

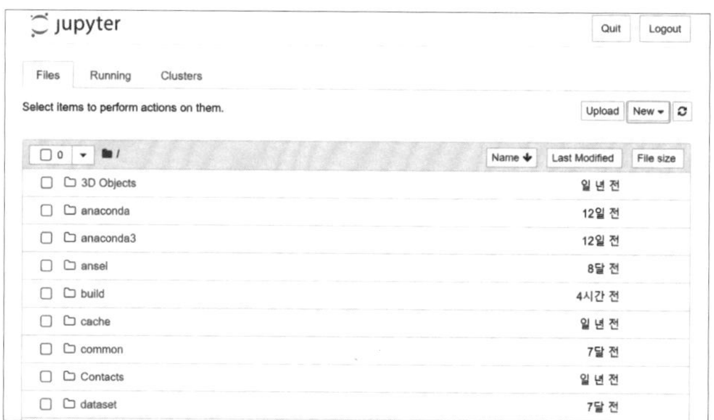

그림 10-11

좌표는 미리 얻어 놓으세요. 이 경우에는 주피터 새 노트를 열고 mouseInfo를 실행하세요.

그리고 마우스 커서를 해당 좌표로 이동해 좌표 정보를 얻어 내세요. 이렇게 하는 이유는 mouseInfo 창을 무한 루프로 실행하고 있는 주피터 노트에서 다른 실행 코드를 동시에 실행할 수 없기 때문입니다. MouseInfo를 실행하는 주피터 노트북과 지금부터 실행하는 실행 코드 창의 주피터 노트북은 서로 별개의 창이어야 합니다.

22 클릭합니다.

23 5초 정도 기다립니다.

31 코드 input 창으로 마우스 커서를 이동시킵니다. 좌표 정보도 미리 확인하세요.

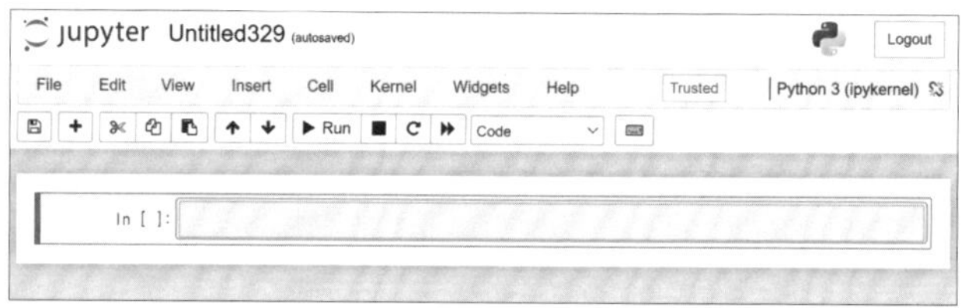

그림 10-12

32 클릭합니다.

33 1초 정도 대기합니다.

그럼 이제 마지막으로 코드 창에 글씨를 써 보겠습니다. 35번 라인부터 이어서 작성하세요.

예제 8

```
1  import pyautogui
2  import time
3  
4  #1. 윈도우 시작 버튼 옆의 검색 창으로 갑니다.
5  pyautogui.moveTo(128, 1062, duration=0.3)
6  pyautogui.click( )
7  time.sleep(1)
8  
9  #2. 검색 창에 jupyter notebook이라고 적습니다.
10 import pyperclip, pyautogui
11 
12 pyperclip.copy("jupyter notebook")
13 pyautogui.hotkey("ctrl", "v")
14 
15 #3. 주피터 노트북을 실행합니다.
16 pyautogui.moveTo(184, 534, duration=0.3)
17 pyautogui.click( )
18 time.sleep(7)
19 
20 #4. New를 누르러 갑니다.
21 pyautogui.moveTo(1639, 294, duration=0.5)
22 pyautogui.click( )
23 time.sleep(1)
24 
25 #5. Python3을 누릅니다.
26 pyautogui.moveTo(1593, 379, duration=0.3)
27 pyautogui.click( )
28 time.sleep(5)
29 
30 #6. 코딩 input 창으로 가서 글씨를 쓸 수 있도록 클릭합니다.
31 pyautogui.moveTo(474, 406, duration=0.3)
32 pyautogui.click( )
33 time.sleep(1)
34 
35 #7. 글씨를 타이핑합니다.
36 pyautogui.press('hangul')
```

```
37
38  pyperclip.copy("# 나의 시작은 비록 미약하나 끝은 분명히 창대할 것입니다.")
39  pyautogui.hotkey("ctrl", "v")
```

36 한/영을 눌러 한글로 변경합니다. 이 코드는 꼭 실행하지 않아도 됩니다. 어차피 한글을 복사할 것이기 때문입니다. 그래도 넣어 두겠습니다.

38 "#나의 시작은 비록 미약하나 끝은 분명히 창대할 것입니다."라는 글씨를 복사합니다.

39 Ctrl+V를 눌러 붙여 넣기합니다.

이제 전체 코드를 실행해 주피터 노트북이 자동으로 열리는지 확인해 보세요.

이렇게 주피터 노트북을 실행해 봤습니다.

04 노동의 종말을 위한 워드 프로세서 자동화

이번에는 워드 문서를 자동으로 여는 자동화 코드를 작성해 보겠습니다.

먼저 갖고 있는 워드 문서 하나를 준비한 후 파일명을 'a.docx'로 저장하세요. .docx는 ms 워드의 확장자명입니다. 파일의 내용은 여러분 마음대로 2~3줄 정도 적으세요.

그리고 워드 문서를 바탕화면에 가져다 둡니다. 어디에 둬도 상관없습니다.

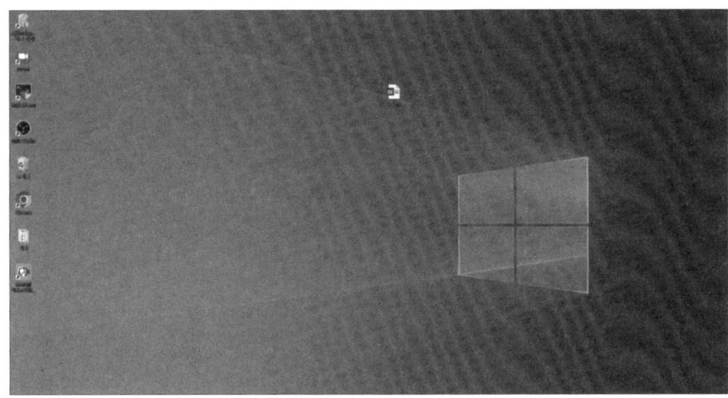

그림 10-13

다음 코드를 실행해 보세요. 메시지 박스라는 검색어를 넣으면 그 검색어를 프린트합니다.

예제 9

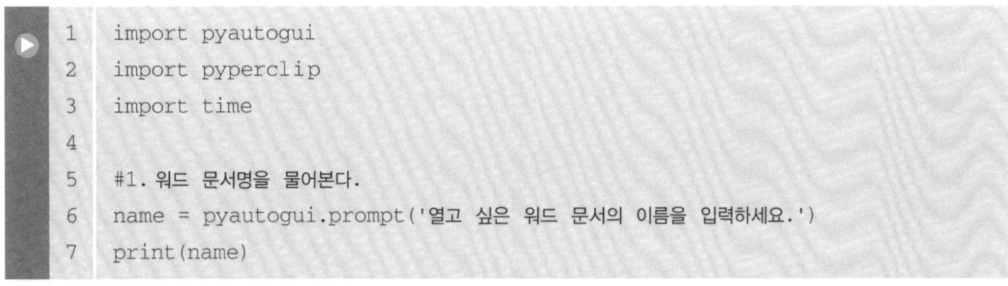

```
import pyautogui
import pyperclip
import time

#1. 워드 문서명을 물어본다.
name = pyautogui.prompt('열고 싶은 워드 문서의 이름을 입력하세요.')
print(name)
```

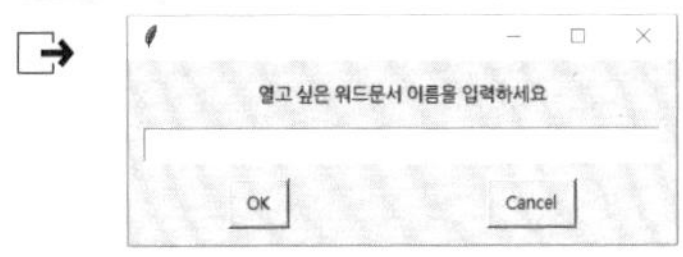

그림 10-14

6 **'열고 싶은 워드 문서 이름을 입력하세요.'**라는 메시지 박스를 열고 입력받은 문자를 name 변수에 할당합니다. 검색 창에 **a.docx**를 입력한 후 [OK] 버튼을 누르거나 Enter를 누르세요.

a.docx 문서명이 출력됩니다. 'a.docx'라는 글씨를 윈도우 시작 버튼 옆의 검색 창에 복사, 붙여 넣기해 보겠습니다.

예제 10

```
1  import pyautogui
2  import pyperclip
3  import time
4
5  #1. 워드 문서명을 물어본다.
6  name = pyautogui.prompt('열고 싶은 워드 문서명을 적으세요')
7
8  #2. 윈도우 시작 버튼 옆의 검색 창으로 갑니다.
9  pyautogui.moveTo(128, 1062, duration=0.3)
10 pyautogui.click( )
11 time.sleep(2)
12
13 #3. 작업 표시줄 검색 창에서 문서 이름.docx로 검색하고 실행합니다.
14 pyperclip.copy(name)
15 pyautogui.hotkey("ctrl", "v")
16 time.sleep(2)
17 pyautogui.hotkey('enter')
18 time.sleep(1)
```

9 마우스를 스크린 왼쪽 아래의 윈도우 시작 버튼 옆에 있는 검색 창으로 이동시킵니다.

10 클릭합니다.

11 워드 문서가 검색되는 동안 2초 정도 대기합니다.

14 name에 할당된 a.docx라는 문자를 복사합니다.

15 Ctrl + V를 눌러 복사한 a.docx라는 글씨를 검색 창에 붙여 넣습니다.

16 2초 동안 대기합니다.

17 Enter를 누릅니다.

18 1초 동안 대기합니다.

실행하면 다음과 같이 워드 문서가 열립니다.

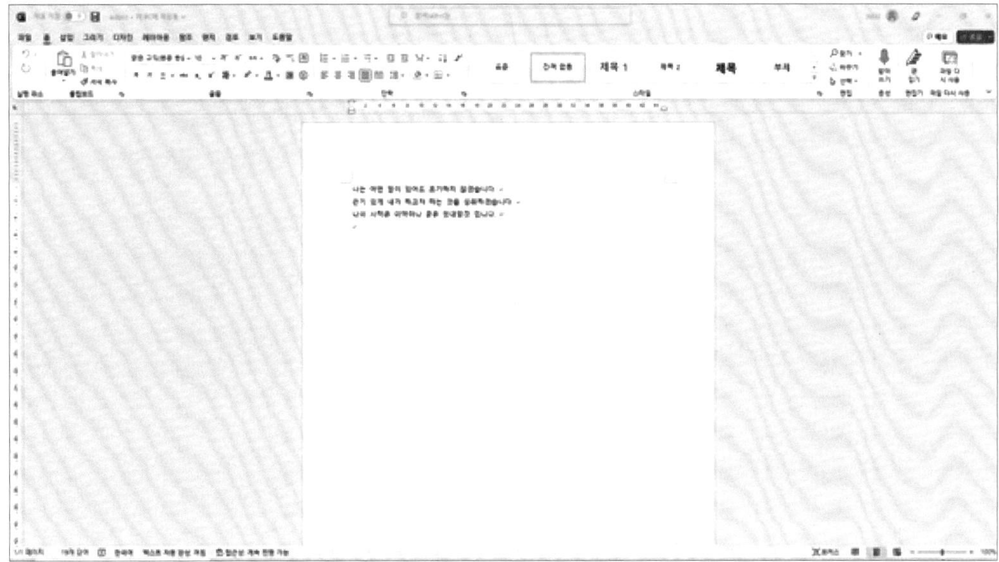

그림 10-15

문서를 좀 더 크게 확장시켜 보겠습니다.

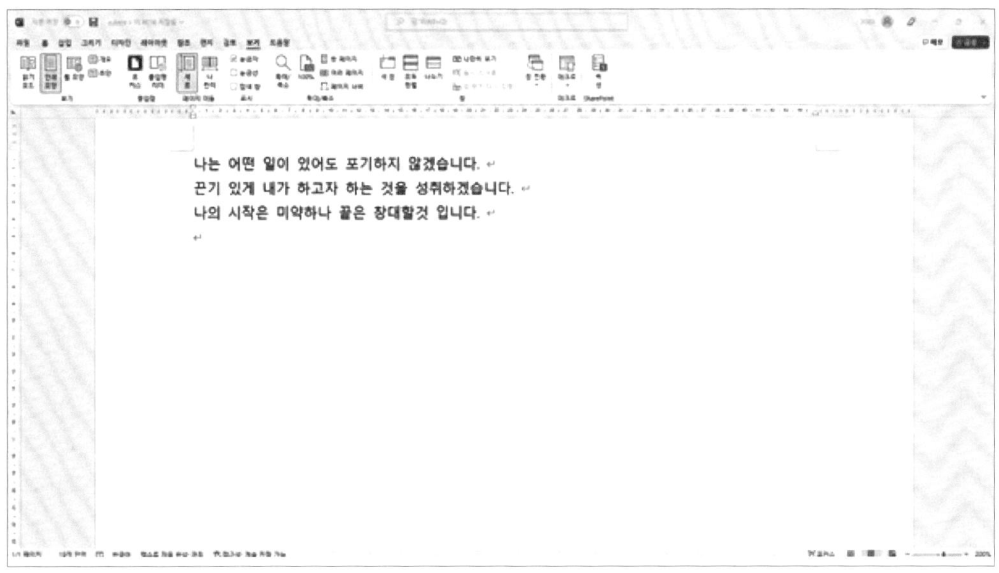

그림 10-16

위 코드에 이어 22번 라인부터 작성하세요.

예제 11

```
import pyautogui
import time

#1. 워드 문서를 물어본다.
import pyautogui
name = pyautogui.prompt('열고 싶은 워드 문서명을 적으세요.')

#2. 윈도우 시작 버튼 옆의 검색 창으로 갑니다.
pyautogui.moveTo(128, 1062, duration=0.3)
pyautogui.click( )
time.sleep(2)

#3. 작업 표시줄 검색 창에서 문서 이름.docx로 검색하고 실행합니다.
import pyperclip, pyautogui

pyperclip.copy(name)
pyautogui.hotkey("ctrl", "v")
time.sleep(2)
pyautogui.hotkey('enter')
time.sleep(1)

#4. 문서를 크게 확장하기 위해 메뉴의 보기 버튼을 누릅니다.
pyautogui.moveTo(478,60, duration=0.5)
pyautogui.click( )

#5. 확대/축소를 누릅니다.
pyautogui.moveTo(535,103, duration=0.5)
pyautogui.click( )
time.sleep(1)

#6. 200% 라디오 버튼을 누릅니다.
pyautogui.moveTo(746,467, duration=0.5)
pyautogui.click( )
time.sleep(1)

#7. 확인을 누릅니다.
```

```
37  pyautogui.moveTo(1057,593, duration=0.5)
38  pyautogui.click( )
```

23~24 문서를 확장하기 위해 메뉴의 [보기] 버튼을 누릅니다. 좌표는 미리 확인하세요.

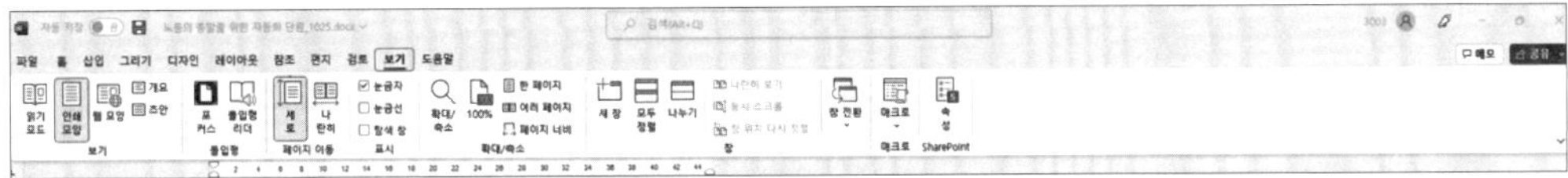

그림 10-17

27~29 [확대/축소] 버튼을 누릅니다. 좌표는 미리 확인하세요.

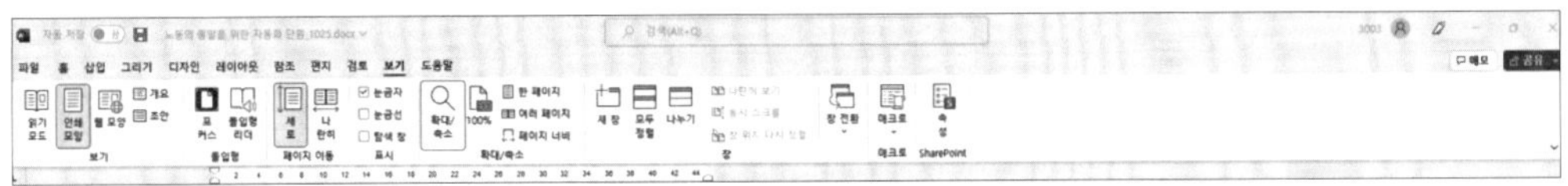

그림 10-18

37~38 [200%] 라디오 버튼을 누릅니다. 좌표는 미리 확인하세요.

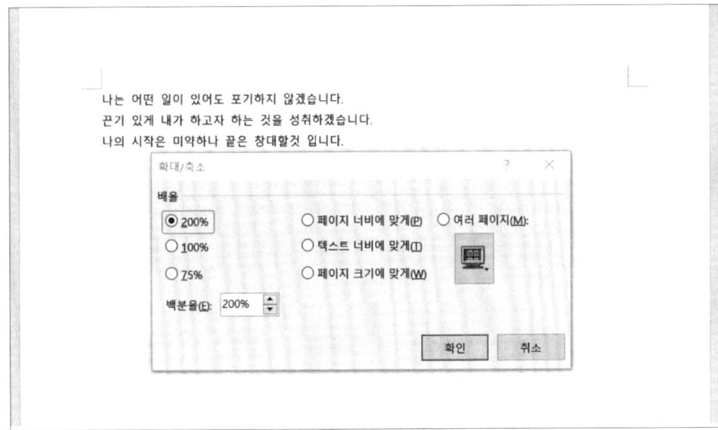

그림 10-19

32~33 [확인] 버튼을 누릅니다.

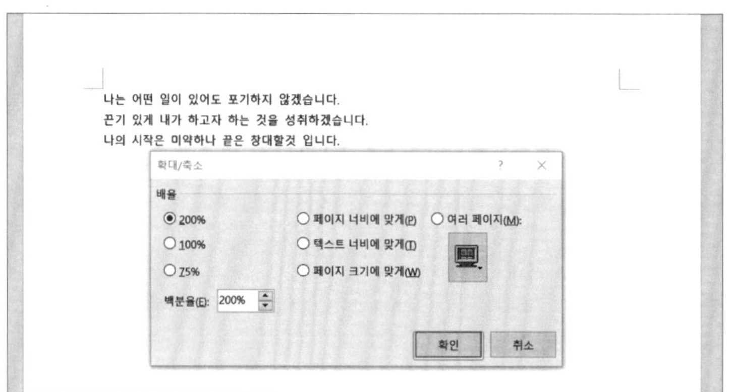

그림 10-20

이렇게 파이썬으로 하여금 워드 문서를 직접 열고 간단한 설정을 하도록 해 봤는데요. 이렇게 마우스 클릭만 자동으로 되게 해도 자동화할 수 있는 것이 많습니다. 여러분이 좀 더 편리하게 자동화를 구현할 수 있도록 마우스 자동화 함수들을 계속 정리해 보겠습니다.

05 노동의 종말을 위한 마우스 자동화

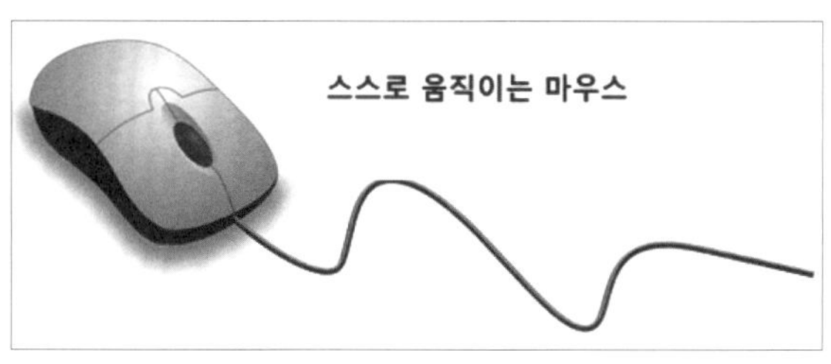

그림 10-21

마우스를 자동으로 움직이게 하는 pyautogui의 함수들은 다음과 같습니다.

표 10-1

	마우스 작업	문법
1	마우스 왼쪽 버튼 클릭	pyautogui.click(button='left')
2	마우스 오른쪽 버튼 클릭	pyautogui.click(button='right')
3	마우스 더블클릭	pyautogui.doubleClick()
4	마우스 이동	pyautogui.moveTo(100, 200)
5	마우스 스크롤링	pyautogui.scroll(10)
6	마우스 드래그	pyautogui.dragTo(100, 200, button='left')

pyautogui.click(button='left')은 마우스 왼쪽 버튼을 클릭하는 것입니다. 가장 많이 사용하는 것이죠. pyautogui.click( )은 pyautogui.click(button='left')와 같습니다.

마우스를 화면의 특정 위치로 이동시키려면 pyautogui.moveTo(x 좌표, y 좌표)를 사용하면 됩니다.

그런데 이렇게 만하면 마우스가 눈에 안 보일 정도로 너무 빨리 이동합니다. 이 경우에는 `pyautogui.moeTo` 함수에 duration을 사용해 조금 천천히 이동시킬 수 있습니다. pyautogui.moveTo(x 좌표, y 좌표, duration = 초)를 써서 천천히 이동시킵니다.

마우스 스크롤도 pyautoguid.scroll로 움직일 수 있는데, 10은 위로 10번, −10은 아래로 10번 스크롤하는 것입니다.

마우스를 이용해 특정 부분을 드래그할 수도 있습니다. 이때는 `pyautogui.dragTo` 함수를 이용합니다. pyautogui.dragTo(100, 200, button='left')는 x 좌표 100, y 좌표 200 지점으로 마우스를 이동하면서 드래그하라는 뜻입니다.

그럼 위 함수를 활용해 보겠습니다. 파이썬이 유튜브 음악 웹 페이지를 자동으로 열리게 하고 음악을 실행하게 해 보겠습니다. https://music.youtube.com에 접속해 계정을 만들고 가입하세요. 계정이 없으면 무료 체험으로 가입하고 실습하면 됩니다. 새로운 웹 브라우저를 연 후 https://music.youtube.com에 접속했을 때 다음과 같이 유튜브 뮤직 메인 페이지가 바로 나오게 해야 실습이 가능합니다.

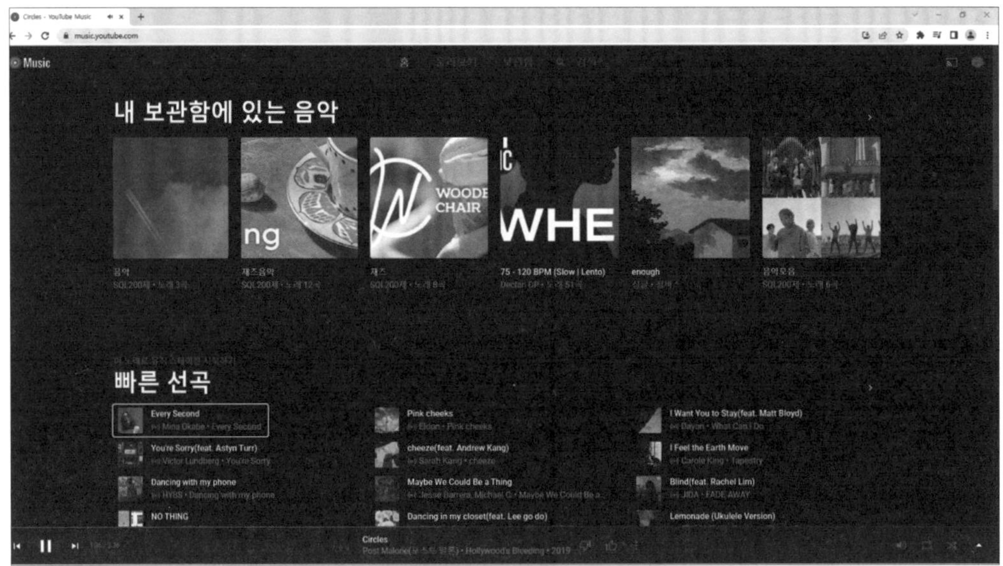

그림 10-22

이 메인 페이지 위 박스 표시가 된 빠른 선곡 첫 번째 곡을 바로 눌러 보게 하겠습니다.

[그림 10-22]의 박스가 보이죠? 빠른 선곡 아래에 첫 번째 노래를 클릭할 수 있는 좌표를 미리 확인하세요.

예제 12

```
1  import webbrowser
2  import time
3  import pyautogui
4
5  webbrowser.open('https://music.youtube.com/')
6  time.sleep(2)
7  pyautogui.moveTo(337, 777, duration=0.3)
8  pyautogui.click( )
```

1 특정 웹 사이트 주소로 자동 접속하기 위해 필요한 모듈인 webbrowser를 임포트합니다.

2 중간에 멈추기 위해 time 모듈을 임포트합니다.

3 마우스와 키보드를 자동으로 움직이게 하기 위한 모듈을 임포트합니다.

5 웹 브라우저를 컴퓨터 스스로 열어 https://music.youtube.com/에 접속하게 합니다.

6 해당 웹 사이트에 접속하는 데 시간이 걸릴 수 있으므로 2초 동안 대기합니다. 만약, 인터넷 속도가 느리다면 좀 더 시간을 늘립니다.

7 빠른 선곡 아래에 나오는 아이콘을 클릭할 수 있도록 마우스를 이동시킵니다.

8 [클릭] 버튼을 눌러 음악을 재생합니다.

마우스를 자동으로 움직이게 하는 함수 여섯 가지와 더불어 이번에는 키보드를 자동으로 움직이게 하는 함수들을 배워 보겠습니다.

06 노동의 종말을 위한 키보드 자동화

사람이 직접 키보드를 누르지 않고 기계가 키보드를 스스로 작동하게 하려면 pyperclip 모듈을 사용하면 됩니다. 이와 관련된 함수를 정리해 보겠습니다.

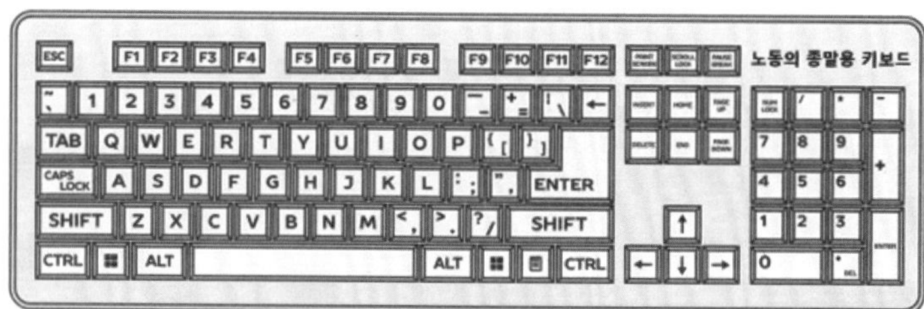

그림 10-23

키보드 작업과 관련된 문법과 예제들입니다. 다음 여섯 가지만 있으면 키보드를 자유롭게 다룰 수 있습니다.

표 10-2

	키보드 작업	문법	관련 예제
1	키보드 눌렀다 떼기	pyautogui.press('키보드명')	pyautogui.press('enter')
2	키보드 누른 상태로 유지하기	pyautogui.keyDown('키보드명')	pyautogui.keyDown('shift')
3	누르고 있던 키보드를 떼기	pyautogui.keyUp('키보드명')	pyautogui.keyUp('shift')
4	키보드 단축키 사용하기	pyautogui.hotkey("키보드명", "키보드명")	pyautogui.hotkey("ctrl", "c")
5	텍스트 복사하기	pyperclip.copy('텍스트')	pyperclip.copy('Hello, World!')
6	텍스트 붙여넣기	pyperclip.paste()	pyperclip.paste()

pyautogui.press('키보드명')는 키보드명에 해당하는 키보드를 한 번 눌렀다 바로 떼는 작업입니다.

pyautogui.keyDown('키보드명')은 키보드명에 해당하는 키보드를 계속 누르고 있는 상태로 유지합니다.

단축키를 누르게 할 수도 있는데요. 이때는 pyautogui.hotkey를 이용하면 됩니다.

단축키의 대표적인 것으로 복사(Ctrl+C), 붙여 넣기(Ctrl+V), 전체 선택(Ctrl+A) 등을 자유롭게 구사할 수 있습니다. 단순히 텍스트를 복사하고 싶다면 pyperclip 모듈의 `copy` 함수를 사용하면 됩니다. 복사한 것을 붙여 넣을 때는 pyperclip 모듈의 `paste( )`를 이용하면 됩니다.

다음은 관련된 키보드의 키명입니다.

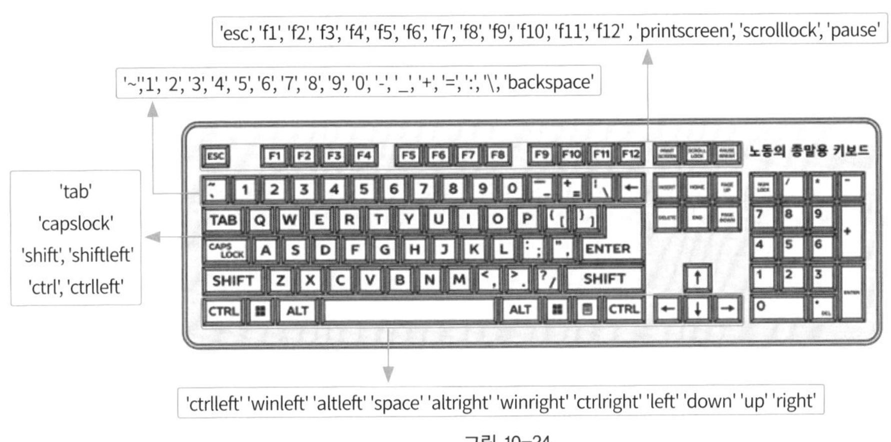

그림 10-24

위의 키보드 다루는 문법들을 참고해 자동화 코드를 만들어 보겠습니다.

웹 브라우저를 연 후 검색 창에 자동으로 검색어를 적고 접속하는 자동화를 구현해 보겠습니다.

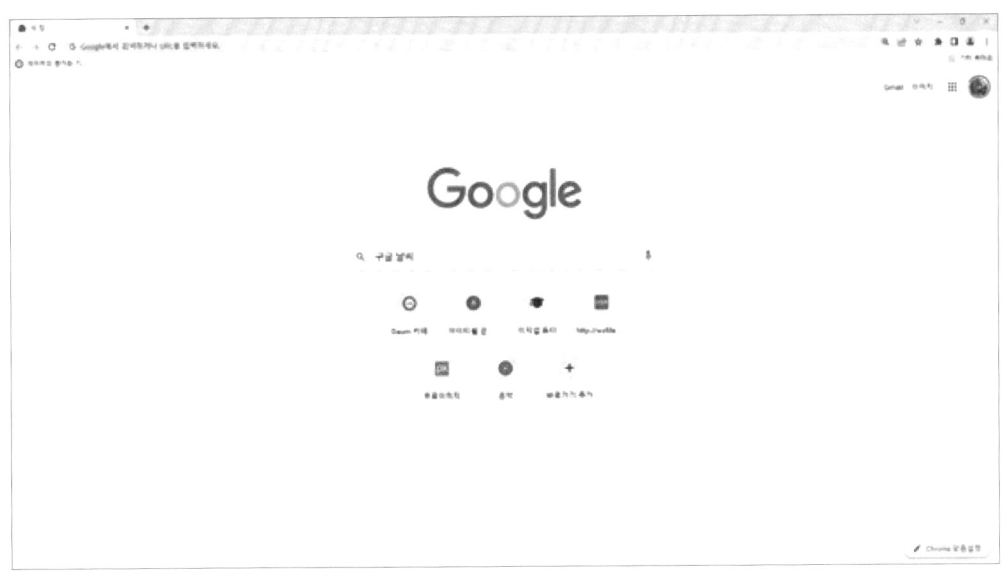

그림 10-25

위와 같이 구글 홈페이지에 접속해 검색 창에 '구글 날씨'를 적고 Enter를 누르도록 해 보겠습니다.

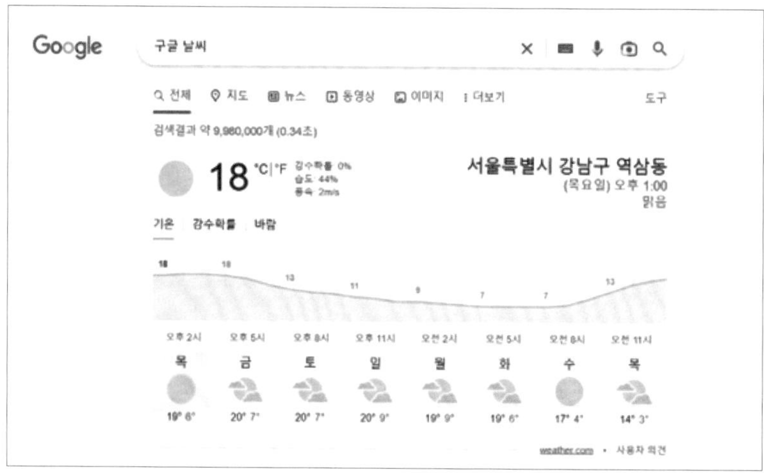

그림 10-26

\# 예제 13

```
1  import webbrowser
2  import time
3  import pyautogui
4  import pyperclip
5
6  webbrowser.open('https://www.google.com/')
7  time.sleep(2)
8  pyautogui.moveTo(764, 471, duration=0.3)
9  pyautogui.click( )
10
11 pyperclip.copy("구글 날씨")
12 pyautogui.hotkey("ctrl", "v")
13 pyautogui.press('enter')
```

4 글씨를 복사할 수 있는 모듈인 pyperclip를 임포트합니다.

6 구글 홈페이지에 접속합니다.

7 2초 정도 대기합니다. 인터넷 속도가 느리면 좀 더 시간을 늘리세요.

8 구글 검색 창이 있는 곳의 좌표로 마우스를 이동시킵니다.

9 글씨를 적을 수 있도록 클릭합니다.

11 '구글 날씨'라는 글씨를 복사합니다.

12 붙여 넣기합니다.

13 Enter를 누릅니다.

온라인 책 서점 yes24에서 『**루틴의 힘**』(부키출판사)을 소개하는 페이지를 보면 다음과 같은 글이 나타납니다.

"아주 작은 습관을 가져 봤고, 신경도 꺼 봤고, 단순하게도 해 봤고, 1만 시간 동안 해 봤고, 이기적으로도 살아봤다. 뇌 과학, 심리학, 철학, 명상에도 기대봤다. 하지만 원하는 성과를 얻지 못했다면? 당신에게 필요한 건 굳은 결심과 노력이 아니다. 바로 '루틴'이다. 루틴은 우리로 하여금 하기 싫을 때에도 시작하게 하고 딴짓의 유혹을 이겨 내며 결국 소망하는 것을 끝까지 해내게 만든다."

바로 이 "**딴짓을 못하게 하고 하고자 하는 것을 이루도록**" 여러분을 도와줄 자동화 코드를 파이썬으로 만들어 보세요. 마우스 자동화와 키보드 자동화 코드를 조합해 하나씩 자동화하면서 공을 들여 보세요. 어느새 이 코드가 여러분의 루틴을 도와줄 **개인 비서**가 돼 있을 것입니다.

07 회사 업무를 자동화

국내 모 기업에서 파이썬 자동화로 하는 일의 일부를 코드로 구현해 봤습니다.

우리나라 광물의 가격을 다운로드한 후 시각화한 것을 파이썬으로 자동화한 예입니다.

먼저 구글 검색 창에서 **한국자원정보서비스**를 검색해 한국자원정보서비스 홈페이지에 접속합니다. 한국자원정보서비스 홈페이지 주소는 다음과 같습니다.

https://www.kores.net/komis/main/userMain/main.do

위의 [**가격/전망지표**]에서 [광물 가격]을 클릭합니다.

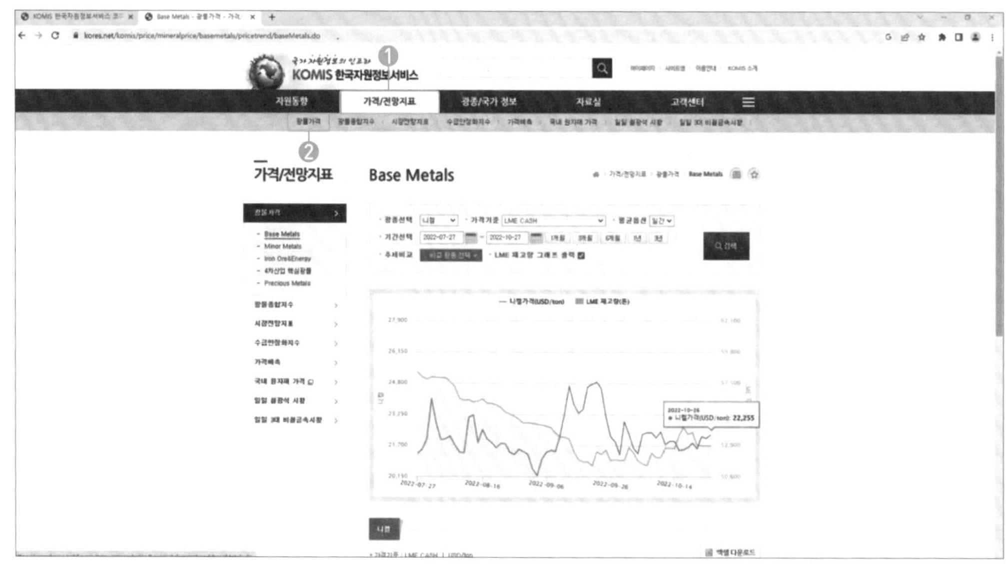

그림 10-27

위 웹 사이트의 전체 검색 url은 다음과 같습니다.

https://www.kores.net/komis/price/mineralprice/basemetals/pricetrend/baseMetals.do

먼저 위의 url로 바로 접속하는 코드를 구현해 보겠습니다.

예제 14

```
1 import webbrowser
2 import time
3 import pyperclip
4 import pyautogui
5 
6 #1. 한국자원정보서비스의 광물 가격 탭으로 바로 이동합니다.
7 webbrowser.open('https://www.kores.net/komis/.. 생략 ../baseMetals.do')
8 time.sleep(2)
```

1-4 자동화 구현에 필요한 모듈을 전부 임포트합니다.

7 한국자원정보서비스의 광물 가격 메뉴로 바로 이동합니다.

8 2초 동안 대기합니다.

그리고 [광종 선택]에서 [알루미늄]을 선택합니다.

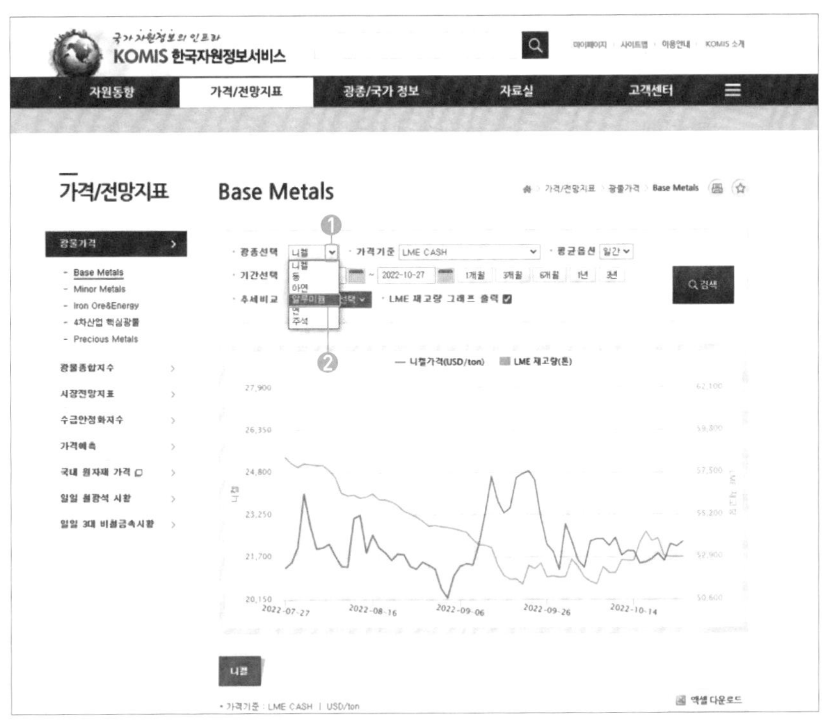

그림 10-28

위 코드에 이어 9번 코드부터 작성하세요.

예제 15

```
1  import webbrowser
2  import time
3  import pyperclip
4  import pyautogui
5
6  #1. 한국자원정보서비스로 접속합니다.
7  webbrowser.open('https://www.kores.net/komis/.. 생략 ../baseMetals.do')
8  time.sleep(2)
9
10 #2. 광석의 종류에서 선택을 누릅니다.
11 pyautogui.moveTo(859, 399, duration=0.3)  # ❶
12 pyautogui.click( )
13
14 #3. 4칸 내려와 알루미늄을 선택합니다.
15 pyautogui.press('down', presses=3)         # 위쪽 방향키를 네 번 입력합니다.
16 time.sleep(0.8)
17 pyautogui.click( )                         # ❷
```

11 광종 선택에서 [drop down] 버튼을 누릅니다. 좌표는 여러분 컴퓨터에 맞춰 적어 주세요.

15 드롭다운을 누르면 아래로 광물이 '니켈'부터 '주석'까지 6개가 나타납니다. 이 중 아래 네 번째에 있는 알루미늄 쪽으로 내려가도록 키보드 화살표 아래를 3번 누르게 합니다.

16~17 0.8초 정도 쉬었다가 클릭합니다.

이번에는 기간을 선택한 후 [검색] 버튼을 눌러 보겠습니다.

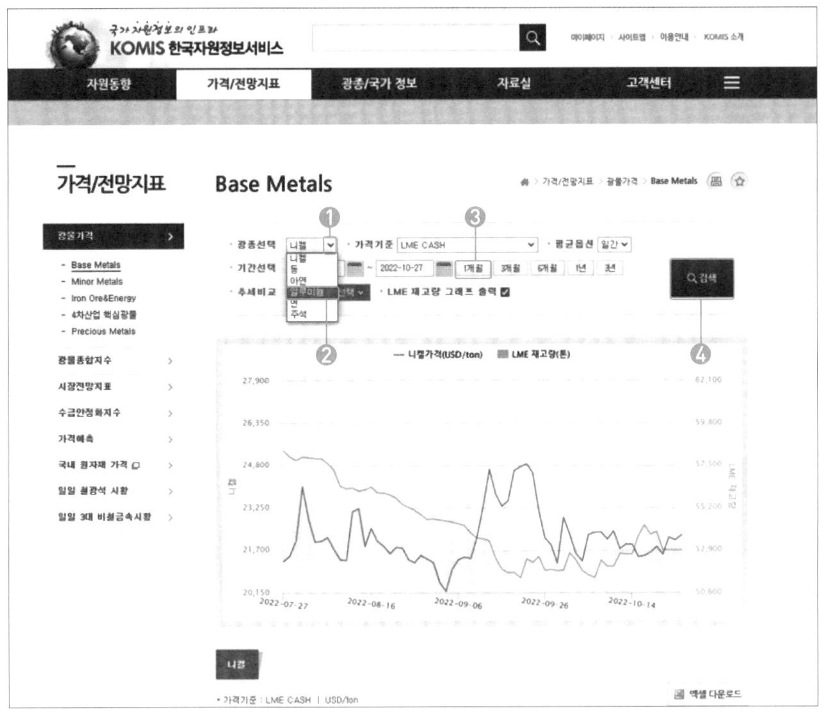

그림 10-29

예제 16

```
import webbrowser
import time
import pyperclip
import pyautogui

#1. 한국자원정보서비스로 접속합니다.
webbrowser.open('https://www.kores.net/komis/.. 생략 ../baseMetals.do')
time.sleep(2)

#2. 광석의 종류에서 선택을 누릅니다.
pyautogui.moveTo(859, 399, duration=0.3)
pyautogui.click( )

#3. 4칸 내려와 알루미늄을 선택합니다.
pyautogui.press('down', presses=3) # 위쪽 방향키를 4번 입력합니다.
time.sleep(0.8)
```

```
17  pyautogui.click( )
18
19  #4. 기간은 1개월을 클릭합니다.
20  pyautogui.moveTo(1062, 435, duration=0.3)  # ❸
21  pyautogui.click( )
22  time.sleep(0.8)
23
24  #5. 검색을 클릭합니다.
25  pyautogui.moveTo(1390, 443, duration=0.3)  # ❹
26  pyautogui.click( )
27  time.sleep(0.8)
```

20 기간을 1개월로 선택하기 위해 1개월 아이콘이 있는 쪽으로 마우스를 이동시킵니다.

21~22 [클릭]을 누른 후 0.8초 동안 대기합니다.

25 검색 버튼이 있는 좌표로 마우스를 이동시킵니다.

26~27 [클릭]을 누른 후 0.8초 동안 대기합니다.

이제 검색한 데이터에 대한 [**엑셀 다운로드**] 버튼을 누른 후 선택한 광물 정보가 들어 있는 엑셀 파일을 다운로드합니다. 그리고 다운로드한 엑셀 파일을 열어 보겠습니다.

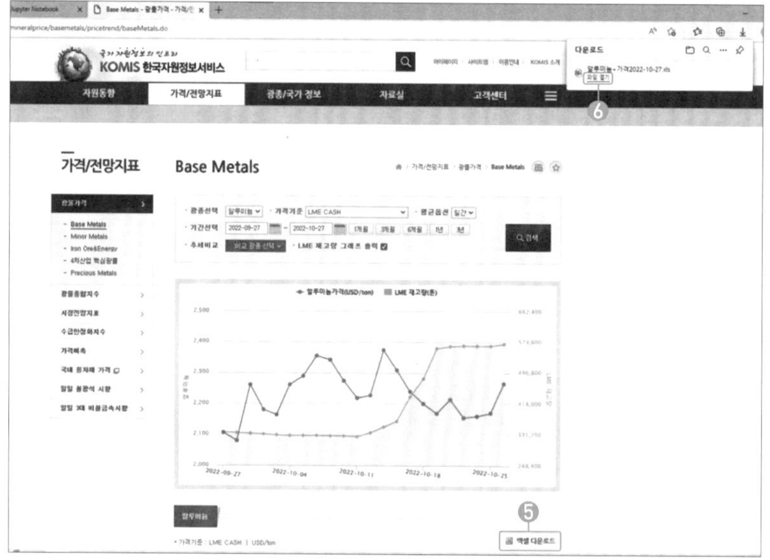

그림 10-30

예제 17

```
import webbrowser
import time
import pyperclip
import pyautogui

#1. 한국자원정보서비스로 접속합니다.
webbrowser.open('https://www.kores.net/komis/.. 생략 ../baseMetals.do')
time.sleep(2)

#2. 광석의 종류에서 선택을 누릅니다.
pyautogui.moveTo(859, 399, duration=0.3)
pyautogui.click( )                              # ❶

#3. 4칸 내려와 알루미늄을 선택합니다.
pyautogui.press('down', presses=3)              # 위쪽 방향키를 네 번 입력합니다.
time.sleep(0.8)
pyautogui.click( )                              # ❷

#4. 기간은 1개월을 클릭합니다.
pyautogui.moveTo(1062, 435, duration=0.3)  # ❸
pyautogui.click( )
time.sleep(0.8)

#5. 검색을 클릭합니다.
pyautogui.moveTo(1390, 443, duration=0.3)  # ❹
pyautogui.click( )
time.sleep(0.8)

#6. 엑셀 다운로드를 클릭합니다.
pyautogui.moveTo(1406, 1017, duration=0.3) # ❺
pyautogui.click( )
time.sleep(0.8)

#7. 다운로드한 파일을 엽니다.
pyautogui.moveTo(1523, 136, duration=0.3)  # ❻
pyautogui.click( )
time.sleep(5)
```

30 마우스를 엑셀 다운로드 아이콘이 있는 곳으로 이동시킵니다.

31~32 클릭을 누른 후 다운로드되는 동안 0.8초 동안 대기합니다.

35 다운로드한 파일의 '파일 열기' 쪽으로 마우스를 이동시킵니다.

36~37 클릭을 누른 후 엑셀 파일이 열리는 동안 5초 정도 기다려 줍니다.

08 노동의 종말을 위해 엑셀 데이터 편집 자동화하기

이제부터는 다운로드한 엑셀 파일을 다뤄 보겠습니다. 다음은 엑셀에서 특정 행을 삭제하고 특정 열을 삭제하는 작업을 자동화해 보겠습니다.

엑셀 파일이 열리고 다음과 같이 노란색 경고창이 나타나면 ❶ '**편집 사용**'을 누릅니다. 그리고 위쪽 표를 삭제하기 위해 ❷ 화살 표시가 있는 쪽의 행 부분을 클릭한 후 Shift를 누른 상태에서 아래 방향키로 4칸 내려갑니다. 그런 다음 오른쪽 마우스를 누른 후 [삭제]를 눌러 위 표를 삭제합니다.

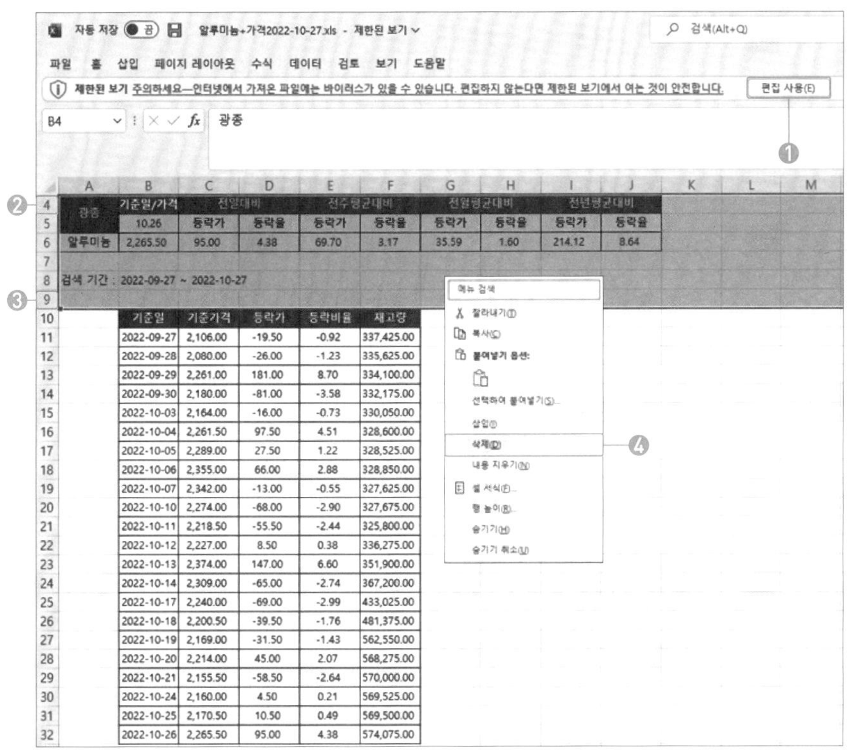

광종	기준일/가격	전일대비		전주평균대비		전월평균대비		전년평균대비	
	10.26	등락가	등락율	등락가	등락율	등락가	등락율	등락가	등락율
알루미늄	2,265.50	95.00	4.38	69.70	3.17	35.59	1.60	214.12	8.64

검색 기간 : 2022-09-27 ~ 2022-10-27

기준일	기준가격	등락가	등락비율	재고량
2022-09-27	2,106.00	-19.50	-0.92	337,425.00
2022-09-28	2,080.00	-26.00	-1.23	335,625.00
2022-09-29	2,261.00	181.00	8.70	334,100.00
2022-09-30	2,180.00	-81.00	-3.58	332,175.00
2022-10-03	2,164.00	-16.00	-0.73	330,050.00
2022-10-04	2,261.50	97.50	4.51	328,600.00
2022-10-05	2,289.00	27.50	1.22	328,525.00
2022-10-06	2,355.00	66.00	2.88	328,850.00
2022-10-07	2,342.00	-13.00	-0.55	327,625.00
2022-10-10	2,274.00	-68.00	-2.90	327,675.00
2022-10-11	2,218.50	-55.50	-2.44	325,800.00
2022-10-12	2,227.00	8.50	0.38	336,275.00
2022-10-13	2,374.00	147.00	6.60	351,900.00
2022-10-14	2,309.00	-65.00	-2.74	367,200.00
2022-10-17	2,240.00	-69.00	-2.99	433,025.00
2022-10-18	2,200.50	-39.50	-1.76	481,375.00
2022-10-19	2,169.00	-31.50	-1.43	562,550.00
2022-10-20	2,214.00	45.00	2.07	568,275.00
2022-10-21	2,155.50	-58.50	-2.64	570,000.00
2022-10-24	2,160.00	4.50	0.21	569,525.00
2022-10-25	2,170.50	10.50	0.49	569,500.00
2022-10-26	2,265.50	95.00	4.38	574,075.00

그림 10-31

위 코드에 이어 39번 라인부터 작성하세요.

예제 18

```
import webbrowser
import time
import pyperclip
import pyautogui

#1. 한국자원정보서비스로 접속합니다.
webbrowser.open('https://www.kores.net/komis/.. 생략 ../baseMetals.do')
time.sleep(2)

#2. 광석의 종류에서 선택을 누릅니다.
pyautogui.moveTo(859, 399, duration=0.3)
pyautogui.click( )                                    # ❶

#3. 4칸 내려와 알루미늄을 선택합니다.
pyautogui.press('down', presses=3)                    # 위쪽 방향키를 네 번 입력합니다.
time.sleep(0.8)
pyautogui.click( )                                    # ❷

#4. 기간은 1개월을 클릭합니다.
pyautogui.moveTo(1062, 435, duration=0.3)             # ❸
pyautogui.click( )
time.sleep(0.8)

#5. 검색을 클릭합니다.
pyautogui.moveTo(1390, 443, duration=0.3)             # ❹
pyautogui.click( )
time.sleep(0.8)

#6. 엑셀 다운로드를 클릭합니다.
pyautogui.moveTo(1406, 1017, duration=0.3)            # ❺
pyautogui.click( )
time.sleep(0.8)

#7. 다운로드한 파일을 엽니다.
pyautogui.moveTo(1523, 136, duration=0.3)             # ❻
pyautogui.click( )
time.sleep(5)

```

```
39  #8. 제한된 보기 경고창이 나타나면 편집할 수 있도록 편집사용을 누릅니다.
40  pyautogui.moveTo(902, 93, duration=0.3)          # ❼
41  pyautogui.click( )
42  time.sleep(0.8)
43
44  #9. 엑셀 파일에서 삭제를 위해 처음 선택할 영역을 클릭합니다.
45  pyautogui.moveTo(19, 300,  0.3)                  # ❽
46  pyautogui.click(button='left')
47  pyautogui.keyDown('shiftleft')
48  pyautogui.keyDown('shiftright')
49  pyautogui.hotkey('down')
50  pyautogui.hotkey('down')
51  pyautogui.hotkey('down')
52  pyautogui.hotkey('down')                         # ❾
53
54  pyautogui.keyUp('shiftleft')
55  pyautogui.keyUp('shiftright')
56
57  #10. 오른쪽 마우스를 누른 후 아래로 4칸 내려가 삭제를 누릅니다.
58  pyautogui.click(button='right')                  # ❿
59  time.sleep(0.8)
60  pyautogui.press('down', presses=7)               # 아래로 7번 내려갑니다.
61  time.sleep(0.8)
62  pyautogui.press('enter')
```

40 제한된 읽기 모드 경고창이 나타나면 편집 사용을 누르기 위해 마우스를 그림 엑셀 자동화 ❼번의 위치로 이동하게 합니다.

41~42 마우스 왼쪽을 클릭한 후 0.8초 동안 대기합니다.

45 엑셀 파일에서 위쪽 표를 삭제하기 위해 위쪽 표가 시작되는 부분으로 이동합니다.

46 마우스 왼쪽을 클릭합니다.

47~48 왼쪽 Shift와 오른쪽 Shift를 둘 다 누릅니다.

49~52 Shift를 누른 상태에서 화살표 아래쪽 방향키를 4번 누릅니다.

54~55 계속 누르고 있던 왼쪽 Shift와 오른쪽 Shift에서 손을 뗍니다.

58 선택된 영역을 삭제하기 위해 마우스 오른쪽을 클릭합니다.

60 그리고 삭제를 누르기 위해 7번 아래로 내려갑니다.

62 Enter를 눌러 삭제시킵니다.

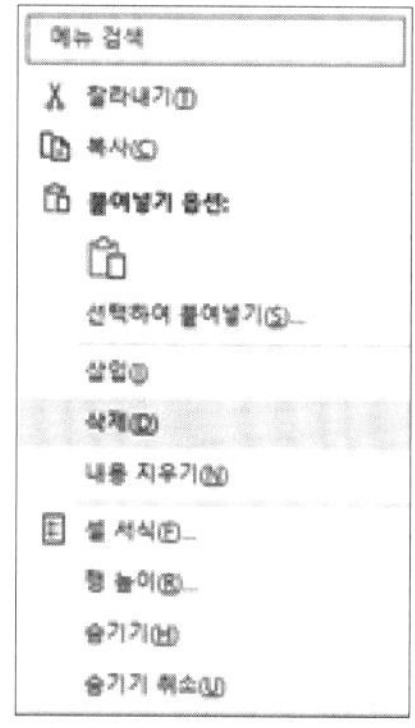

그림 10-32

그럼 아래쪽의 표만 남도록 첫 번째 열을 지워 버리고 지금까지 작업한 내용을 저장해 보겠습니다.

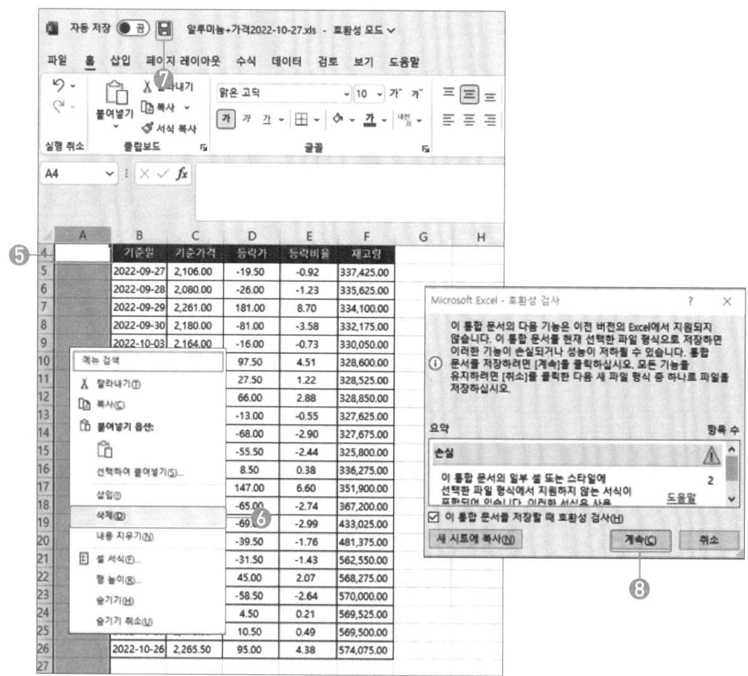

그림 10-33

위 코드에 이어 64번부터 작성하세요.

예제 19

```
1   import webbrowser
2   import time
3   import pyperclip
4   import pyautogui
5
6   #1. 한국자원정보서비스로 접속합니다.
7   webbrowser.open('https://www.kores.net/komis/.. 생략 ../baseMetals.do')
8   time.sleep(2)
9
10  #2. 광석의 종류에서 선택을 누릅니다.
11  pyautogui.moveTo(859, 399, duration=0.3)
12  pyautogui.click( )                                          # ❶
                        ⋮
⋮               코드 중간 생략
                        ⋮
57  #10. 오른쪽 마우스를 누른 후 아래로 4칸 내려가 삭제를 누릅니다.
58  pyautogui.click(button='right')
59  time.sleep(0.8)
60  pyautogui.press('down', presses=7)                          # 아래로 7번 내려갑니다.
61  time.sleep(0.8)
62  pyautogui.press('enter')
63
64  #11. 엑셀의 첫 번째 열을 선택합니다.
65  pyautogui.moveTo(53, 286, duration=0.3)                     # ❺
66  pyautogui.click( )
67  time.sleep(0.8)
68
69  #12. 오른쪽 마우스를 누른 후 아래로 4칸 내려가 삭제를 누릅니다.
70  pyautogui.click(button='right')
71  time.sleep(0.8)
72  pyautogui.press('down', presses=7)                          # ❻
73  time.sleep(0.8)
74  pyautogui.press('enter')
75
76  #13. 엑셀의 저장 버튼을 누릅니다.
77  pyautogui.moveTo(166, 22, duration=0.3)                     # ❼
```

```
78  pyautogui.click( )
79  time.sleep(0.8)
80
81  #14. 계속 버튼이 나타나면 계속을 누릅니다.
82  pyautogui.moveTo(1041, 654, duration=0.3)                    # ❽
83  pyautogui.click( )
84  time.sleep(0.8)
```

65 첫 번째 열을 전체 선택하기 위해 마우스 커서를 엑셀 자동화 2 그림의 ❺번이 있는 곳으로 이동합니다.

66~67 마우스 클릭한 후 0.8초 동안 대기합니다.

70 그 상태에서 오른쪽 마우스를 누릅니다.

72 마우스 오른쪽을 클릭하면 나오는 메뉴에서 일곱 번째 메뉴를 선택합니다.

74 Enter를 누른 후 삭제합니다.

77 엑셀의 저장 아이콘 있는 곳으로 마우스 커서를 이동시킵니다.

78~79 마우스 클릭을 눌러 저장합니다.

82~83 엑셀 자동화 2 그림에 나온 것처럼 경고창이 나타나면 계속 버튼을 누릅니다.

09 노동의 종말을 위해 엑셀 데이터를 자동으로 시각화하기

이제 마지막으로 엑셀 데이터를 시각화해 보겠습니다. 먼저 x 좌표를 그리기 위해 데이터를 선택해 보겠습니다.

기준일	기준가격	등락가	등락비율	재고량
2022-09-27	2,106.00	-19.50	-0.92	337,425.00
2022-09-28	2,080.00	-26.00	-1.23	335,625.00
2022-09-29	2,261.00	181.00	8.70	334,100.00
2022-09-30	2,180.00	-81.00	-3.58	332,175.00
2022-10-03	2,164.00	-16.00	-0.73	330,050.00
2022-10-04	2,261.50	97.50	4.51	328,600.00
2022-10-05	2,289.00	27.50	1.22	328,525.00
2022-10-06	2,355.00	66.00	2.88	328,850.00
2022-10-07	2,342.00	-13.00	-0.55	327,625.00
2022-10-10	2,274.00	-68.00	-2.90	327,675.00
2022-10-11	2,218.50	-55.50	-2.44	325,800.00
2022-10-12	2,227.00	8.50	0.38	336,275.00
2022-10-13	2,374.00	147.00	6.60	351,900.00
2022-10-14	2,309.00	-65.00	-2.74	367,200.00
2022-10-17	2,240.00	-69.00	-2.99	433,025.00
2022-10-18	2,200.50	-39.50	-1.76	481,375.00
2022-10-19	2,169.00	-31.50	-1.43	562,550.00
2022-10-20	2,214.00	45.00	2.07	568,275.00
2022-10-21	2,155.50	-58.50	-2.64	570,000.00
2022-10-24	2,160.00	4.50	0.21	569,525.00
2022-10-25	2,170.50	10.50	0.49	569,500.00
2022-10-26	2,265.50	95.00	4.38	574,075.00

그림 10-34

예제 20

```
import webbrowser
import time
import pyperclip
import pyautogui

#1. 한국자원정보서비스로 접속합니다.
webbrowser.open('https://www.kores.net/komis/.. 생략 ../baseMetals.do')
time.sleep(2)
```

```
9
10   time.sleep(5)
          ⋮
⋮    코드 중간 생략
          ⋮
81   #14. 계속 버튼이 나타나면 계속을 누릅니다.
82   pyautogui.moveTo(1041, 654, duration=0.3)
83   pyautogui.click( )
84   time.sleep(0.8)
85
86   #15. 그래프를 그리기 위해 x 좌표 선택
87   pyautogui.moveTo(48, 318, duration=0.3)              # ❶
88   pyautogui.click( )
89   time.sleep(0.8)
90   pyautogui.keyDown('shiftleft')
91   pyautogui.moveTo(67, 760, duration=0.3)              # ❷
92   pyautogui.click( )
93   time.sleep(0.8)
94   pyautogui.keyUp('shiftleft')
```

87 그림 엑셀 자동화 1에 나오는 좌표를 선택하기 위한 첫 번째 ❶에 마우스 커서를 위치시킵니다.

88~89 클릭하고 0.8초 동안 대기합니다.

90 Shift를 누릅니다.

91 마우스 커서를 ❷로 이동시킵니다.

92 이 상태에서 마우스 클릭을 누르면 그림에 나오는 것처럼 기준일이 선택됩니다.

92~93 클릭을 누른 후 잠깐 0.8초 쉽니다.

94 누르고 있던 Shift를 올립니다.

다음은 그래프의 y 좌표를 얻어 내기 위해 기준 가격 데이터를 선택해 보겠습니다.

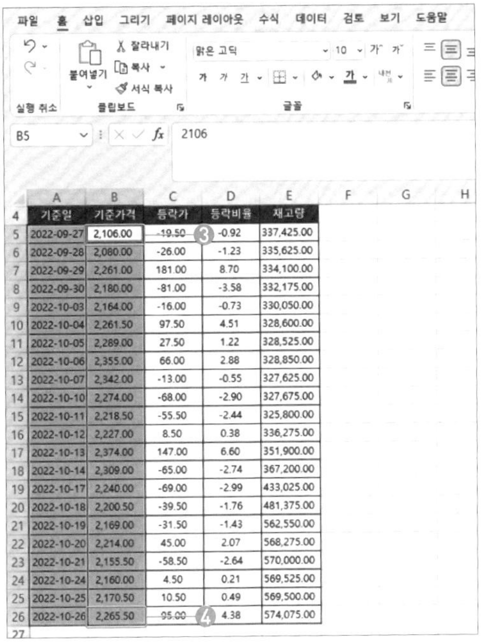

	기준일	기준가격	등락가	등락비율	재고량
5	2022-09-27	2,106.00	-19.50	-0.92	337,425.00
6	2022-09-28	2,080.00	-26.00	-1.23	335,625.00
7	2022-09-29	2,261.00	181.00	8.70	334,100.00
8	2022-09-30	2,180.00	-81.00	-3.58	332,175.00
9	2022-10-03	2,164.00	-16.00	-0.73	330,050.00
10	2022-10-04	2,261.50	97.50	4.51	328,600.00
11	2022-10-05	2,289.00	27.50	1.22	328,525.00
12	2022-10-06	2,355.00	66.00	2.88	328,850.00
13	2022-10-07	2,342.00	-13.00	-0.55	327,625.00
14	2022-10-10	2,274.00	-68.00	-2.90	327,675.00
15	2022-10-11	2,218.50	-55.50	-2.44	325,800.00
16	2022-10-12	2,227.00	8.50	0.38	336,275.00
17	2022-10-13	2,374.00	147.00	6.60	351,900.00
18	2022-10-14	2,309.00	-65.00	-2.74	367,200.00
19	2022-10-17	2,240.00	-69.00	-2.99	433,025.00
20	2022-10-18	2,200.50	-39.50	-1.76	481,375.00
21	2022-10-19	2,169.00	-31.50	-1.43	562,550.00
22	2022-10-20	2,214.00	45.00	2.07	568,275.00
23	2022-10-21	2,155.50	-58.50	-2.64	570,000.00
24	2022-10-24	2,160.00	4.50	0.21	569,525.00
25	2022-10-25	2,170.50	10.50	0.49	569,500.00
26	2022-10-26	2,265.50	95.00	4.38	574,075.00

그림 10-35

파이썬에게 위 작업을 시키기 전에 한 번 위의 2개의 영역을 선택해 보세요. 위와 같이 2개의 컬럼을 모두 선택하는 방법은 먼저 기준일을 선택하는 작업을 앞에서 했던 대로 Shift와 마우스 클릭으로 수행합니다. 그런 다음 Ctrl을 누른 상태에서 ❺번부터 ❹번까지 마우스로 드래그를 합니다. 이 작업을 파이썬에게 시켜 보겠습니다.

예제 21

```
import webbrowser
import time
import pyperclip
import pyautogui

#1. 한국자원정보서비스로 접속합니다.
webbrowser.open('https://www.kores.net/komis/.. 생략 ../baseMetals.do')
time.sleep(2)

time.sleep(5)
    ⋮
코드 중간 생략
    ⋮
```

```
81  #14. 계속 버튼이 나타나면 계속을 누릅니다.
82  pyautogui.moveTo(1041, 654, duration=0.3)
83  pyautogui.click( )
84  time.sleep(0.8)
85
86  #15. 그래프를 그리기 위해 x 좌표 선택
87  pyautogui.moveTo(48, 318, duration=0.3)        # ❶
88  pyautogui.click( )
89  time.sleep(0.8)
90  pyautogui.keyDown('shiftleft')
91  pyautogui.moveTo(67, 760, duration=0.3)        # ❷
92  pyautogui.click( )
93  time.sleep(0.8)
94  pyautogui.keyUp('shiftleft')
95
96  #16. 그래프를 그리기 위해 y 좌표 선택
97  pyautogui.keyDown('ctrlleft')
98  pyautogui.moveTo(118, 319, duration=0.3)       # ❸
99  pyautogui.mouseDown(button='left')
100 pyautogui.dragTo(139, 793, 1, button='left')   # ❹
101 time.sleep(3)
102 pyautogui.mouseUp(button='left')
103 time.sleep(0.8)
104 pyautogui.keyUp('ctrlleft')
```

97 키보드의 왼쪽 Ctrl을 누릅니다 .

98 Ctrl이 눌려 있는 상태에서 마우스 커서를 ❸번 위치로 이동합니다.

99 마우스 왼쪽 버튼을 클릭합니다.

100 마우스를 클릭한 상태에서 ❹번 위치까지 드래그합니다.

102 마우스 왼쪽 버튼을 올립니다.

104 Ctrl을 위로 올립니다.

자, 그러면 그래프를 그려 보겠습니다. 파이썬에게 시키기 전에 먼저 기준일과 기준 가격을 이용해 꺾은선그래프를 직접 그려 보세요.

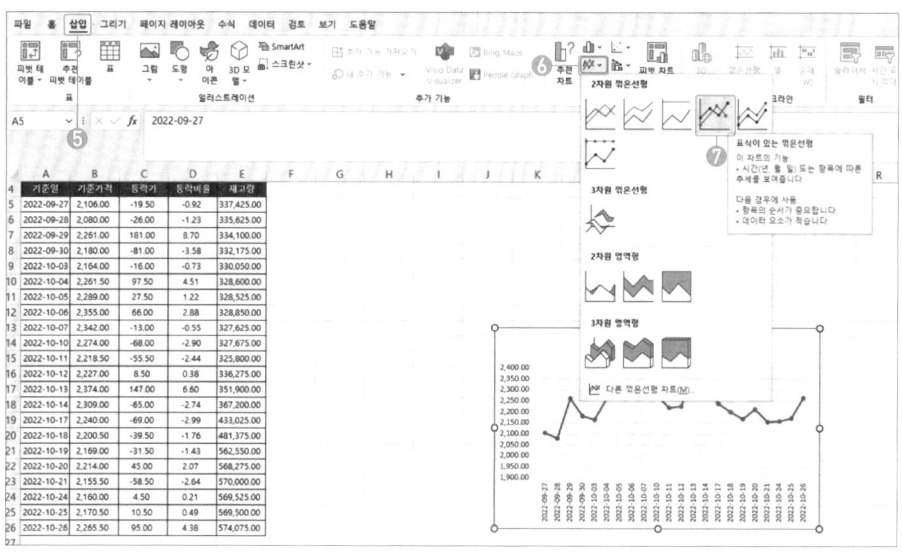

기준일	기준가격	등락가	등락비율	재고량
2022-09-27	2,106.00	-19.50	-0.92	337,425.00
2022-09-28	2,080.00	-26.00	-1.23	335,625.00
2022-09-29	2,261.00	181.00	8.70	334,100.00
2022-09-30	2,180.00	-81.00	-3.58	332,175.00
2022-10-03	2,164.00	-16.00	-0.73	330,050.00
2022-10-04	2,261.50	97.50	4.51	328,600.00
2022-10-05	2,289.00	27.50	1.22	328,525.00
2022-10-06	2,355.00	66.00	2.88	328,850.00
2022-10-07	2,342.00	-13.00	-0.55	327,625.00
2022-10-10	2,274.00	-68.00	-2.90	327,675.00
2022-10-11	2,218.50	-55.50	-2.44	325,800.00
2022-10-12	2,227.00	8.50	0.38	336,275.00
2022-10-13	2,374.00	147.00	6.60	351,900.00
2022-10-14	2,309.00	-65.00	-2.74	367,200.00
2022-10-17	2,240.00	-69.00	-2.99	433,025.00
2022-10-18	2,200.50	-39.50	-1.76	481,375.00
2022-10-19	2,169.00	-31.50	-1.43	562,550.00
2022-10-20	2,214.00	45.00	2.07	568,275.00
2022-10-21	2,155.50	-58.50	-2.64	570,000.00
2022-10-24	2,160.00	4.50	0.21	569,525.00
2022-10-25	2,170.50	10.50	0.49	569,500.00
2022-10-26	2,265.50	95.00	4.38	574,075.00

그림 10-36

그리고 [그림 10-36]의 ❺, ❻, ❼번 위치의 좌표를 먼저 확인해 적어 놓으세요.

그럼 이제 지금까지의 전체 코드에서 그래프를 그리는 부분을 설명하겠습니다.

예제 22

```
import webbrowser
import time
import pyperclip
import pyautogui

#1. 한국자원정보서비스로 접속합니다.
webbrowser.open('https://www.kores.net/komis/price/...생략 ../baseMetals.do')
time.sleep(2)

#2. 광석의 종류에서 선택을 누릅니다.
pyautogui.moveTo(859, 399, duration=0.3)
pyautogui.click( )

#3. 4칸 내려와 알루미늄을 선택합니다.
pyautogui.press('down', presses=3)          # 위쪽 방향키를 네 번 입력합니다.
time.sleep(0.8)
pyautogui.click( )
```

```
#4. 기간은 1개월을 클릭합니다.
pyautogui.moveTo(1062, 435, duration=0.3)
pyautogui.click( )
time.sleep(0.8)

#5. 검색을 클릭합니다.
pyautogui.moveTo(1390, 443, duration=0.3)
pyautogui.click( )
time.sleep(0.8)

#6. 엑셀 다운로드를 클릭합니다.
pyautogui.moveTo(1406, 1017, duration=0.3)
pyautogui.click( )
time.sleep(0.8)

#7. 다운로드한 파일을 엽니다.
pyautogui.moveTo(1523, 136, duration=0.3)
pyautogui.click( )
time.sleep(5)

#8. 경고창이 열리면 엑셀 파일을 편집할 수 있도록 합니다.
pyautogui.moveTo(902, 93, duration=0.3)
pyautogui.click( )
time.sleep(0.8)

#9. 엑셀 파일에서 삭제를 위해 처음 선택할 영역을 클릭합니다.
pyautogui.moveTo(19, 300,  0.3)
pyautogui.click(button='left')
pyautogui.keyDown('shiftleft')
pyautogui.keyDown('shiftright')
pyautogui.hotkey('down')
pyautogui.hotkey('down')
pyautogui.hotkey('down')
pyautogui.hotkey('down')

pyautogui.keyUp('shiftleft')
pyautogui.keyUp('shiftright')
```

```

#10. 오른쪽 마우스를 누른 후 아래로 4칸 내려가 삭제를 누릅니다.
pyautogui.click(button='right')
time.sleep(0.8)
pyautogui.press('down', presses=7)          # 아래로 7번 내려갑니다.
time.sleep(0.8)
pyautogui.press('enter')

#11. 엑셀의 첫 번째 열을 선택합니다.
pyautogui.moveTo(53, 286, duration=0.3)
pyautogui.click( )
time.sleep(0.8)

#12. 오른쪽 마우스를 누른 후 아래로 4칸 내려가 삭제를 누릅니다.
pyautogui.click(button='right')
time.sleep(0.8)
pyautogui.press('down', presses=7)          # 아래로 7번 내려갑니다.
time.sleep(0.8)
pyautogui.press('enter')

#13. 엑셀의 저장 버튼을 누릅니다.
pyautogui.moveTo(166, 22, duration=0.3)
pyautogui.click( )
time.sleep(0.8)

#14. 계속 버튼이 나타나면 계속을 누릅니다.
pyautogui.moveTo(1041, 654, duration=0.3)
pyautogui.click( )
time.sleep(0.8)

#15. 그래프를 그리기 위해 x 좌표 선택
pyautogui.moveTo(48, 318, duration=0.3)
pyautogui.click( )
time.sleep(0.8)
pyautogui.keyDown('shiftleft')
pyautogui.moveTo(59, 781, duration=0.3)
pyautogui.click( )
time.sleep(0.8)
```

```
94  pyautogui.keyUp('shiftleft')
95
96  #15. 그래프를 그리기 위해 y 좌표 선택
97  pyautogui.keyDown('ctrlleft')
98  pyautogui.moveTo(118, 319, duration=0.3)
99  pyautogui.mouseDown(button='left')
100 pyautogui.dragTo(139, 793, duration=3, button='left')
101 time.sleep(3)
102 pyautogui.mouseUp(button='left')
103 time.sleep(0.8)
104 pyautogui.keyUp('ctrlleft')
105
106 #17 메뉴에 삽입 클릭
107 pyautogui.moveTo(113, 64, duration=0.3)                    # ❺
108 pyautogui.click( )
109 time.sleep(0.8)
110
111 #18. 꺾은선그래프 아이콘 클릭
112 pyautogui.moveTo(873, 119, duration=0.3)                   # ❻
113 pyautogui.click( )
114 time.sleep(0.8)
115
116 #19. 표식이 있는 꺾은선그래프 아이콘 클릭
117 pyautogui.moveTo(1035, 189, duration=0.3)                  # ❼
118 pyautogui.click( )
119 time.sleep(0.8)
```

107 삽입 메뉴로 마우스 커서를 이동시킵니다.

108~114 클릭한 후 0.8초 동안 대기합니다.

112 삽입 메뉴 중 꺾은선그래프 아이콘의 드롭다운으로 마우스 커서를 이동시킵니다.

113-114 클릭한 후 0.8초 동안 대기합니다.

117 표식이 있는 꺾은선그래프를 클릭한 후 그래프가 출력되는지 확인합니다.

이제 전체 코드를 돌려 잘되는지 확인해 보세요.

구현 결과 동영상은 다음 링크에서도 확인할 수 있습니다.

https://youtu.be/hoaXnApf0EA

여러분도 잘되나요? 이제 여러분이 자동화하고 싶은 것들을 마음껏 구현해 보세요. 여러분의 반복되는 일을 누군가가 대신 해 준다는 행복한 상상을 해 보세요.

10 버튼만 누르면 원하는 작업이 자동으로 수행되게 하기

이번에는 지금까지 만든 자동화 작업을 편리하게 사용할 수 있는 버튼을 만들어 보겠습니다.

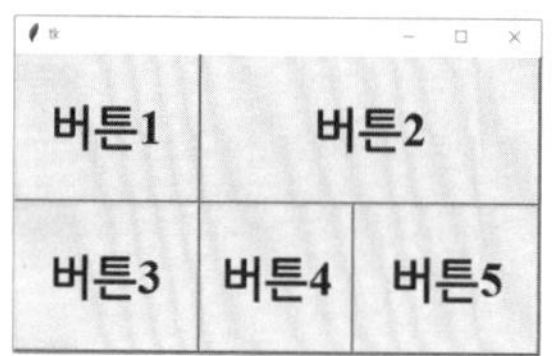

그림 10-37

위와 같이 5개의 버튼을 만들 예정인데, 이 버튼을 누르면 앞에서 수행했던 작업이 수행되게 해 보겠습니다.

먼저 tkinter라는 모듈을 설치해야 합니다.

작업할 주피터 노트북에서 pip install 명령어로 tkinter 모듈을 설치해도 되지만, 아나콘다 프롬프트 창을 열고 설치해 보겠습니다.

작업 표시줄의 왼쪽 아래에 있는 윈도우 시작 버튼 옆의 검색 창에 **Anaconda Prompt**를 입력하세요.

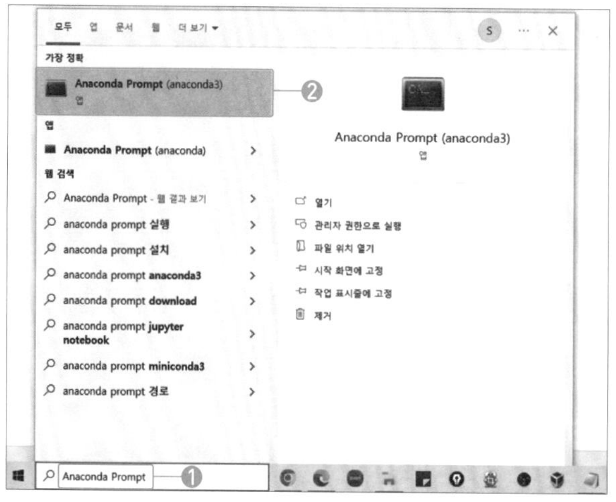

그림 10-38

그리고 실행하면 다음과 같이 검은색 명령 프롬프트 창이 나타납니다. 그런 다음 **pip install tkinter**라고 입력하고 실행해 tkinter 모듈을 설치하세요.

그림 10-39

최신 파이썬 버전에서는 이미 tkinter가 내장돼 있어서 위와 같이 설치하면 이미 설치가 돼서 에러가 발생할 수 있습니다. 이미 설치가 돼 있으므로 바로 다음 예제를 보면 됩니다.

주피터 노트북으로 돌아와 다음 코드를 실행하세요.

\# 예제 23

```
1  from tkinter import *
2  from tkinter import font as tkFont
3  
4  root = Tk( )
5  
6  root.geometry('450x250+1450+750')
7  times30 = tkFont.Font(family='Times', size=30, weight=tkFont.BOLD)
8  btn1 = Button(text='버튼 1', font=times30)
9  btn2 = Button(text='버튼 2', font=times30)
10 btn3 = Button(text='버튼 3', font=times30)
11 btn4 = Button(text='버튼 4', font=times30)
12 btn5 = Button(text='버튼 5', font=times30)
13 
14 root.rowconfigure( 0, weight=1)
15 root.columnconfigure( 0 , weight=2)
16 btn1.grid(row=0, column=0, columnspan=1, sticky='EWNS')
17 btn2.grid(row=0, column=1, columnspan=2, sticky='EWNS')
18 btn3.grid(row=1, column=0, columnspan=1, sticky='EWNS')
19 btn4.grid(row=1, column=1, columnspan=1, sticky='EWNS')
20 btn5.grid(row=1, column=2, columnspan=1, sticky='EWNS')
21 
22 root.mainloop( )
```

1 tkinter 모듈의 모든 함수를 이 코드 창에서 사용하겠다고 지정합니다.

2 버튼의 글씨 크기와 글씨체 등을 조정하기 위한 모듈인 tkFont를 사용하겠다고 지정합니다.

4 Tk 클래스를 이용해 root라는 객체를 생성합니다.

5 450은 출력되는 창의 가로 크기, 250은 출력될 창의 세로 크기입니다.

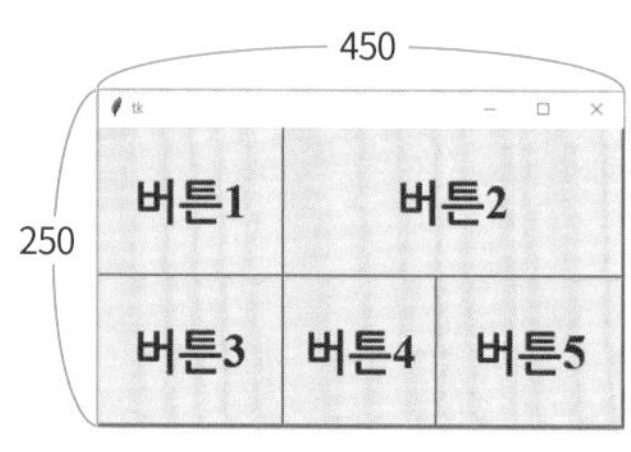

그림 10-40

1450과 750은 스크린 전체에서 출력되는 버튼 창을 어느 부분에 위치시킬 것인지를 나타냅니다. 필자는 스크린 오른쪽 아래의 시계 위쪽에 표시하고 싶어서 스크린의 x 좌표를 1,450, 스크린의 y 좌표를 750으로 했습니다.

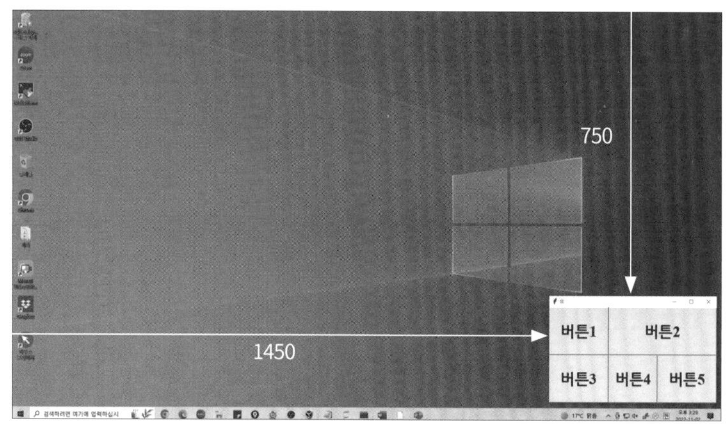

그림 10-41

7 버튼의 글씨체를 Times체로 지정한 후 글씨 크기를 30으로 지정합니다. 그리고 글씨의 굵기를 tkFont.BOLD로 지정해 굵게 표시되게 합니다.

8 btn1 = Button(text='버튼 1', font=times30)은 Button 클래스를 이용해 btn1이라는 객체를 생성하는 것입니다. 객체를 생성할 때 버튼에 표시할 글씨를 text에 넣어 주고 글씨 폰트를 font에 지정합니다.

9~12 8번 라인의 버튼 객체 생성과 같은 방법으로 버튼을 5개 생성합니다.

14 root.rowconfigure(0, weight=1)에서 숫자 0은 행의 첫 번째 행을 가리킵니다. 숫자 1이 두 번째 행입니다. weight는 비중을 나타내며 첫 번째 행의 비중을 1로 두겠다는 것입니다. 이 비중을 높이고 실행하면 바로 알 수 있습니다.

15 root.columnconfigure(1, weight=2)는 컬럼 첫 번째의 비중을 2로 지정하겠다는 것입니다. 컬럼 첫 번째는 두 번째 컬럼을 가리킵니다. 역시 비중을 높이고 실행해 보면 바로 알 수 있습니다.

```
root.rowconfigure( 0 , weight= 1)
root.columnconfigure( 1, weight=2)
```

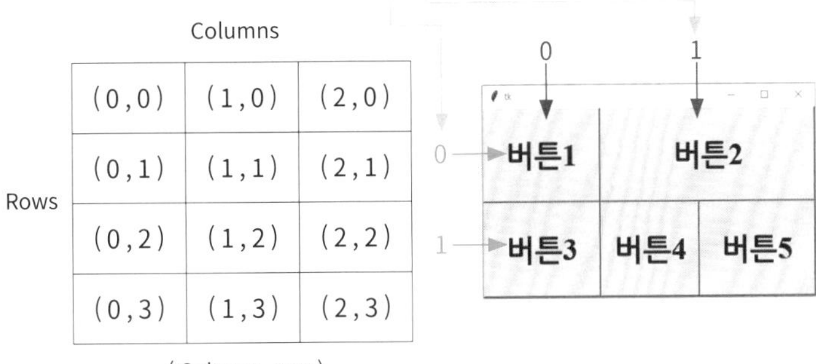

그림 10-42

위와 같이 첫 번째 컬럼의 비중을 2로 지정했기 때문에 버튼 2가 조금 넉넉히 나왔습니다. 버튼 2가 중요한 버튼이므로 좀 크게 두고 싶어서 이렇게 지정했습니다.

16 btn1.grid는 다음과 같이 버튼을 5개의 영역으로 나눠 만드는 함수입니다.

```
btn1.grid(row=0, column=0, columnspan=1, sticky='EWNS')
btn2.grid(row=0, column=1, columnspan=2, sticky='EWNS')
btn3.grid(row=1, column=0, columnspan=1, sticky='EWNS')
btn4.grid(row=1, column=1, columnspan=1, sticky='EWNS')
btn5.grid(row=1, column=2, columnspan=1, sticky='EWNS')
```

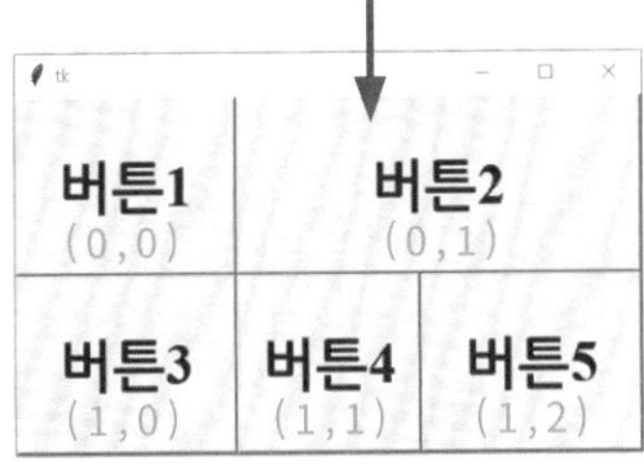

그림 10-43

5개의 영역으로 나눈 후 '버튼 2'만 확장시킵니다.

sticky='EWNS'는 버튼을 꽉 차게 보이게 할 것인지의 여부를 결정하는 것인데, 다음과 같이 빼고 실행해 보면 쉽게 알 수 있습니다.

```
btn1.grid(row=0, column=0, columnspan=1, sticky='EWNS')
btn2.grid(row=0, column=1, columnspan=2, sticky='EWNS')
btn3.grid(row=1, column=0, columnspan=1, sticky='EWNS')
btn4.grid(row=1, column=1, columnspan=1, sticky='EWNS')
btn5.grid(row=1, column=2, columnspan=1, sticky='EWNS')
```

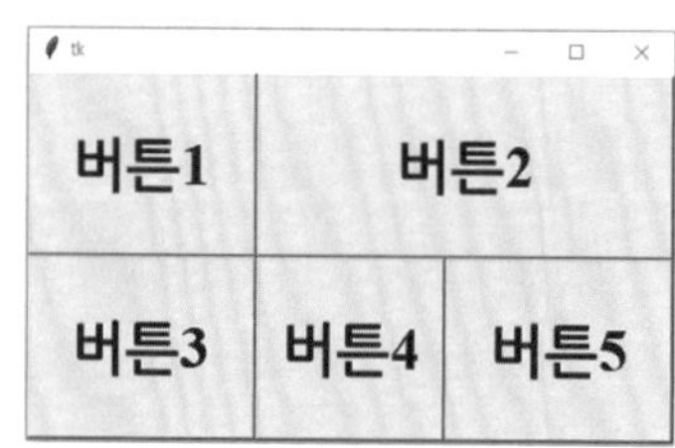

그림 10-44

위와 같이 버튼이 작게 나타납니다. 그러면서 아래쪽 버튼이 좀 엉성한 모양을 보입니다. 아무래도 버튼은 꽉 채워 보는 것이 더 나아 보입니다. 그래서 sticky='EWNS'를 코드에 넣었습니다.

22 마지막 root.mainloop( )는 지금 띄운 버튼 창을 무한 루프를 돌리면서 계속 띄우겠다는 것입니다. 만약, 이 코드가 없으면 위의 창이 순식간에 나타났다가 사라져 버립니다. 눈에 보이지 않을 정도로 빨리 사라져서 마치 아무것도 실행되지 않은 것 같습니다.

11 버튼 1을 눌렀을 때 주피터 노트북이 자동으로 열리게 하기

이번에는 버튼을 눌렀을 때 앞에서 만들었던 자동화 코드들이 바로 작동되게 해 보겠습니다.

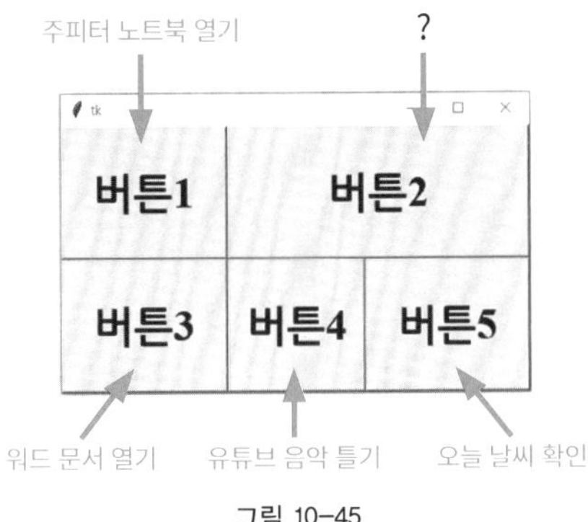

그림 10-45

버튼 2가 가장 큰데, 여러분에게 개인적으로 필요한 자동화를 위해 비워 두겠습니다.

먼저 버튼 1부터 구현해 보겠습니다. 버튼 1을 눌렀을 때 주피터 노트북이 자동으로 열리게 해 보겠습니다. 앞에서 만들었던 주피터 노트북을 자동으로 여는 코드를 가져오겠습니다.

일단 먼저 코드가 잘 수행되는지부터 확인하세요. 마우스를 클릭하는 해당 위치의 좌표는 여러분의 좌표여야 합니다.

\# 예제 24

```
import pyautogui
import time

#1. 윈도우 시작 버튼 옆의 검색 창으로 갑니다.
pyautogui.moveTo(128, 1062, duration=0.3)
pyautogui.click( )
time.sleep(1)

#2. 검색 창에 jupyter notebook이라고 적습니다.
import pyperclip, pyautogui

```

```
pyperclip.copy("jupyter notebook")
pyautogui.hotkey("ctrl", "v")

#3. 주피터 노트북을 실행합니다.
pyautogui.moveTo(184, 534, duration=0.3)
pyautogui.click( )
time.sleep(7)

#4. New를 누르러 갑니다.
pyautogui.moveTo(1639, 294, duration=0.5)
pyautogui.click( )
time.sleep(1)

#5. Python3을 누릅니다.
pyautogui.moveTo(1593, 379, duration=0.3)
pyautogui.click( )
time.sleep(5)

#6. 코딩 input 창으로 가서 글씨를 쓸 수 있도록 클릭합니다.
pyautogui.moveTo(474, 406, duration=0.3)
pyautogui.click( )
time.sleep(1)

#7. 글씨를 타이핑합니다.
pyautogui.press('hangul')

pyperclip.copy("# 나의 시작은 비록 미약하나 끝은 분명히 창대할 것입니다.")
pyautogui.hotkey("ctrl", "v")
```

다음은 수행 결과 화면입니다.

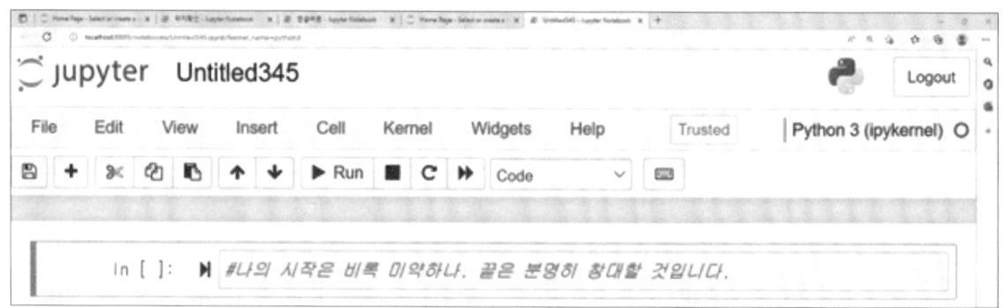

그림 10-46

이 코드를 함수로 만든 후 버튼에 연동해 주면 끝입니다.

주피터 새 노트를 연 후 노트의 이름을 'auto_button5'로 변경하세요. 첫 번째 셀은 '주피터 노트북 자동으로 여는 코드', 두 번째 셀은 '버튼 5개 생성하는 코드'로 준비하세요.

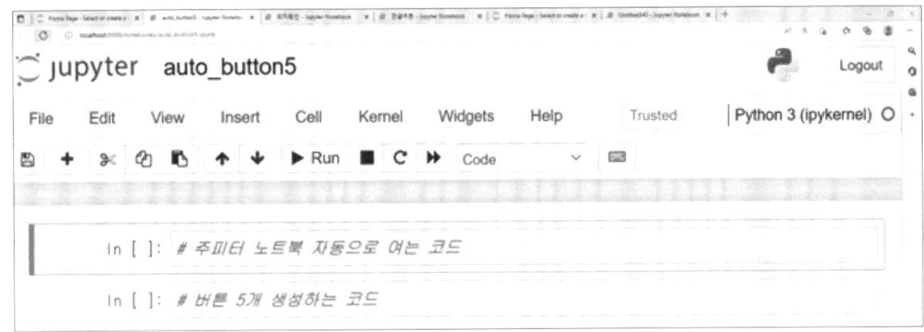

그림 10-47

그런 다음 첫 번째 셀에 자동으로 여는 코드를 모두 복사합니다. 두 번째 셀에는 주피터 노트북 자동으로 여는 코드를 함수로 만들어 주세요. 함수명은 `auto_open_jupyter`로 정하겠습니다.

예제 25

```
def auto_open_jupyter( ):
    import pyautogui
    import time

    #1. 윈도우 시작 버튼 옆의 검색 창으로 갑니다.
    pyautogui.moveTo(128, 1062, duration=0.3)
    pyautogui.click( )
    time.sleep(1)

    #2. 검색 창에 jupyter notebook이라고 적습니다.
    import pyperclip, pyautogui

    pyperclip.copy("jupyter notebook")
    pyautogui.hotkey("ctrl", "v")

    #3. 주피터 노트북을 실행합니다.
    pyautogui.moveTo(184, 534, duration=0.3)
    pyautogui.click( )
    time.sleep(7)
```

```
20
21      #4. New를 누르러 갑니다.
22      pyautogui.moveTo(1639, 294, duration=0.5)
23      pyautogui.click( )
24      time.sleep(1)
25
26      #5. Python3을 누릅니다.
27      pyautogui.moveTo(1593, 379, duration=0.3)
28      pyautogui.click( )
29      time.sleep(5)
30
31      #6. 코딩 input 창으로 가서 글씨를 쓸 수 있도록 클릭합니다.
32      pyautogui.moveTo(474, 406, duration=0.3)
33      pyautogui.click( )
34      time.sleep(1)
35
36      #7. 글씨를 타이핑합니다.
37      pyautogui.press('hangul')
38
39      pyperclip.copy("#나의 시작은 비록 미약하나 끝은 분명히 창대할 것입니다.")
40      pyautogui.hotkey("ctrl", "v")
41
42  auto_open_jupyter( )
```

1-40 auto_open_jupyter( )라는 이름으로 함수를 생성합니다. 그리고 2번 라인부터 40번까지 4칸 들여쓰기해서 오른쪽으로 붙입니다. 이때 좀 더 편리하게 4칸 들여쓰기를 하려면 2번 라인부터 40번까지 전체를 선택한 후 Tab을 누르면 선택한 전체 코드가 오른쪽으로 한 번에 이동합니다. Shift+Tab을 누르면 다시 왼쪽으로 한 번에 이동합니다.

42 auto_open_jupyter( ) 함수를 실행합니다. 일단 잘 실행되는지 확인하고 잘 실행되면 함수를 실행하는 42번줄은 지워 주세요. 그리고 함수를 생성하는 1번 라인부터 40번 라인만 남겨 두세요.

그리고 두 번째 셀인 '버튼 만드는 셀'에서 첫 번째 셀에서 만든 함수를 호출하겠습니다. 지금 만든 auto_open_jupyter를 버튼 1을 눌렀을 때 작동되도록 하기만 하면 됩니다.

예제 26

```
1  from tkinter import *
2  from tkinter import font as tkFont
3
4  root = Tk( )
5
6  root.geometry('450x250+1450+750')
7  times30 = tkFont.Font(family='Times', size=30, weight=tkFont.BOLD)
8  btn1 = Button(text='버튼 1', font=times30, command=auto_open_jupyter )
9  btn2 = Button(text='버튼 2', font=times30)
10 btn3 = Button(text='버튼 3', font=times30)
11 btn4 = Button(text='버튼 4', font=times30)
12 btn5 = Button(text='버튼 5', font=times30)
13
14 root.rowconfigure( 0, weight=1)
15 root.columnconfigure( 0 , weight=2)
16 btn1.grid(row=0, column=0, columnspan=1, sticky='EWNS')
17 btn2.grid(row=0, column=1, columnspan=2, sticky='EWNS')
18 btn3.grid(row=1, column=0, columnspan=1, sticky='EWNS')
19 btn4.grid(row=1, column=1, columnspan=1, sticky='EWNS')
20 btn5.grid(row=1, column=2, columnspan=1, sticky='EWNS')
21
22 root.mainloop( )
```

8 첫 번째 버튼을 눌렀을 때 auto_open_jupyter 함수가 실행될 수 있도록 command 옵션의 값으로 auto_open_jupyter를 기술합니다.

그리고 다시 한번 함수를 생성하는 첫 번째 셀을 실행하고 버튼 5개 만드는 셀을 실행하세요.

다음과 같이 버튼 5개가 나타납니다. 버튼이 나타나는 데 10초 정도 기다릴 수도 있습니다. 그리고 버튼 1을 눌러 잘 작동되는지 확인해 보세요.

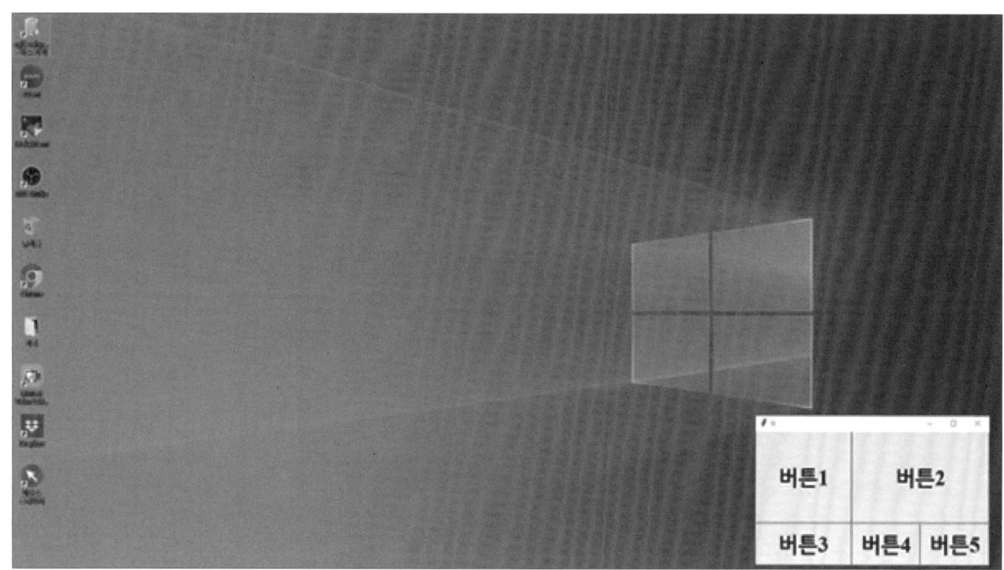

그림 10-48

12 버튼 3을 눌렀을 때 워드 문서가 자동으로 열리게 하기

먼저 앞에서 자동화했던 특정 워드 문서를 자동으로 여는 코드를 함수로 생성합니다.

예제 27

```
# 워드 문서 자동으로 여는 함수

def auto_open_word( ):
    import pyautogui
    import pyperclip
    import time

    #1. 워드 문서명을 물어본다.
    name = pyautogui.prompt('열고 싶은 워드 문서명을 적으세요.')

    #2. 윈도우 시작 버튼 옆의 검색 창으로 갑니다.
    pyautogui.moveTo(128, 1062, duration=0.3)
    pyautogui.click( )
    time.sleep(2)

    #3. 작업 표시줄 검색 창에서 문서 이름.docx로 검색하고 실행합니다.

    pyperclip.copy(name)
    pyautogui.hotkey("ctrl", "v")
    time.sleep(2)
    pyautogui.hotkey('enter')
    time.sleep(1)

    #4. 문서를 크게 확장하기 위해 메뉴의 보기 버튼을 누릅니다.
    pyautogui.moveTo(478,60, duration=0.5)
    pyautogui.click( )

    #5. 확대/축소를 누릅니다.
    pyautogui.moveTo(535,103, duration=0.5)
    pyautogui.click( )
```

```
    time.sleep(1)

    #6. 200% 라디오 버튼을 누릅니다.
    pyautogui.moveTo(746,467, duration=0.5)
    pyautogui.click( )
    time.sleep(1)

    #7. 확인을 누릅니다.
    pyautogui.moveTo(1057,593, duration=0.5)
    pyautogui.click( )
```

그런 다음 버튼 5개 중 3번째 버튼을 눌렀을 때 위 함수가 수행되게 합니다. 다음과 같이 10번째 라인에 command 옵션을 적은 후 `auto_open_word` 함수명을 적으세요.

예제 28

```
1  from tkinter import *
2  from tkinter import font as tkFont
3
4  root = Tk( )
5
6  root.geometry('450x250+1450+750')
7  times30 = tkFont.Font(family='Times', size=30, weight=tkFont.BOLD)
8  btn1 = Button(text='버튼 1', font=times30, command=auto_open_jupyter )
9  btn2 = Button(text='버튼 2', font=times30)
10 btn3 = Button(text='버튼 3', font=times30, command=auto_open_word )
11 btn4 = Button(text='버튼 4', font=times30)
12 btn5 = Button(text='버튼 5', font=times30)
13
14 root.rowconfigure( 0, weight=1)
15 root.columnconfigure( 0 , weight=2)
16 btn1.grid(row=0, column=0, columnspan=1, sticky='EWNS')
17 btn2.grid(row=0, column=1, columnspan=2, sticky='EWNS')
18 btn3.grid(row=1, column=0, columnspan=1, sticky='EWNS')
19 btn4.grid(row=1, column=1, columnspan=1, sticky='EWNS')
20 btn5.grid(row=1, column=2, columnspan=1, sticky='EWNS')
21
22 root.mainloop( )
```

10 버튼 3을 눌렀을 때 `auto_open_word` 함수가 실행되게 합니다.

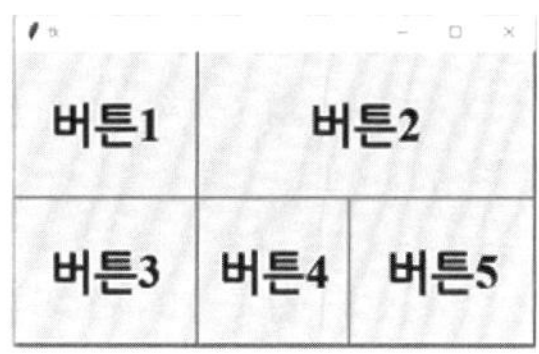

그림 10-49

13 버튼 4를 눌렀을 때 유튜브 음악이 자동으로 실행되게 하기

먼저 앞에서 생성한 유튜브 음악 자동 재생 코드를 가져옵니다.

예제 29

```
import webbrowser
import time
import pyautogui

webbrowser.open('https://music.youtube.com/')
time.sleep(2)
pyautogui.moveTo(224, 774, duration=0.3)
pyautogui.click( )
```

위 코드를 함수로 생성합니다. 함수명은 auto_play_music이라고 지정하세요.

예제 30

```
def auto_play_music( ):
    import webbrowser
    import time
    import pyautogui

    webbrowser.open('https://music.youtube.com/')
    time.sleep(2)
    pyautogui.moveTo(224, 774, duration=0.3)
    pyautogui.click( )
```

auto_play_music 함수를 다음과 같이 버튼 4와 연동합니다.

예제 31

```
1   from tkinter import *
2   from tkinter import font as tkFont
3
4   root = Tk( )
5
6   root.geometry('450x250+1450+750')
7   times30 = tkFont.Font(family='Times', size=30, weight=tkFont.BOLD)
8   btn1 = Button(text='버튼 1', font=times30, command=auto_open_jupyter )
9   btn2 = Button(text='버튼 2', font=times30)
10  btn3 = Button(text='버튼 3', font=times30, command=auto_open_word )
11  btn4 = Button(text='버튼 4', font=times30, command=auto_play_music )
12  btn5 = Button(text='버튼 5', font=times30)
13
14  root.rowconfigure( 0, weight=1)
15  root.columnconfigure( 0 , weight=2)
16  btn1.grid(row=0, column=0, columnspan=1, sticky='EWNS')
17  btn2.grid(row=0, column=1, columnspan=2, sticky='EWNS')
18  btn3.grid(row=1, column=0, columnspan=1, sticky='EWNS')
19  btn4.grid(row=1, column=1, columnspan=1, sticky='EWNS')
20  btn5.grid(row=1, column=2, columnspan=1, sticky='EWNS')
21
22  root.mainloop( )
```

11 버튼 4에 command 옵션으로 **auto_ play_ music**을 입력합니다.

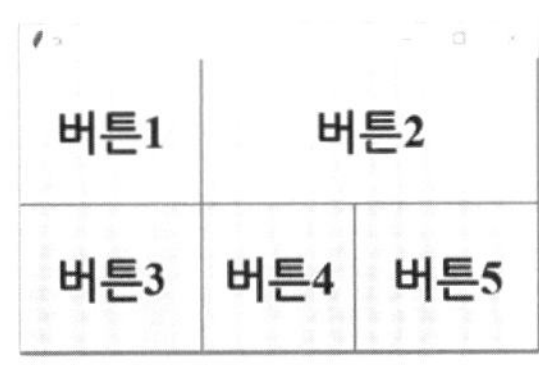

그림 10-50

버튼 4를 누르면 자동으로 유튜브 뮤직이 수행되는지 확인해 보세요.

14 버튼 5를 눌렀을 때 오늘 날씨 검색되게 하기

이제 마지막 버튼입니다. 앞에서 작성했던 구글 날씨 검색 자동화 코드를 가져와 함수를 생성하세요.

예제 32

```
def auto_check_weather( ):

    import webbrowser
    import time
    import pyautogui
    import pyperclip

    webbrowser.open('https://www.google.com/')
    time.sleep(2)
    pyautogui.moveTo(764, 471, duration=0.3)
    pyautogui.click( )

    pyperclip.copy("구글 날씨")
    pyautogui.hotkey("ctrl", "v")
    pyautogui.press('enter')
```

이 함수를 마지막 버튼인 버튼 5를 눌렀을 때 실행되게 하세요.

예제 33

```
from tkinter import *
from tkinter import font as tkFont

root = Tk( )

root.geometry('450x250+1450+750')
times30 = tkFont.Font(family='Times', size=30, weight=tkFont.BOLD)
```

```
8   btn1 = Button(text='주피터', font=times30, command=auto_open_jupyter )
9   btn2 = Button(text='버튼 2', font=times30)
10  btn3 = Button(text='문서', font=times30, command=auto_open_word )
11  btn4 = Button(text='음악', font=times30, command=auto_play_music )
12  btn5 = Button(text='날씨', font=times30, command=auto_check_weather )
13
14  root.rowconfigure( 0, weight=1)
15  root.columnconfigure( 0  , weight=2)
16  btn1.grid(row=0, column=0, columnspan=1, sticky='EWNS')
17  btn2.grid(row=0, column=1, columnspan=2, sticky='EWNS')
18  btn3.grid(row=1, column=0, columnspan=1, sticky='EWNS')
19  btn4.grid(row=1, column=1, columnspan=1, sticky='EWNS')
20  btn5.grid(row=1, column=2, columnspan=1, sticky='EWNS')
21
22  root.mainloop( )
```

12 다섯 번째 버튼에 command로 auto_check_weather를 추가했습니다. 그리고 버튼의 텍스트도 다음과 같이 변경했습니다.

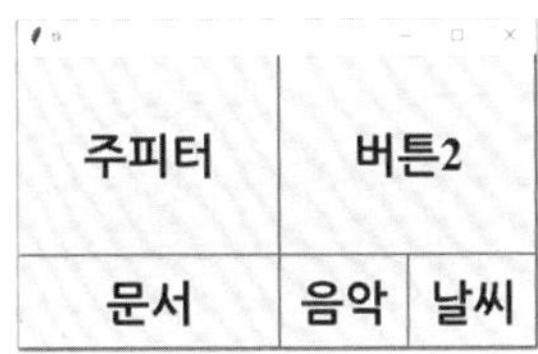

그림 10-51

버튼 2는 여러분을 도와줄 소중한 것으로 채워 넣어 보세요.

15 자동화 버튼으로 삶을 더 윤택하게!

지금까지 작업한 코드를 모아 실행 파일로 만들어 보겠습니다. 일단 코드를 하나의 주피터 노트에 정리해 보겠습니다.

새로운 노트를 연 후 이름을 'auto_ button'으로 변경하세요.

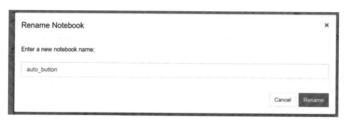

그림 10-52

전체적으로 다음과 같은 코드로 구성하겠습니다.

● **새 노트 이름: auto_button**

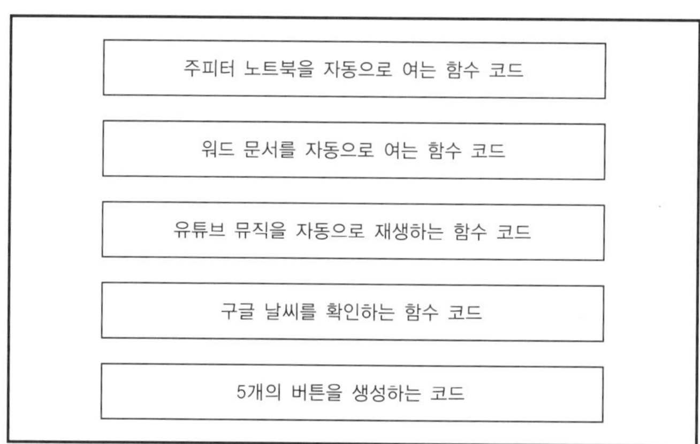

그림 10-53

그리고 윈도우 탐색기를 연 후 방금 생성하고 저장한 auto_ button.ipynb가 잘 생성됐는지 확인해 보세요. 필자의 경우에는 C 드라이브 밑의 YYS인데, 여러분은 YYS가 아니라 다른 폴더명으로 돼 있을 것입니다.

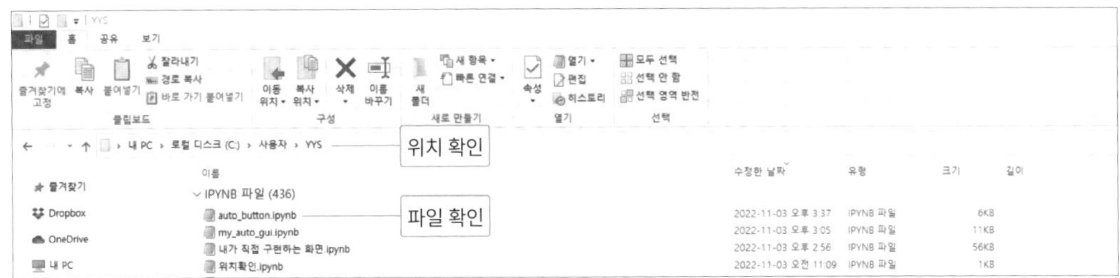

그림 10-54

그런 다음 아나콘다 프롬프트 창을 열어 주세요.

작업 표시줄 왼쪽 아래에 있는 윈도우 시작 버튼 옆의 검색 창에 **Anaconda Prompt**를 입력하세요.

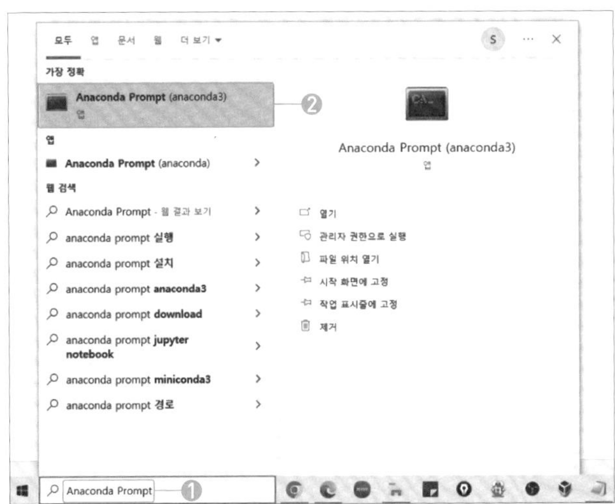
그림 10-55

pip 명령어로 nbconvert 모듈을 설치합니다.

그림 10-56

pyinstaller 모듈로 설치합니다. 설치가 끝나면 맨 아래에 둘 다 Successfully installed됐다는 메시지가 나타납니다.

그림 10-57

nbconvert 모듈을 이용해 auto_ button.ipynb 파일을 auto_ button.py로 생성합니다.

```
(base) C:₩Users₩YYS> jupyter nbconvert --to script auto_button.ipynb
[NbConvertApp] Converting notebook auto_button.ipynb to script
[NbConvertApp] Writing 3331 bytes to auto_button.py

(base) C:₩Users₩YYS>
```

그림 10-58

그리고 이제 마지막으로 exe 파일을 생성하면 됩니다. 이 작업은 30분 정도 소요될 수 있습니다.

pyinstaller –onefile auto_ button.py를 실행해 exec 파일을 생성합니다.

```
(base) C:₩Users₩YYS>pyinstaller --onefile auto_button.py
6624 INFO: PyInstaller: 5.6.2
6624 INFO: Python: 3.9.12 (conda)
6654 INFO: Platform: Windows-10-10.0.19044-SP0
6658 INFO: wrote C:₩Users₩YYS₩auto_button.spec
6661 INFO: UPX is not available.
6670 INFO: Extending PYTHONPATH with paths
['C:₩₩Users₩₩YYS']
pygame 2.1.2 (SDL 2.0.18, Python 3.9.12)
Hello from the pygame community. https://www.pygame.org/contribute.html
10936 INFO: checking Analysis
10936 INFO: Building Analysis because Analysis-00.toc is non existent
10937 INFO: Initializing module dependency graph...
10949 INFO: Caching module graph hooks...
10991 INFO: Analyzing base_library.zip ...
26523 INFO: Loading module hook 'hook-encodings.py' from 'C:₩₩Users₩₩YYS₩₩anaconda₩₩lib₩₩site-packages₩₩
ks'...
```

그림 10-59

한참 기다린 후 성공적으로 수행됐다는 메시지가 나타나면 끝난 것입니다.

```
399039 INFO: Writing RT_ICON 4 resource with 37019 bytes
399040 INFO: Writing RT_ICON 5 resource with 9640 bytes
399042 INFO: Writing RT_ICON 6 resource with 4264 bytes
399043 INFO: Writing RT_ICON 7 resource with 1128 bytes
399049 INFO: Copying 0 resources to EXE
399050 INFO: Embedding manifest in EXE
399052 INFO: Updating manifest in C:₩Users₩YYS₩dist₩auto_button.exe.notanexecu
399128 INFO: Updating resource type 24 name 1 language 0
399134 INFO: Appending PKG archive to EXE
399726 INFO: Fixing EXE headers
402645 INFO: Building EXE from EXE-00.toc completed successfully.

(base) C:₩Users₩YYS>
```

그림 10-60

생성된 exec 파일은 C:\Users\YYS의 dist라는 폴더에 auto_button.exe로 생성됩니다.

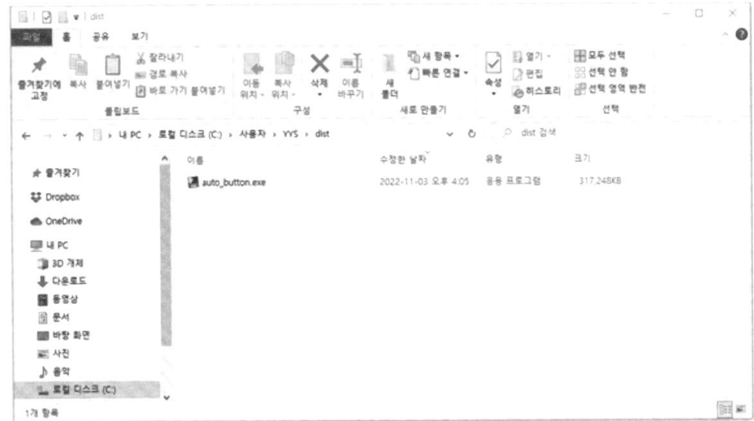

그림 10-61

여러분들은 YYS가 아니라 다른 이름으로 돼 있을 것입니다. 더블클릭해 실행하면 검은색 도스 창이 나타납니다. 조금 기다리면 스크린의 오른쪽 하단에 버튼 5개가 보일 것입니다.

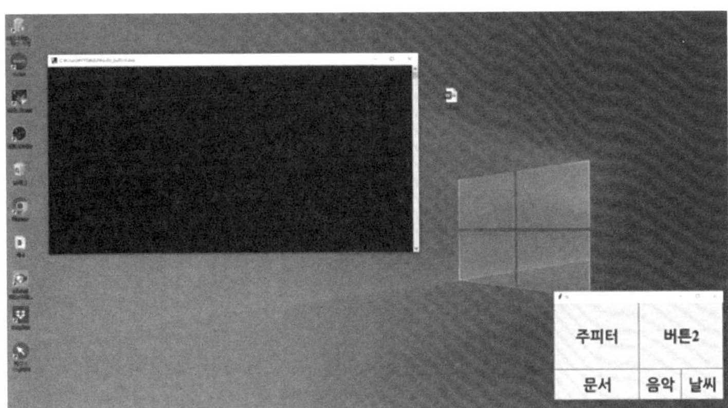

그림 10-62

이제 파이썬 자동화로 여러분의 삶에 날개를 달아 보세요. 자동화 코드를 하나씩 만들고 버튼을 추가하다 보면 점점 삶이 편리해지는 것을 경험하게 될 것입니다.

16 스타벅스에서 사람들이 주문하는 음료는 정해져 있다

만사가 그리 어려울 필요는 없습니다. 어려운 것이 더 가치가 있는 것일까요? 구글링을 하면 모두 검색되는 세상입니다. 수많은 지식과 정보 중 지금 나에게 꼭 필요한 것이 무엇일까요?

스타벅스에서 사람들이 주로 주문하는 음료는 **아메리카노** 아니면 **카페라떼**입니다. '아이스 블론드 바닐라 더블 샷 마키아또'와 같은 평상시 잘 들어보지 못한 음료는 어쩌다 한 번씩 주문합니다. 그렇기 때문에 음료를 만드시는 분들이 주로 만드는 음료는 정해져 있습니다. 어쩌다 한 번씩 주문하는 특이한 음료는 매뉴얼을 보면서 제조합니다. 파이썬도 이와 마찬가지입니다. 일상에서 주로 쓰는 함수만 알면 됩니다. 평생 한두 번만 쓰는 함수는 그때그때 구글링해서 사용하면 됩니다.

다음의 함수들만 잊어버리지 말고 외우고 계세요.

문자열 함수:

번호	문법	설명
1	문자열[시작 번호:끝 번호]	문자열의 시작 번호 부터 끝 번호 미만까지
2	문자열[시작 번호:]	문자열의 시작 번호부터 끝까지
3	문자열[:끝 번호]	문자열의 처음부터 끝 번호 미만까지
4	문자열.find('단어')	문자열 특정 단어의 자리 번호(인덱스 번호) 출력
5	문자열.index('단어')	문자열 특정 단어의 자리 번호(인덱스 번호) 출력
6	문자열.count('단어')	문자열에서 특정 단어가 몇 번 나오는지 출력
7	문자열.split( )	문자열을 어절별로 분리해 리스트로 구성
8	문자열.replace('단어 1', '단어 2')	문자열에서 단어 1을 단어 2로 변경
9	문자열.strip( )	문자열에서 양쪽 공백을 제거
10	문자열.upper( )	문자열을 전부 대문자로 변환
11	문자열.lower( )	문자열을 전부 소문자로 변환
12	문자열.title( )	첫 번째 철자만 대문자로 변환, 나머지는 소문자로 변환

리스트 함수:

번호	문법	설명
1	리스트[시작 번호:끝 번호]	리스트의 자리 번호(인덱스 번호) 시작 번호 이상부터 끝 번호 미만
2	리스트[시작 번호:]	리스트의 시작 번호부터 끝까지
3	리스트[:끝 번호]	리스트의 처음부터 끝 번호 미만까지
4	'구분자'.join(리스트)	리스트의 요소를 구분자로 구분해 출력
5	리스트.append(요소명)	리스트의 마지막에 요소명을 추가
6	리스트.insert(번호, 요소명)	리스트의 특정 자리 번호(인덱스 번호)에 요소명을 추가
7	리스트.extend(요소명들)	리스트에 여러 개의 요소를 추가
8	리스트.sort( )	리스트의 요소를 실제로 정렬시킴
9	sorted(리스트)	리스트의 요소를 정렬된 상태로 출력
10	리스트.reverse( )	리스트의 요소를 실제로 역순으로 정렬시킴
11	reversed(리스트)	리스트의 요소를 역순으로 정렬된 상태로 출력
12	리스트.count('요소명')	리스트의 특정 요소명이 몇 건 존재하는지 출력
13	리스트.index('요소명')	리스트 특정 요소명의 자리 번호(인덱스 번호)를 출력
14	리스트.remove('요소명')	리스트의 요소를 요소명으로 삭제
15	del 리스트[인덱스 번호]	리스트의 요소를 자리 번호(인덱스 번호)로 삭제
16	리스트.clear( )	리스트의 모든 요소를 삭제
17	len(리스트)	리스트의 요소 개수를 출력
18	sum(리스트)	숫자로 돼 있는 리스트 요소의 합을 출력
19	map(함수, 리스트)	리스트 요소의 값을 순서대로 함수에 대입
20	filter(함수, 리스트)	리스트의 요소를 함수에 적용해 데이터를 추려 냄
21	zip(리스트 1, 리스트 2)	리스트 1과 리스트 2의 요소를 순서에 따라 짝지어 줌
22	enumerate(리스트)	리스트의 요소를 자리 번호(인덱스 번호)와 함께 짝지어 줌

딕셔너리:

	예제	결과
1	choice.keys( )	['성공', '실패']
2	choice.values( )	[['열정', '끈기', '도전'],['포기', '변명', '남탓']]
3	choice.items( )	[('성공', ['열정', '끈기', '도전']),('실패', ['포기', '변명', '남탓'])]
4	choice['성공'][0]='인내'	{'성공': ['인내', '끈기', '도전'],'실패': ['포기', '변명', '남탓']}
5	choice['실패'].append('끈기 부족')	{'성공': ['열정', '끈기', '도전'], '실패': ['포기', '변명', '남탓', '끈기 부족']}
6	choice.update(chioce2)	{'성공': ['아무튼 이를 악물고 끝을 봄'], '실패': ['좀 어려우면 나에게 안 맞는다고 생각함']}

찾아보기